自闭症儿童的社会性注意：

面孔偏向注意与加工

陈顺森　著

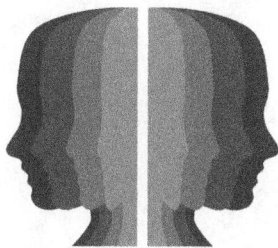

厦门大学出版社　国家一级出版社
XIAMEN UNIVERSITY PRESS　全国百佳图书出版单位

图书在版编目(CIP)数据

自闭症儿童的社会性注意:面孔偏向注意与加工/陈顺森著. —厦门:厦门大学出版社，2017.8

ISBN 978-7-5615-6595-7

Ⅰ.①自…　Ⅱ.①陈…　Ⅲ.①缄默症-儿童教育-特殊教育　Ⅳ.①G766

中国版本图书馆 CIP 数据核字(2017)第 191651 号

出版人	蒋东明
责任编辑	眭　蔚
封面设计	蒋卓群
技术编辑	许克华

出版发行　厦门大学出版社

社　　址	厦门市软件园二期望海路 39 号
邮政编码	361008
总 编 办	0592-2182177　0592-2181406(传真)
营销中心	0592-2184458　0592-2181365
网　　址	http://www.xmupress.com
邮　　箱	xmupress@126.com
印　　刷	虎彩印艺股份有限公司

开本	787mm×1092mm　1/16
印张	13.25
字数	224 千字
版次	2017 年 8 月第 1 版
印次	2017 年 8 月第 1 次印刷
定价	40.00 元

本书如有印装质量问题请直接寄承印厂调换

厦门大学出版社
微信二维码

厦门大学出版社
微博二维码

内容简介

本书主要探讨自闭症谱系障碍儿童社会性注意的特点，为自闭症谱系障碍的早期诊断提供借鉴。全书共分为九章，包括自闭症谱系障碍概述、正常儿童社会性注意特点、自闭症谱系障碍社会性注意的研究范式、自闭症谱系障碍儿童的面孔偏向注意、自闭症谱系障碍儿童的联合注意、自闭症谱系障碍儿童的视野偏向注意、自闭症谱系障碍儿童的注意转换、自闭症谱系障碍儿童社会性注意的影响因素等。

序

　　自闭症（autism 或 autistic disorder）是一种具有生物基础的发育障碍类疾病，包括一系列复杂的神经发育障碍。在中国大陆，很长一段时间内将自闭症称为孤独症。

　　最新出版的《精神疾病诊断及统计手册》（第五版）（*Diagnostic and Statistical Manual of Mental Disorders*-Ⅴ，DSM-Ⅴ），将自闭症、阿斯伯格综合征（Asperger syndrome）、儿童期分裂障碍（childhood disintegrative disorder）和广泛性发育障碍未注明型（pervasive developmental disorder not otherwise specified，PDD-NOS）等总称为自闭症谱系障碍（autism spectrum disorder，ASD），并将其核心症状归结为社交障碍、沟通困难和有限的、重复和刻板的行为。

　　已有研究表明，ASD 的特征和严重程度会存在差异，且会出现在各种人群之中，并对任何年龄段人群都可能造成影响，而且 ASD 的患病人数在逐年增加。据美国疾病控制与预防中心统计，截至 2010 年，美国 8 岁的儿童中，每 68 人中就有一人患有 ASD，并且男性患病比例约为 1/42，是女性的 4～5 倍。2013 年的报告显示，6～17 岁的儿童中，每 50 个儿童中就有 1 个患有 ASD，增长趋势十分明显。综合世界各国的流行病学调查，ASD 在总人口的患病比例可达 2% 甚至更高。

　　由于自闭症是一种发育障碍类疾病，病程可持续一生，难以逆转，且患病率逐年升高，给家庭和社会造成巨大的经济和社会负担。例如，美国的每个 ASD 儿童一生的护理费用超过 320 万美元，全国每年的花费超过 350 亿美元。

　　据世界卫生组织统计，中国现有自闭症儿童数量为 60 万～180 万人。有学者则认为这个数据可能被低估，实际数量可能达到 260 万～800 万人。

　　《自闭症儿童的社会性注意：面孔偏向注意与加工》这部专著，以自闭症儿童核心症状社会信息与社会交流障碍为研究的突破口，使用现代化的研究手段——眼动记录仪，采用严格的心理学实验设计，开展了一系列研究，直接探讨了自闭症儿童对面孔加工的过程及注意偏向。全书共九章，分别论述了自闭症谱系障碍概念、分类、诊断、成因，ASD 面孔识别与加工及障碍表现，自闭症幼儿对场景中面孔的觉察与加工，ASD 儿童对熟悉面孔、自我面孔、情绪面孔的注意偏向与加工，ASD 儿童面孔识别障碍的领域特异性与加工特定性，以及自闭症谱系障碍儿童面孔识别与加工的障碍节点。作者通过大量的实证研究，揭示了自闭症儿童面孔加工的特点，在此基础上构建了自闭症儿童面孔识别与加工阶段模型，丰富了人们对自闭症儿童的社会性注意的认识。

陈顺森是我指导的博士，他从上博士研究生起就关心、关注自闭症儿童，一心想帮助自闭症儿童及其父母摆脱困苦。当时，我建议他要从基础研究开始，将对自闭症儿童的心理干预手段建立在科学研究的基础上。他不仅听从了我的建议，而且还努力践行自己的诺言。

一个社会的文明与发达程度，很大程度体现在对特殊人群的关注上。作为一名心理学的工作者，能够用自己的所学服务于特殊人群，特别是促进自闭症儿童的健康成长，这既是爱心的体现，又是责任的担当。顺森完成了本书的书稿，请我作序，我欣然同意。读完书稿后，我觉得他这几年在学术上取得了很大的进步。希望顺森坚持努力，并取得更好的成果！

是为序。

中国心理学会理事长　　　　　　　　　　

教育部人文社会科学重点研究基地天津师范大学心理与行为研究院院长　　**白学军**

2017 年 8 月 2 日

目　录

引　言 ……………………………………………………………………… 1

第一章　自闭症谱系障碍概述 …………………………………………… 3
　　第一节　自闭症谱系障碍的概念与诊断标准 ………………………… 3
　　第二节　自闭症谱系障碍的流行病学状况 …………………………… 9
　　第三节　自闭症谱系障碍的症状与早期信号 ………………………… 11
　　第四节　自闭症谱系障碍的诊断工具 ………………………………… 14
　　第五节　自闭症谱系障碍病因假设 …………………………………… 16

第二章　面孔识别与加工及其障碍表现 ………………………………… 21
　　第一节　面孔加工概述 ………………………………………………… 21
　　第二节　ASD 面孔加工概述 ………………………………………… 28
　　第三节　ASD 面孔加工的方法论问题 ……………………………… 37

第三章　ASD 儿童对场景中面孔的觉察与加工 ……………………… 43
　　第一节　语义一致背景下面孔的觉察与加工 ………………………… 44
　　第二节　语义不一致背景下面孔的搜索与加工 ……………………… 50
　　第三节　乱序背景下面孔的搜索与加工 ……………………………… 56
　　第四节　语义不一致乱序背景下面孔的觉察与加工 ………………… 62
　　第五节　背景性质对 ASD 儿童面孔加工的影响 …………………… 68

第四章　ASD 儿童对面孔的识别与加工 ……………………………… 71
　　第一节　ASD 儿童对面孔的识别 …………………………………… 72
　　第二节　ASD 儿童对陌生面孔的加工 ……………………………… 77
　　第三节　ASD 儿童对面孔的感知与加工的讨论 …………………… 83

第五章　ASD 儿童对熟悉面孔的注意偏向与加工 …………………… 85
　　第一节　ASD 儿童对熟悉面孔的注意偏向 ………………………… 86
　　第二节　ASD 儿童对熟悉面孔的加工 ……………………………… 92
　　第三节　ASD 儿童对面孔熟悉性的形成与加工 …………………… 99

第六章　ASD 儿童对自我面孔的识别与加工 ………………………… 102
　　第一节　ASD 儿童视觉自我识别 …………………………………… 103
　　第二节　ASD 儿童对自我面孔的注意偏向 ………………………… 106
　　第三节　ASD 儿童对自我-他人面孔的加工 ……………………… 111

第四节　ASD 儿童自我的发展与面孔加工 ･････････････････････････････ 118

第七章　ASD 儿童对面孔情绪的识别与加工 ････････････････ 121

第一节　ASD 儿童对情绪面孔的识别 ･･････････････････････････････ 122

第二节　ASD 儿童对面孔群集中情绪面孔的注意偏向 ･･････････････ 126

第三节　ASD 儿童对情绪面孔的加工 ･･････････････････････････････ 131

第四节　ASD 儿童对情绪面孔的偏向注意与加工 ･･････････････････ 140

第八章　ASD 儿童面孔识别障碍的领域特异性与加工特定性 ････ 144

第一节　ASD 儿童面孔识别的感知特点 ･･････････････････････････ 145

第二节　ASD 儿童面孔识别的记忆特点 ･･････････････････････････ 151

第三节　记忆训练提高 ASD 儿童面孔识别能力的效果 ･･････････････ 156

第四节　ASD 儿童面孔识别的领域差异与加工过程 ･･････････････････ 162

第九章　自闭症谱系障碍儿童面孔识别与加工的障碍节点 ･･････ 166

第一节　自闭症幼儿面孔加工的特点 ･･････････････････････････････ 166

第二节　ASD 儿童面孔识别与加工障碍的节点分析 ･･････････････････ 169

参考文献 ･･ 178

后　记 ･･ 199

引　言

　　在日常生活中,我们可能会遇到这样的孩子,他们从外表上看不出与其他孩子有什么特别不同的地方,但他们不理会他人,待人如同待物;与他人很少有眼神交流,回避目光接触,或者是一瞥而过;他们也可能与我们面对面,但目光常在鼻子以下;当我们叫唤他们的名字,同时用手指向其他物体时,他们并不能跟随我们的手势看过去;他们可能目光空洞地呆呆看着;他们不喜欢参与同龄人的活动,似乎只生活在自己的世界里;他们语言发育迟缓或不会运用语言进行沟通,有的似乎也能说话,但是自说自话;对他人的叫唤,似乎充耳不闻;他们不能接受家里物件摆放方式的变化,很喜欢沿着地上的直线行走,行为刻板;他们的兴趣与众不同,兴趣范围狭窄局限,似乎特别喜欢可转动的物体,如锅盖、风扇、玩具车的轮子、小珠子、几何图形、数字等;他们似乎很敏感,常踮着脚尖走路;拿不到东西时,不是用语言或手势指向,而是拉着大人的手去拿。如果您身边有这样的孩子,他们可能是自闭症谱系障碍(autism spectrum disorders,ASD)儿童。上述他们的表现中,既有对面孔等社会信息与众不同的偏向注意方式,也有联合注意、任务转换困难等表现,总而言之,他们的社会性注意方面存在着与众不同的表现。

　　自闭症谱系障碍在国内又称为孤独症谱系障碍,是一种严重影响儿童正常生活和学习的神经发育障碍,核心症状表现为:(1)社会沟通与社会交流障碍;(2)限制性、重复的行为、兴趣或活动(陈文雄,2013;柯晓燕,2014)。为了方便,本书统一称作"自闭症",或简称ASD。

　　自从1943年美国Kanner教授正式报道以来,如今ASD似乎已经成为严重影响个体发展的流行病种了(陈顺森,白学军,张日昇,2011)。目前,我国大陆尚无权威的全国调查数据发布,但中国有近14亿人口基数,ASD的患病人数不在少数。就目前认识而言,ASD是早期发育障碍,具有终身伴随性,需要长期干预和训练,这使得ASD者本人及其家庭都承担着很重的经济及精神压力。而早发现、早干预对ASD者及其家庭的生活都具有积极的作用,探索ASD早期评估、鉴别诊断的有效客观指标意义非凡。因此,紧扣ASD核心症状开展基础性研究,获取ASD幼儿核心障碍的客观指标,为ASD早期筛查、诊断工具的研发,有效的干预与康复方案的制定提供实证支持,已是迫在眉睫的重大课题。

　　社会性注意(social attention)是更高级的社会认知过程(如情绪的识别、他人内心状态的识别等)的初级阶段。ASD者核心症状之一——社会交流障碍可能源于其社会性注意的缺陷。ASD者的社会性注意与正常发展人群相比存在明显差异,他们对面孔缺少足够的兴趣,对以面孔为主的社会信息偏向注意不足,存在联合注意缺陷,对成人的逗笑很少有反应,经常回避社交场景（Klin，Lin，Gorrindo，Ramsay& Jones，2009；Chawarska，Macari& Shic，2013）。如今，"社会性注意"已经被视为 ASD 临床疗效的早期指标（Dawson，Bernier& Ring，2012），也可能是早期发现评估及诊断鉴别的指标（Frazier et al.，2016）。为此，对 ASD 者社会性注意的客观指标进行深入探索，可为 ASD 早期筛查和干预训练提供实证支持。

ASD 第一章

自闭症谱系障碍概述

如今,当人们谈论起自闭症儿童,大致都能说出这一群体的几个特点,如他们不跟别人交往,眼睛不看别人,喜欢独自玩耍,行为古怪孤僻,兴趣与众不同等。事实上,从 1943 年 Kanner 首次报告早发性婴儿自闭症至今,有关自闭症的概念和诊断标准已经历经了从自闭症到广泛性发展障碍,再到自闭症谱系障碍的数次变迁。人们时常提及身边的自闭症儿童,自闭症从罕见病也似乎变成了常见病。

第一节　自闭症谱系障碍的概念与诊断标准

1943 年 Kanner 首次报告 11 例早发性婴儿自闭症,标志着自闭症正式进入实证主义的研究视野,自闭症开始作为一个独立的研究客体而存在,而此之前,自闭症谱系障碍已然存在于世。用现在的诊断标准在名人传记、传说、小说等文献中进行回溯,牛顿、爱因斯坦等不少世界名人都可能被纳入 ASD 范围。自闭症不是现在才有的,而是到现在才得到认识的。即使只有近 80 年短暂的自闭症科学史,人们对自闭症的认识也历经不断变迁,有关自闭症的概念和诊断标准等认识发生了重大变化。起初的概念仅仅是通过行为观察来描述的,并且由于不明确的生理异常机制,自闭症不能作为一个独立的诊断个体。随着研究方法的多样化及实证主义的影响,自闭症研究更加系统。

一、自闭症概念与诊断标准发展的阶段

(一)从 Kanner 开始的"早发性婴儿自闭症"

值得注意的是,"自闭症"一词并不是由 Kanner 最先提出的。自闭症的概念一开始是由瑞士精神病学家 Eugen Bleuler 在 1908 年提出的,这也是自闭症最初不能作为独立诊断个体存在的原因。他提出这一概念的目的是描述精神分裂症个体明显回避外在世界的表现,认为自闭症是精神分裂症的一个核心症状。但我们现在所熟悉的"自闭症"和 Bleuler 的"自闭症"概念没有任何的关系。自闭症真正现代意义上的研究历史是从 Kanner 开始的,但 Bleuler 的自闭症概念描绘了一种现实解体和情感分裂的状态,为 Kanner 介绍新的概念

提供了框架。Kanner 为了区别两个概念的不同，决定将其自闭症的概念命名为"早发性婴儿自闭症"（early infantile autism），一方面强调此类疾病发病的年龄特点，另一方面也是对 Bleuler 概念的延伸和扩展。Kanner 认为，与他人极度的疏远正是早期自闭症的首要特点，与精神分裂症的回避性行为具有相似之处，两者之间的关系需要仔细斟酌，而且早发性婴儿自闭症可以视为早期儿童精神分裂症的表现。由此可以看出这两个概念之间的联系。

Kanner 强调了早期婴儿自闭症的两个主要特点：极度自闭的孤独（extreme autistic aloneness）、拘泥于惯例（insistence on sameness）。与精神分裂症不同的是，自闭症的孤独自闭是从出生就表现出来的，而精神分裂症是在发病后才表现出社会退缩的迹象。与其说是回避外在世界，倒不如说是对外在世界保持一种高度的警惕性，这种警惕的结果就是对于惯例的坚持和抗拒改变，这一点也是精神分裂症不具备的。所以，Kanner 虽然认同两者的关联性，但认为精神分裂症中自闭特点的诊断标准不适用于自闭症。

通过行为观察，Kanner 认为，自闭症儿童生来没有能力形成正常的生物性情感联结。之后，随着精神分析在美国精神病治疗中的盛行，他着重强调了心理性因素，例如，强迫特质、情感冷漠及缺乏对父母应有的情感（Eisenberg & Kanner，2010）。他认为，早期自闭症完全是一种精神生物学障碍，受到心理和生理的双重影响。许多精神病学家和心理学家认为自闭症主要是一种精神障碍，但也有其他学者认为自闭症主要是一种脑功能紊乱障碍。

Kanner 对自闭症概念的描述使其成为一个独立的研究领域，为后来研究的深入开展开辟了道路，他强调的两个主要核心特点对后来自闭症诊断标准的制定提供了有价值的参考。但是，由于研究方法的局限性，其病因学机制尚不清楚，而且与精神分裂症进行差异比较，一定程度上把自闭症描述为一种精神病的状态，会误导其干预和治疗的方向。这个阶段的自闭症概念虽然脱离了精神分裂症的范畴，但没有形成一个系统的体系，不能用来诊断和鉴别相似的精神疾病，并且这个概念的适用范围仅仅局限在 3 岁之前的儿童。总的来说，自闭症的研究步入了一个新的领域，但仍旧需要更多的完善和革新。

（二）自闭症归入儿童精神分裂症范畴

从 20 世纪 60 年代开始，有组织的研究团队首次以流行病学和实验代替早期案例观察法来研究自闭症儿童，自闭症的概念开始有了显著的改变。受到新的研究和科学方法的影响，有关自闭症的认识出现了一个重要变化，即自闭症基本缺陷从严重情感回避（severe affective withdrawal）转变到语言及其他认知和感知异常（language and other cognitive and perceptual abnormalities）。在 20 世纪六七十年代的许多自闭症研究中，研究者不仅观察而且积极地试图与自闭症儿童互动。他们认为自闭症儿童基本缺陷是没有开发出正常使用和理解语言的能力，合并了统合其他感觉刺激的统合性障碍。在这一自闭症研究与应用阶段，言语和认知的缺陷成为诊断和识别自闭症的主要依据。

这一阶段，语言方面作为主要识别自闭症依据也得到了很多研究的支持。例如，首个自闭症的纵向研究显示，Kanner 所提出的主要情感交流障碍及明显的回避行为会随着儿童年龄的增长趋向于减少，而其他症状如语言缺陷和智力缺陷则表现出保持稳定不变的倾向。对自闭症儿童进行智力、接受和表达能力、统合能力等系统的心理测试实验，发现语言和言语问题并不是因为明显的情感回避或者动机失败造成的，而是因为对词汇意思理解能力差造成的。除了语言之外，对一些非语言（如符号、手势、表情等）的加工和处理也同样存在困难。由此可以看出,自闭症儿童并不是没有社交的动机和要求,可能是因为对语言和非语言信息的加工存在缺陷才会导致其回避社交。

1980 年,自闭症在《精神障碍诊断与统计手册》(第三版)(DSM-Ⅲ)中首次以正式的诊断标准出现。此前 DSM 两个版本将患者对经历和环境的神经过敏反应作为诊断依据的前提。但由于自闭症通常合并有智力障碍、发育迟缓及其他的精神遗传疾病,因而某种程度上会出现误诊,故而最初版本一度将自闭症儿童归为儿童精神分裂症的范畴。从 DSM-Ⅲ 开始,普遍缺乏对他人的反应(pervasive lack of responsiveness to other people)、整体的语言发展障碍(gross deficits in language development)、对环境各方面的异常反应(bizarre responses to various aspects of the environment)成为诊断自闭症的三个标准。这一诊断标准合并了 Kanner 对社交和行为的描述,也强调了语言能力的作用,有利于降低误诊率,提高诊断的敏感性。DSM-Ⅲ 首次将自闭症归入广泛性发育障碍(pervasive development disorder,PDD),但关注的依然是婴儿自闭症(infantile autism),对其发展变化和晚发性自闭症还只是粗略地涉及(Rutter & Schopler,1992)。这一开创性的归类方式正式把自闭症和儿童精神分裂症区分开来,并自成体系,对自闭症的鉴别诊断助益良多,然而,只关注症状层面的发掘和分析,忽略了障碍的发展性,也造成了其使用范围的有限性。

这一阶段的转变,奠定了自闭症诊断标准的基础,语言障碍对区分自闭症和儿童精神分裂症来说具有跨时代的意义。语言被认为是自闭症主要的功能障碍,社交和行为异常也可看作是语言功能障碍的派生物,所以语言功能障碍在这一时期被看作自闭症的核心症状,这对诊断和鉴别自闭症是很有价值的。

(三)自闭症归入广泛性发展障碍范畴

随着自闭症流行病学研究的开展,以及阿斯伯格综合征(Asperger syndrome,AS)案例开始进入大众的视野,自闭症概念再次发生转变。流行病学研究发现,只要结合社交、语言及行为异常就可以区分社交正常与障碍的儿童,社交障碍成为自闭症研究的核心部分(Wing,1981)。这里的社交障碍概念虽与 Kanner 的概念相似,但其内涵主要是社交行为与意图的理解和使用障碍。20 世纪 80 年代,人们将语言功能障碍作为自闭症的最主要核心缺陷,然而,人们发现 Asperger 于 1944 年介绍的一类与自闭症表现出相似的社交和行为异常但语言功能并没有明显受损的综合征案例。Asperger 认为他所发现的自闭症者与 Kanner 发现的自闭症有着本质的不同,但 Wing(1981)认为二者基本上是相似的,他们都有相同的基础性障碍,即双向情感交流障碍,都是缺少理解和使用社会行为规则造成的,他们的差异只是障碍严重程度不同。

基于流行病学研究结果,1987 年 DSM-Ⅲ 修订版(DSM-Ⅲ-R)对 DSM-Ⅲ 中的社交和语言方面进行了修改,将社交方面"普遍缺乏对他人的反应"改为"社会互动的质性障碍"(qualitative impairment in reciprocal social interaction),将语言方面 的"整体的语言发展障碍"改为"言语和非言语交流的质性障碍"(qualitative impairments in verbal and nonverbal communication)。由于 DSM-Ⅲ 对自闭症发展变化和晚发性涉及较少,研究表明自闭症发病的最早年龄延伸至 3 岁,已经超出了"早发性婴儿自闭症"所能涵盖的范围,所以在 DSM-Ⅲ-R 中就修改为"自闭症"。

DSM-Ⅲ-R 相比 DSM-Ⅲ 最突出的变化就是开始关注自闭症障碍的发展性问题,提出了

"非典型广泛发展障碍"（atypical pervasive developmental disorders）的概念，阿斯伯格障碍作为一个自闭症障碍程度较轻的亚型正式出现在 DSM 有关自闭症的诊断标准中。概念的丰富及诊断标准的革新使得 DSM-Ⅲ-R 较之前的版本使用范围更广，标准更灵活。1994年，DSM-Ⅳ 将自闭症作为广泛发展障碍（PDD）的一个亚类型。在之前研究基础上，提高了诊断标准的敏感性和特异性，对 DSM-Ⅲ-R 中容易漏诊认知功能较低自闭症的现象进行了改进，并且改善了缺乏临床经验的评估者使用这些诊断标准的评估可靠性。在分类亚型方面增加了阿斯伯格障碍、童年瓦解性精神障碍、Rett 综合征及未注明的广泛发育障碍（PDD-NOS）（Matson，Belva，Horovitz，Kozlowski & Bamburg，2012）。亚类型的增多对诊断轻重程度不同的自闭症是很有帮助的，精确诊断的同时，又能够对程度的轻重进行区分，对于有针对性的干预和治疗具有指导意义。

从 Kanner 首次报告自闭症到 DSM-Ⅳ，是一个概念从提出到完善的全部过程。但是，随着诊断标准范畴的不断扩展，很多亚型的区别不再明显，如阿斯伯格障碍儿童同时也满足自闭症的诊断标准，各亚型之间在语言方面没有程度的差异，却在社交和行为方面差异很明显，因此，DSM-Ⅳ 保证了诊断的全面性却忽略了简洁和有效性，这究竟是有利于诊断还是容易造成鉴别困难，仍值得思考。此外，发病年龄的调整是一个关键点，精神类疾病起病大多很隐匿，而且如果只限定在 3 岁之前，很多后来发病的个体不能得到有效的识别，而且大部分首次发病的见证人都是父母，他们大多缺少相关的知识，所以年龄的范围是否可以进行再次调整需要进一步的研究。

（四）自闭症谱系障碍与 DSM-Ⅴ

2013 年 DSM-Ⅴ 的出版是美国精神病学协会（American Psychiatric Association，APA）自成立以来有关自闭症谱系障碍诊断标准第一次意义深远的革新，受到了广泛的关注。它不仅对自闭症诊断标准的结构进行了调整，而且对三大核心症状进行了重新修订。

1.DSM-Ⅴ 中 ASD 诊断标准的主要变化

对照 DSM-Ⅴ 与 DSM-Ⅳ，关于自闭症的概念和诊断标准有多方面的变化。首先，最明显的变化是概念名称的改变。DSM-Ⅴ 确立了自闭症谱系障碍的定义。自闭症谱系障碍代替了原来的广泛性发育障碍（PDD），各亚类型均不再单独呈现而统称 ASD。由于具有明确的基因变异解释，Rett 综合征从该类障碍中移除。

其次，DSM-Ⅴ 把 DSM-Ⅳ 有关自闭症的社会交往障碍、语言交流障碍、重复刻板行为三大核心症状合并为社会交往障碍、限制性重复刻板行为。因 ASD 包含了 DSM-Ⅳ 中 PDD 各种亚类型，故语言障碍不再是确定诊断的必需依据，而作为疾病程度不同的表现。同时，刻板行为的类别中增加了感觉过敏和感觉迟钝等感知觉异常（疼痛、触感、声音、温度等），以及特别痴迷某些感觉刺激。这与行为观察中自闭症儿童抗拒拥抱和接触的反应是一致的。DSM-Ⅴ 第一次把感知觉的特点作为辅助的诊断依据，反映出了诊断标准的完善。DSM-Ⅳ 诊断要求需满足社会交往、语言交流的 12 项中的 6 项；而 DSM-Ⅴ 更改为达到社会交流障碍中的所有 3 项，兴趣狭窄或重复行为中的至少 2 项（共 4 项）才能诊断为 ASD。

再次，DSM-Ⅴ 取消了自闭症亚型，以障碍的严重程度分级来作为衡量标准，这样的变化符合自闭症谱系发展的概念，反映出此前自闭症亚型之间的连续性。

最后，发病时间的范围从 3 岁前拓展到整个童年期。考虑到很多儿童和父母之间互动良好,并且父母缺乏相关的知识,所以会对识别自闭症产生干扰,因此通过延伸发病年龄的范围提高诊断的敏感性(邹小兵,邓红珠,2013)。

2.DSM-Ⅴ中 ASD 诊断标准的优势

(1)标准更加简洁实用

之前版本中除了自闭症各亚型容易混淆之外,对智力障碍和整体发育迟缓的鉴别性不强。由于自闭症常并发智力障碍,满足语言功能障碍的同时,也可能会满足智力障碍判断,而且智力障碍的临床表现在刻板行为上会有所侧重,所以删除语言标准一定程度上简化了诊断标准,并且有利于对两种障碍进行有效区分。同时,社会交往和重复的刻板行为是两个不同的领域,这样就能避免在诊断的时候发生重叠的现象,每一个领域内满足的条件综合起来才能进行诊断,满足条件的多少与严重程度有关,这就解决了症状重叠带来的障碍程度提高的问题。

虽然有临床工作者认为取消自闭症亚类型不利于更为清晰地鉴别诊断,但实际上,之前版本对自闭症亚类型的描述并不是很充分,而且临床诊断过程中发现它们的差异仅仅只表现在严重程度上。很多实证研究的结果表明,之前五种自闭症亚型的分类在症状界限上并不是很清楚,而且重复诊断得出来的结果也不一致,可见取消亚类型有利于诊断。在使用DSM-Ⅴ进行 ASD 诊断的时候,新的标准明显降低了重复诊断的出错率,并且依据程度划分等级的操作标准容易被临床经验并不丰富的医生掌握,也确保了初次诊断的正确率。

(2)诊断敏感性和特异性的提高

DSM-Ⅴ最受大众关注的就是其诊断的敏感性和特异性是否有明显的改善。一项元分析显示,应用 DSM-Ⅴ进行诊断,自闭症的诊断率下降了31%,特别是 PDD-NOS 的诊断率下降最明显(Kulage,Smaldone & Cohn,2014)。但是其他研究显示并没有这种差异,反而对认知功能高的个体诊断率明显上升(Huerta,Bishop,Duncan,Hus & Lord,2012)。这种矛盾的结果可能是自闭症辅助诊断工具的原因造成的。一项研究中,应用"自闭症诊断访谈量表"(autism diagnostic interview,ADI)和"自闭症诊断观察量表"(autism diagnostic observation schedule,ADOS)对 DSM-Ⅴ的敏感性和特异性进行考察,发现其敏感性达到了84%,特异性有 54%。相比之前版本,新版本的敏感性和特异性都获得了提升,特别是对程度较轻的自闭症。两个量表是依据 DSM-Ⅳ修订的,却从侧面证实了 DSM-Ⅴ的有效性(Christiansz,Gray,Taffe & Tonge,2016)。

二、自闭症概念与诊断标准的发展特点

(一)概念不断深化和完善

自闭症概念提出以来,其核心特质并没有发生太多的变化,仅仅是定义的措辞不同。早期的行为观察研究为后来核心概念的提出提供了基础,后期的研究不仅关注外在行为,而且也开始对内部机制进行探索。DSM-Ⅴ省去了亚型的划分,代之以严重程度来区别,这与很多其他精神疾病的诊断标准类似,更强调了程度的差异,这样的分级比较切合自闭症的状况,真实反映出了自闭症某些方面的共有特点,可以更好地帮助自闭症获得有效的干预和治疗。但是,自闭症亚型名称的消失(如阿斯伯格综合征)在一定程度上会对一些高功能群体

产生影响，他们可能会失去原有标签的庇护，而且患者对自身疾病认同的变化不利于其心理健康的发展，曾因此获得的心理舒缓也会随着名称的消失不复存在，这也是是否应该取消阿斯伯格综合征最激烈的争论之一（Ghaziuddin，2010）。自闭症内容的调整确实有利于诊断和鉴别，但是，合并之后更可能降低大众对自闭症的接受程度。

（二）诊断效果得以提高

DSM-Ⅴ中自闭症诊断标准的敏感性和特异性有了显著提高，但并非大幅度提高。有研究显示，应用 DSM-Ⅳ诊断的 4453 个儿童中，有 4052 个儿童也可以用 DSM-Ⅴ诊断出来。虽然相比之下诊断率下降了 9%，但研究发现，DSM-Ⅴ可以很好地鉴别出之前漏诊的儿童，有些不符合 DSM-Ⅳ的儿童却可以用 DSM-Ⅴ来诊断（Huerta et al.，2012）。诊断标准的合并是因为社交和语言本身就具有相互重叠的部分，谈论社交离不开语言的作用，而且语言能力的发展贯穿于社交活动、与父母的互动，所以针对 ASD 个体的语言障碍应该是社会性交往障碍导致的，不能和智力障碍与发育迟缓相提并论。DSM-Ⅴ虽已完善许多，但在症状描述方面还是比较笼统的，而且社交和行为方面的评估尺度并不好把握，仍然容易受到主观经验的影响。

（三）感知觉症状的诊断价值得以突显

虽然其他精神疾病（如精神分裂症、抑郁症等）都可能存在感知觉异常现象，但 ASD 儿童的感知觉异常表现得更单一，仅仅表现在刺激的强弱和特殊性，没有太多社会性的含义，这是很有鉴别价值的。DSM-Ⅳ对行为表现的关注仅仅是其外在特征，如对旋转物体的痴迷等，很少会顾及行为背后的核心问题，这也正是 DSM-Ⅴ最大创新点。但该项目的确立是建立在假设基础上，即认为 ASD 儿童存在相同的感知觉模式，存在追求特殊感知觉刺激的倾向，然而，这点尚未得到有效论证。近年来，脑电记录和眼动追踪技术等研究已广泛运用于 ASD 认知科学研究，并取得了显著的成果。无论如何，DSM-Ⅴ把感知觉障碍纳入诊断系统中能够明显提高自闭症的诊断率，结合更精密的科学技术手段可以提高诊断的精确性，避免诊断的主观性，同时对于严重程度的划分也很有帮助。

（四）早期诊断和干预成为可能

诊断标准的更新，其最终目的就是对早期诊断和干预提供帮助。ASD 诊断标准的不断变化使得早期诊断成为可能，也有助于探讨病因学研究的开展。DSM 的发布也将对辅助诊断工具产生深远的影响。现有的辅助诊断工具中可能要减少甚至剔除语言评定部分，增加感知觉和社会交往方面的比重。另外，诊断标准中严重程度的分类需要根据不同国家、地区的差异进行适当调整，兼顾文化和语言差异，做到灵活运用标准才能对早期诊断提供可靠的帮助。

自闭症儿童的早期诊断和干预，对其社会性能力的发展和行为矫正具有重要的意义。DSM-Ⅴ对起病年龄界限做了调整，更加关注早期的核心症状，不再局限于年龄的限制，一定程度上有利于早期干预的进行。特别是以严重程度划分 ASD 具有重要的指导意义，依据严重程度来对 ASD 个体实施不同的干预，既能保证干预的有效性和针对性，又能反馈干预效果，也对诊断的准确性提供佐证。

　　自闭症概念和诊断标准的整个发展历史伴随着研究方法的改进和科学技术的进步,最初的概念和现在的标准相比,本质上并没有明显的差异。自闭症研究在这个过程中不断地进行验证和简化,并且由外部表象的观察研究向内部机制的实证研究转化,让自闭症成为独立的研究学科。由于我国对 ASD 认识较晚,诊断与治疗经验相对缺乏,相关研究仍有待深入、加强,民众对自闭症的认识较滞后,因此,发现更多的是发展程度较差的低功能自闭症。发展程度较好的高功能自闭症常混在普通儿童群体中,未能得到更切合的教育。因此,在疾病知识普及化方面,可以增加大众对 ASD 的了解,熟悉其发病的症状表现和时间,对 ASD 保持中立开放的态度,意识到早期干预的重要性,通过临床、教育、康复等多方面的配合,使 ASD 者能够得到尽早诊断和干预,为患者的终生发展提供可靠的服务。

　　此外,ASD 诊断标准的本土化进程也是一个重要的问题。目前我国使用的《中国精神障碍分类与诊断标准》(第三版)(CCMD-3)在自闭症诊断方面的描述依旧不够完善,但是依据 DSM-Ⅴ 进行诊断是否会因为文化的差异而造成漏诊和误诊的问题值得探讨。可以根据 DSM-Ⅴ 版及其他辅助诊断工具,结合本土症状学和流行病学特点,再结合文化和表达方式,对原有诊断工具的措辞和用语进行调整,推进自闭症诊断标准本土化,使其更符合中国文化的要求。

第二节　自闭症谱系障碍的流行病学状况

　　正如前文所述,从美国 Kanner 教授正式报道 11 例早发性婴儿自闭症到 DSM-Ⅴ 中独立为一种病程的自闭症谱系障碍的近 80 年里,对自闭症的概念及其诊断标准、分类的修订从未停止,也在不断完善。由于概念内涵与外延界定的不同,有关这一群体的流行病学调查的数据也千差万别。

一、稳定增长的发病率

　　总体上,从流行病学调查资料来看,自闭症的发病率稳定增长。1976 年美国的自闭症发病率为 0.4‰(Wing,Yeates,Brierley & Gould,1976);1988 年上升为 1‰(Bryson,Clark & Smith,1988);2007 年自闭症发病率上升为 1‰~2‰,ASD 的发病率为 6‰ 左右(Newschaffer et al.,2007),其中绝大多数是 PDD-NOS,AS 发病率大约 0.3‰,而童年瓦解性障碍和雷特综合征等异常形式发病率很低。2014 年美国疾控中心发布,2010 年 8 岁儿童中 ASD 的发病率为 1.47%。2015 年美国国家卫生服务调查发现,在 3~17 岁的人群中,ASD 的发病率从 2011—2013 年的 1.25% 上升到 2.24%(Zablotsky,Black,Maenner,Schieve & Blumberg,2015)。

　　其他国家的 ASD 患病率报道也呈现增长的趋势。2006 年,英国南泰晤士的流行病学资料显示,ASD 的发病率达到 11.61‰,其中自闭症儿童所占比例为 3.89‰(Baird et al.,2006);2009 年,英国剑桥郡的调查所估计 ASD 发病率为 15.7‰(Baron-Cohen et al.,2009)。在用英文发表的有关亚洲 ASD 流行病学方面的电子数据库和文章中发现,亚洲的自闭症发病率也呈上升状态。1980 年以前为 0.19‰,1980—2010 年高达 1.48‰(Sun &

Allison,2010)。2005 年日本横滨的一项调查表明,1989 年 0～7 岁儿童中累计 ASD 发病率为 4.8‰,1990 年为 8.6‰,当麻疹、风疹、腮腺炎(MMR)疫苗接种率降到接近 0 时,1993 年和 1994 年 ASD 的发病率分别上升到 9.7‰ 和 16.1‰,也因此说明麻疹、风疹、腮腺炎(MMR)疫苗并不会导致 ASD(Honda,Shimizu & Rutter,2005)。

1982 年,陶国泰首次报道国内 4 例儿童自闭症(陶国泰,1999)。有资料显示,自 2000 年以来,自闭症发病率上升为 1.03‰(Sun & Allison,2010)。某些省市报告了流行病学资料,如福建省 14 岁以下儿童中自闭症患病率为 0.28‰(罗维武等,2000),遵义市学龄儿童自闭症患病率为 0.56‰(杨曙光,胡月璋,韩允,2007)。2009 年广州对 7 500 名 2～6 岁幼儿园儿童调查得出的患病率为 7.54‰,其中,自闭症发病率为 2.95‰,这是我国大陆至今最高的 ASD 发病率报道(王馨,等,2011)。2008 年香港地区 0～4 岁儿童中自闭症发病率为 0.549‰,15 岁以下儿童患病率 1.68‰,接近澳大利亚和北美,但低于欧洲,男女比例为 6.58∶1(Wong & Hui,2008)。Lin 和 Wu(2009)报告,2000—2007 年,台湾地区 0～5 岁儿童中自闭症发生率为 0.24‰～0.78‰,6～11 岁为 0.5‰～1.73‰,12～17 岁为 0.21‰～1.04‰。

二、发病率增长的可能原因

上述这些数据显示,ASD 的发病率似乎在与日俱增,这不禁令人担心,ASD 现在是否已经成了一种流行病种。这其中的原因是:(1)确实有这么多的儿童患 ASD;(2)更多的 ASD 者被发现了,这可能与人们对 ASD 的意识提升且经费更为充足有关;(3)由于自闭症定义的改变,从 DSM-Ⅲ-R 到 DSM-Ⅳ,再到 DSM-Ⅴ,诊断标准一直在改变,诊断标准可能比先前更为宽泛;(4)不同机构、研究团体进行的有关自闭症早期诊断研究可能存在叠加,可能使发病率变得明显而非真正的发生率(Rutter,2005)。Baron-Cohen 等人(2009)进一步总结了可能导致 ASD 发病率迅速提高的因素:(1)ASD 识别与觉察的改进;(2)研究方法的改变;(3)可获得的诊断服务增加;(4)专家意识的增强;(5)父母意识的增强;(6)对 ASD 者能与其他环境共存的观点越发被接纳了;(7)诊断标准的拓宽。一项研究发现,按 DSM-Ⅳ 标准,有将近 40% 先前诊断为语言应用障碍的儿童如今可被划归为自闭症(Bishop,Whitehouse,Watt & Line,2008)。

持环境决定论者认为,ASD 的增加是由环境压力引起,如污染、饮食或生活方式(Rutter,2009)。而遗传决定论者则指出,有数据表明,ASD 在单合子和双合子双胞胎中更容易发生(Bailey et al.,1995;Baron-Cohen,2003)。ASD 的流行病学所显示的男女差异有力地说明了遗传因素的重要意义:(1)ASD 发生率男性高于女性;(2)ASD 发生的男女比例大致为 4∶1(徐光兴,2007)。如果确实是由遗传而不是由外部因素引起的,那么发生率的提高都是由于诊断标准的提高而引起的。因此,是不是现代文明带来的饮食结构变化、环境变化、人际交往方式、工作压力或者其他因素真正导致 ASD 发病率迅猛增长仍然没有确切的证据。而更有可能的是,遗传和环境两个因素都是 ASD 的成因。但是,ASD 的流行情况并未出现种族、民族、社会经济群体间的比例差异(Boyd et al.,2010)。不过,Mandell 与其同事的研究显示,民族或种族及社会经济因素会影响 ASD 儿童被诊断出的年龄,来自少数民族、低收入家庭或乡村家庭的孩子被诊断出来时的年龄通常会稍大些(Mandell et al.,2009)。

第三节　自闭症谱系障碍的症状与早期信号

对自闭症谱系障碍早期信号、典型症状表现的识别,并依此进行准确可靠的诊断,对ASD早期干预及其家庭来说都是极其关键的。

一、ASD 的两大核心症状

在 DSM-Ⅴ 中,ASD 的诊断必须符合以下 5 条标准(American Psychiatric Association,APA,2013):

(1)在多种场合下,社交交流和社交互动方面存在持续性的缺陷;

(2)行为方式、兴趣或活动内容受限、重复;

(3)症状必须在儿童发育早期出现;

(4)这些症状导致社交、职业或其他日常功能有临床意义的限制和损害;

(5)这些症状不能用智力障碍或全面发育迟缓来解释。

DSM-Ⅴ 对两大核心症状的具体表现有详细的说明(杜亚松,2013)。

1.社会沟通和社会交流障碍

社会沟通和社会交流障碍包括:

(1)社交情感互动中的缺陷。轻度表现为异常的社交接触,不能维持正常的来回对话;中度则是分享兴趣、情绪和情感减少;重度者不能启动社交或对社交互动缺乏回应。

(2)在社交互动中使用非语言沟通行为上的缺陷。轻度表现为语言和非语言交流的整合困难,中度则是异常的身体语言和眼神接触或在理解和运用手势上的缺陷,重度者完全缺乏面部表情和非言语交流。

(3)发展、维持和理解人际关系存在的缺陷。轻度表现为难以调整自己的行为以适应各种社交情景;中度则难以分享想象的游戏,交友困难;重度者对同伴缺乏兴趣。

2.限制性的重复的行为、兴趣或活动

限制性的重复的行为、兴趣或活动包括:

(1)刻板或重复的言语、肢体动作或物体的使用;

(2)坚持同一性,缺乏弹性地坚持常规,或仪式化的言语或非言语行为;

(3)高度狭窄的、固定的兴趣,有着异常的强度和关注度;

(4)对感觉刺激反应过度或反应不足,或对环境中某些感觉表现出不同寻常的兴趣。

二、ASD 的早期信号

ASD 的高发率迫切需要早期识别、诊断性评估和有根据的干预。ASD 如果能越早被发现和干预,其预后效果就越好,越能产生持久的良好疗效,促进 ASD 者的发展进程,改善其语言,减少问题行为。

以往的研究者和临床工作者认为 ASD 要到 6～10 岁才能确诊,从传统的观点看,对于

6～12 个月大的孩子是无法予以准确诊断的。直到最近，研究者才认为完全可以对年幼的 ASD 儿童进行诊断。如今，借助高效度的诊断工具、早期筛查和临床观察，已经能够在 2 岁前对 ASD 儿童进行确诊（Zwaigenbaum et al.，2009），一些标准化测量工具用于对年仅 18 个月大小的孩子进行 ASD 鉴别诊断（Matson，Nebel-Schwalm & Matson，2007）。这对于 ASD 儿童的早期发现、干预和康复是一大福音。

ASD 的早期诊断的第一步就是对早期潜在的危险信号的筛选、评估和处理。50％的自闭症儿童家长报告说他们的孩子在 2 岁前就表现出自闭症的特征，93％的孩子在 3 岁时其症状能被识别出来（Matson，Wilkins & González，2008），自闭症平均诊断年龄是 2.7 岁（Baird et al.，2001）。研究认为，75％～88％的 ASD 儿童在其出生后的前 2 年内就已经表现出 ASD 的信号，同时有 31％～55％在其第 1 年里就表现出 ASD 的征兆（Brock，2006）。

一般而言，当发现孩子有如下症状时应引起家长的警觉（Filipek et al.，1999）：

(1)叫孩子名字时他没有反应；

(2)孩子见人不笑；

(3)孩子老喜欢独处；

(4)孩子在某些方面显得特别"早熟"；

(5)孩子不喜欢玩具；

(6)孩子常常踮着脚走路；

(7)孩子对某些声音或物体出奇地感兴趣等。

研究者归纳了 ASD 的 6 个方面最初迹象（Lubetsky et al.，2008）：

(1)出生 6 个月以上仍然没有大笑或其他温馨、快乐的表情；

(2)出生 9 个月以上仍然没有交互性分享的声音、微笑，或其他面部表情；

(3)出生 12 个月仍然没有牙牙学语；

(4)出生 12 个月仍然没有交互的手势，如用手指、展示、伸手或挥手等；

(5)出生 16 个月仍然没有只言片语；

(6)出生 24 个月仍然没有两个字的有意义短语（不包括仿说或重复）。

ASD 早期社会交际、语言的困难可能包括（Lubetsky et al.，2008）：

(1)避免眼睛接触（正常孩子会盯着母亲的脸看）；

(2)对父母的呼唤声像聋子一样充耳不闻（正常孩子很容易受声音刺激，且能辨认声音）；

(3)对面部表情缺乏敏感，没有社交性微笑（正常孩子会对愉快的社交刺激做出反应）；

(4)语言开始发展却突然停止（正常孩子的词汇和语法会持续地发展）；

(5)无法对感兴趣的东西提出请求（正常孩子可以指出或请求他感兴趣的东西）；

(6)无法进行假装游戏（正常孩子会拿一个玩具杯子和茶壶来回倒水）。

ASD 上述这些早期信号并非 ASD 特有的，如社交退缩和异常的社交相互性、分享快乐、定向注意等，但研究者们认为，在避免杞人忧天、滥用诊断的同时，应向儿科专家、家庭医生咨询，尽早鉴别出 ASD，进行康复训练。然而，不容乐观的是，即使在美国，能够进行 ASD 筛查诊断的儿科医生仅占 8％的比例（Dosreis，Weiner，Johnson & Newschaffer，2006）。因此，确定 ASD 特异性核心症状表现，对于 ASD 早期筛查诊断具有重要意义。

三、社会交往障碍——自闭症核心症状

不论是 Kanner 所认为的与他人极度疏远是早发性婴儿自闭症的首要特点,还是后来 DSM-Ⅳ 所确定的典型自闭症者社会交往障碍、交流障碍、兴趣与行为异常三个方面症状,乃至当前应用的 DSM-Ⅴ 合并为社会交往障碍、限制性重复刻板行为,社会交往障碍一直都被认为是 ASD 者特异性的核心症状之一。

自闭症患儿在社会交往方面存在质的缺陷,他们不同程度地缺乏与人交往的兴趣,也缺乏正常的交往方式和技巧。Kanner 当年重点描述了那些自闭症儿童在社交和情感方面的共同特征:一种极端的自闭,在生命初期不能通过正常方式与他人和周围环境建立联系,只要有可能,他们就不理会,忽略或阻隔外界的影响(Kanner,1943)。他们缺少目光接触,面无表情,没有合适的体态语言和手势,无法与同龄人建立友谊关系,不能自发地与他人分享兴趣或快乐(如不会指东西给别人看,或者将东西展示给别人),缺乏社交或情感的互惠行为,缺乏与他人的联合注意(joint attention),因而未能主动分享他人的活动或兴趣(Spence,Sharifi & Wiznitzer,2004)。

具体表现随年龄和疾病严重程度的不同而有所不同,以与同龄儿童的交往障碍最为突出。

(1)婴儿期。患儿回避目光接触,对他人的呼唤及逗弄缺少兴趣和反应,没有期待被抱起的姿势或抱起时身体僵硬,不愿与人贴近,缺少社交性微笑,不观察和模仿他人的简单动作。

(2)幼儿期。患儿仍然回避目光接触,呼之常常不理,对主要抚养者常不产生依恋,这在5岁以前最为明显。他们在家不跟随父母,当父母返回时也不去迎接;当他们不舒服或跌倒了,不寻求父母的安慰;当父母前去拥抱时,不会伸起手和抬起身做好预备动作。对陌生人缺少应有的恐惧,缺乏与同龄儿童交往和玩耍的兴趣,交往方式和技巧也存在问题。患儿不会通过目光和声音引起他人对其所指事物的注意,不会与他人分享快乐,不会寻求安慰,不会对他人的身体不适或不愉快表示安慰和关心,常常不会玩想象性和角色扮演性游戏。

(3)学龄期。随着年龄增长和病情的改善,患儿对父母、同胞可能变得友好而有感情,但仍然不同程度地缺乏与他人主动交往的兴趣和行为。虽然部分患儿愿意与人交往,但交往方式和技巧依然存在问题。他们常常自娱自乐,独来独往,我行我素,不理解也很难学会和遵循一般的社会规则。

(4)成年期。患者仍然缺乏社会交往的兴趣和技能,虽然部分患者渴望结交朋友,对异性也可能产生兴趣,但是因为对社交情景缺乏应有的理解,对他人的兴趣、情感等缺乏适当的反应,难以理解幽默和隐喻等,较难建立友谊、恋爱和婚姻关系。

概括起来,自闭症社交障碍主要表现为目光接触减少,面无表情,不能发展同龄人之间的友谊,缺少社会或情绪交流。其中,目光接触的缺乏被认为是自闭症的特征性表现(陶国泰,1999)。

30 多年来,对 ASD 的诊断指标和分类虽然发生了许多变化,但社会交往能力的缺失被认为是最核心的症状(Geschwind,2009)。因为就自闭症的三联征而言,语言发育迟缓和沟通障碍可见于语言障碍患者,重复刻板行为和感觉异常可见于多种原因导致的精神发育迟

滞患者，而社交障碍对自闭症来说是特异性的，因此，诸多研究聚焦于社会认知来寻找 ASD 的病因。当前，对 ASD 的诊断标准依然关注于行为和认知方面的症状，近年来，开始有人对 ASD 的神经和医学特征给予关注（Geschwind，2009）。

第四节　自闭症谱系障碍的诊断工具

DSM 的不同版本与时俱进地提供了自闭症（或 ASD）的诊断标准，但要对 ASD 进行诊断，就要求对孩子做全面的检查评估。当前学术界对 ASD 的症状表现没有一致的观点，但一般都公认 ASD 儿童发展中的问题往往有多方面表现，且可能在儿童发展的不同阶段有不同的侧重。迄今为止，对 ASD 的诊断仍然没有单一完善的诊断工具和方法，所以在诊断时必须进行多侧面的评估，既要注意发展迟滞，又要注意发展异常，同时，要将孩子在个别领域的功能放到其整体智力能力中去分析理解。显然，在诊断评估时，心理学工作者、儿科医生、治疗师等多专业合作是很重要的，而且，家长的参与也是对孩子做全面评估诊断的重要环节。在对 ASD 疑似病例进行综合评估时，必须包括其成长史、父母访谈、必要时的医学检验、对儿童的观察、认知和适应功能的标准化测试，以及对社交、沟通交流技能的直接评估。

一、常见诊断工具

当前，有关儿童 ASD 常使用的诊断工具通常是根据 APA 的 DSM 不同版本、世界卫生组织关于精神与行为障碍的诊断标准（ICD）编制的。目前国外常用的诊断工具为"自闭症诊断访谈量表"（ADI）和"儿童自闭症评定量表"（childhood autism rating scale，CARS）。美国芝加哥大学 Lord，Rutter，DiLavore 和 Risi（1999）编制的"自闭症诊断观察量表"（ADOS），因其信度高、效度高、实用性好而被奉为黄金诊断标准（golden standard；Charles et al.，2008）。我国大陆常用的诊断工具是中华精神科学会"中国疾病分类诊断标准"第三版（the Chinese classification and diagnostic criteria of mental disorders，3rd ed.，CCMD-3），以及引进的"儿童自闭症评定量表"（CARS）和"儿童自闭症行为量表"（autism behavior checklist，ABC）。

二、早期筛查工具

尽管已经明确几个少见基因位点突变导致 ASD，也有众多研究探讨了镜像神经元等认知神经缺陷与 ASD 有关，但是，当前仍然未能获得有关多数自闭症者的基因和神经病学标记（Golarai，Grill-Spector & Reiss，2006），遗传学检测尚不能用于 ASD 诊断。早期筛查 ASD 儿童的工具十分有限，现在使用的 ASD 儿童行为问题筛查的工具中，"婴幼儿自闭症量表"（checklist for autism in toddlers，CHAT）和"幼儿自闭症筛查工具"（screening tools for autism in toddlers，STAT）是两种专门用于 1.5～2 岁儿童自闭症鉴别诊断的工具（Baron-Cohen et al.，2000），而"幼儿自闭症量表"（修订版）（the modified checklist for autism in toddlers，M-CHAT）被广泛用于 16～30 个月大孩子的筛查（Matson et al.，2008）。这些工具可以筛检出 3 岁以前有明显 ASD 行为的儿童。但是,由于 3 岁前儿童的言语处于发展阶段,许多中国家长发现孩子语言迟缓也多数等待其自然发展出应有的语言水平,常常在孩子 3 岁以后还不会讲话或行为表现出怪异时才来就诊,而且多数高功能自闭症(high functioning autism,HFA)或 AS 并无智力发育的迟缓和明显的语言障碍,此时 CHAT 的敏感性已经不太突出(金宇,2008)。

三、现有诊断工具的困扰

对自闭症及其他类型 ASD 进行诊断通常要到 3~4 岁,要将诊断年龄提前一些,则需要大量的研究。正如 Osterling 和 Dawson(1994)所说,ASD 儿童在最初的 18 个月里的发展模式非常难以捉摸。早期有关 ASD 儿童行为变化的描述,主要借助已经确诊为自闭症儿童的父母回顾,与正常儿童进行对比来研究,而这些事件通常是三四年前发生的。因此,尽管这些数据可以帮助研究者聚集于某类特殊的行为,但当研究者试图去获得更多特定的行为症状时,就必然会对此回顾的准确性产生怀疑。近来,通过对 ASD 儿童或幼儿的家庭视频来确定其早期症状形式被广泛采用。通过对正常发展儿童、ASD 儿童在 9~12 个月大时的录像进行分析,发现两组间存在一些差异,如社会交往行为、联合注意及一些自闭性行为(autistic behaviors,如刻板行为、遮住耳朵)。此外,一些感知运动行为也被视为潜在的诊断信息,如视觉朝向、注意困难、对他人叫唤反应过快或延迟、特别喜欢将东西放入嘴里、回避社交接触、体态异常、对物体望穿式的凝视或注视。Watson,Baranek 和 DiLavore(2003)对此方面做了很好的综述。但很显然,这些视频无法标准化,所观察的任务、视频长度、设定、言语提示的数量、视频中人物数量及其他因素都可能各不一样。而且,这一领域的研究仍然为数不多,其收集的数据也未能获得任何系统测试,也不能将 ASD 及其各亚类的诊断提前到 2 岁之前(Charman et al.,2003)。而 2 岁是目前所认为的 ASD 最可靠的切分年龄(Matson et al.,2008)。

由于 ASD 适合于诊断的几乎都是行为和言语方面的征兆和症状,识别 ASD 特有核心症状以及各亚类的典型行为标志,不仅有利于 ASD 的筛查,而且使治疗、康复方案更具有针对性。大量诊断工具也都是基于儿科医生、抚养者或教育者对患者行为的直接或间接观察,包括 ADI、ADOS、"发展、维度和诊断访谈量表"(developmental,dimensional and diagnostic interview,3Di;Skuse et al.,2004)和"社交与交流障碍诊断访谈量表"(diagnostic interview for social and communication disorders,DISCO;Leekam,Libby,Wing,Gould & Taylor,2002),这种观察受评定者主观影响较大;而且 ASD 症状表征非常广泛,受年龄或言语发展水平的限制,部分临床症状在二三岁前并无稳定表现,如同伴关系问题和言语交流技能。此外,ASD 是一种发展障碍,其行为和言语方面的征兆和症状在不同个体间会随着时间的推移而改变,如在 8~12 岁的 ASD 个体身上观察到的行为与言语症状,可能不适用于成年人。因此,仅仅依赖于对外在行为和言语能力的观察所进行的诊断就可能导致误诊或漏诊。

当前对 ASD 的诊断几乎都基于对其行为征兆和症状的直接或间接观察(Simmons et al.,2009)。当"黄金诊断标准"也不适用时,从社会认知视角出发,围绕社交障碍这一 ASD 核心特异性症状,对 ASD 视觉特点的分析就富有特殊的意义了。事实上,在对自闭症进行临床检查时,依据自闭症儿童抚养者的报告或对家庭视频回溯式分析所发现大量的异常社交行为征兆中，就包括了自闭症视觉的多方面特点，包括目光接触较少、注视追随延迟或完全丧失、面孔注视减少、社交微笑缺少、没有表情、缺乏自发的模仿等（Volkmar，Chawarska & Klin，2005）。DSM-V 的诊断标准中，也将异常的眼神接触、对感觉刺激反应过度或反应不足等感知症状作为重要的依据。

为了更好地描述 ASD 的社会认知缺陷，当前已有研究关注 ASD 者社交障碍这一核心症状，采集患者搜索、加工社交信息的眼动资料，揭示 ASD 者加工社交信息的策略、特点；通过神经成像和生物标记技术，力图对 ASD 不同程度患者予以临床鉴别（Geschwind，2009）。众多研究首先关注了 ASD 儿童或成人的面孔加工能力，这与上述有关自闭症早期社交缺失的征兆相一致，并由此说明了自闭症者社交兴趣的缺失与面孔加工异常的关系（Schultz，2005）。这些研究通过收集客观的生理反应指标，将加深对 ASD 社会认知机制的理解，有利于 ASD 的早期识别和有效干预。从认知神经科学的视角，尤其是将眼动追踪技术与 ERP、fMRI 相结合，探索 ASD 的核心症状表征及各亚类的特异性，将是今后研究的重要取向（陈顺森，白学军，张日昇，2011）。

第五节 自闭症谱系障碍病因假设

许多 ASD 儿童的父母可能都会自我反省，究竟父母做错了什么而让孩子罹患这种病。70 多年来，医学界、心理学界、语言学界、教育界等专业人员与广大自闭症儿童的家长一起，对人类历史上这一疑难病症进行了大量的研究，研究和探讨了 ASD 的病因、心理与行为功能、治疗与教育方法，努力揭开 ASD 的神秘面纱，以帮助广大自闭症者走出自闭的阴影，这一努力仍在进行中。

一、遗传学原因

ASD 是一组有生物学基础的发展障碍。从当前概念界定来看，ASD 主要是与遗传和基因综合征有关（Geschwind，2009）。

双生子研究中发现，双生子中有一位典型自闭症患儿的话，同卵双生子的一致性为 60%，而异卵双生子一致性则为 0；而如果考虑自闭症整个谱系的话，同卵双生子的一致性为 92%，而异卵双生子一致性则为 10%（Bailey et al.，1995）。另一项研究发现，自闭症双生子中同卵与异卵的比例为 10：1，说明自闭症是一种遗传病（Grice & Buxbaum，2006）。调查显示，ASD 患儿家族史阳性率达 22.82%（冯淑瑜，等，2003），这说明了遗传因素在自闭症的发病中具有重要作用。也正因此，研究者认为，ASD 是一组终身存在的神经发展障碍（Strathearn，2009）。

国际自闭症分子遗传学研究会（International Molecular Genetic Study of Autism Consortium，IMGSAC，2001）在对 153 对同胞样本的基因组筛选工作中发现，2q21-33 区域最有可能是 ASD 的候补基因（candidate genes）。有关 ASD 者 WNT2 基因变异的研究结果则为 ASD 社交缺陷障碍提供了一个令人关注的潜在解释。也有研究发现，ASD 社交障碍与5-羟色胺转移酶启动基因的缺乏有关（Brune et al.，2006）。目前除了 14 号和 20 号染色体外，其余染色体异常与 ASD 行为的关系均有相关报道。其中以 15 号染色体异常的报道最多,其次是 7 号、13 号、17 号及 18 号染色体异常,但至今仍然未能确定究竟是哪些染色体的变异直接导致自闭症。

虽然已有研究获得了多种基因点可能与 ASD 不同表现有关的结果,但由于 ASD 表现的多变性,至今尚未确定是哪些基因遗传带来了 ASD 症状。

二、行为和认知的联系

至今 ASD 的生物学因素仍未被充分理解、确定,尚无适用于 ASD 的生物学测试,因此临床医生必须依据个体的行为模式进行 ASD 的诊断。要在被假定的生物学因素和 ASD 表现出来的行为模式之间建立连接,就必须加强对 ASD 认知途径的研究,并由此找到 ASD 儿童教育、互动和辅助的有效方法,也为探索生物学病因提供有益信息。

在生物学因素与行为症状、行为症状与认知途径这两种关系之间建立连接,对 ASD 病因探索具有重要的意义。有些单一的生物学损伤通过多种认知途径可能产生不同的行为症状,这可用来解释 ASD 的不同表现症状。而有些生物学因素可能共同通过单一的认知媒介产生多种行为模式。作为一种仅仅基于行为症状就可以予以诊断的综合征,众多生物学因素可能通过不同的认知机制最终导致单一的行为功能障碍。要在 ASD 症状的生物学因素和行为症状表现之间建立连接,就必须重视认知的桥梁作用,这对更有效地诊断及理解 ASD 的生物学标志至关重要。认知途径的不同可能会导致 ASD 呈现出不同的表现方式,可能存在不同的认知途径却表现出相似行为结果。

三、认知神经科学的解释

现代实验技术手段的发展为探索 ASD 病因之谜提供了重要的帮助,主要来自于认知神经科学(如 fMRI、ERP 等)研究方法所取得的研究成果。目前自闭症认知神经机制主要有以下三个理论。

(一)碎镜假说:镜像神经元功能障碍

镜像神经元(mirror neurons,MNS)是存在于鸟类、灵长类动物和人类大脑中的一种特殊的神经元系统。1996 年,意大利帕尔马大学神经科学中心的 Gallese 和 Rizzolatti 等研究人员观察恒河猴运动皮层神经元放电现象时,意外地发现了这类具有镜像功能的特殊神经元。镜像神经元在动作模仿、意图理解及情感体验等多方面的重要作用已得到证实。镜像神经元系统可能是人类进行模仿学习(imitation learning)的基础,进而也是心理理论的获得、共情能力、社会交往等的神经机制。正是人脑镜像神经元区域与心理理论功能区域的高度重合性、心理理论与 ASD 所缺乏能力的紧密联系性,以及镜像神经元本身所具有的对于动作、意图等的镜像性,碎镜假说(Broken mirrors)的提出才得以顺理成章。碎镜假说认为,镜像神经元系统功能障碍可能是 ASD 者观察能力薄弱、模仿表现不佳、心理理论缺乏及社会认知受损的根源(张静,陈巍,丁峻,2008)。

1.模仿能力受损

模仿能力是一种罕见的能力,是与人类特有的智力形式,尤其是语言、文化和理解他人的能力密切相联系着的,是个体学习的核心技能之一,也是其他能力的基础之一。认知科学理论认为,人对外界动作的模仿是习得语言、动作等基本行为,甚至了解他人与社会认知的基础。儿童在发育与成长过程中,模仿具有关键的作用,是发展基本的社会技能如心理理论等的关键,模仿功能的缺失则会导致 ASD 等以社会交往缺陷为核心症状的症候群(Oberman & Ramachandran,2007)。儿童早期趋于镜像样地去模仿别人(如对方抬起右手,模仿者会反向抬起左手)。成人镜像样模仿时,额下镜像神经元区激活更加明显,形成心理旋转以实现更客观准确的模仿。在人的简单模仿任务中,fMRI 确实显示 44 区和顶叶均被激活,表明人的镜像神经元在早期的模仿行为中起到关键性作用(Williams et al.,2001)。Williams 等人(2001)第一次对模仿的脑神经机制进行了探讨,将 Rogers 的自我-他人投射理论与 MNS 联系在一起,并且进一步提出,因为镜像神经元功能异常(mirror neurons dysfunction),引起 ASD 的特异发育缺陷,干扰了模仿的发展,同时也影响了他们自我-他人表征的形成和协调,从而使其难以理解他人的思想和情感。但也有研究者认为,模仿是一种复杂的过程,成功的模仿除了要一对一进行相应的行动,还需要许多认知加工,包括视觉分析、行动目标表征、何时模仿什么的选择性及行动监控,不同的模仿任务要求多种表征及不同水平的行动选择(Victoria & Hamilton,2008)。而且 MNS 不只与模仿有关,ASD 儿童的MNS 虽然有缺失,但他们在理解行动方面并不存在什么困难,他们也能推断出失败行动的意图目标。ASD 儿童在模仿任务中表现欠佳也可能与任务本身有关,通常这些任务都是无意义的动作或面部表情模仿,没有给出明确的指示。如果给他们明确的指示的话,ASD 儿童能模仿得很好,这与 ASD"碎镜"理论所主张的不一致。

2.心理理论缺失

心理理论(Theory of Mind,ToM)是对自己和他人心理状态(如需要、信念、意图、感觉等)的认知,并由此对相应行为做出因果性的预测和解释。一直以来就心理理论的获得存在着理论论(theory-theory)和模仿论(simulation theory)的争论。镜像神经系统的发现则为后者提供了强有力的支持,即我们对他人意图的理解的基本机制不是通过概念的推理,而是对观察到的事件通过镜像神经系统的直接模仿(胡晓晴,傅根跃,施臻彦,2009)。

由于 ToM 在社会互动、社会认识、想象和交流中的重要性,ToM 发展缺失可以很好地解释 ASD 者在社会交往障碍、言语障碍、兴趣与行为异常方面的表现。该理论认为,ASD儿童在觉察自己和他人的心理状态(诸如信念、愿望、意图等)及心理状态与行为间的联系等方面存在缺损。例如,ASD 者的交流表现出某种特异模式,他们能进行代码交流,但因缺乏心理归因能力,不能进行需要彼此理解交流意图的参照交流;因为不能借助表征参照交流来学习语言,因此患者的语言习得就存在困难和迟滞;患者普遍缺乏假装游戏,因为假装是心理表征能力的一个突出体现,它依赖于对现实状态和假装状态进行区分的能力;而在其他一些不依赖这种能力的游戏上则不存在缺损,因此他们在客体操纵等领域的活动上可能表现正常(邓赐平,刘明,2005)。

3.共情缺陷

在社会交流中,理解他人的情感状态非常重要。因为情感的共享通常是理解他人意图的重要因素之一,也是从个体认知到社会行为过渡中的重要环节。人类具有可以与他人的思想产生共鸣的能力,也可以身临其境地体验他人所体验的情感,甚至将类似的动作也表达出来,即所谓的"感同身受"(陈巍,丁峻,2009)。共情(empathy)是指将他人情感活动投射到自身,并产生与对方相同的感情与动作。自闭症患者不愿意和别人接触,好像对他人的感受也无动于衷。有研究者认为,ASD 是一种共情缺陷的症状(Baron-Cohen & Belmonte,2005)。镜像神经元的存在证明了在观察到他人进行某种活动和自身做出该活动时会激活相似的脑区,这为人类共情的发生提供了生物基础。

(二)执行功能障碍理论:额叶和顶叶的机能障碍

执行功能(executive function,EF)是个体进行问题解决时所必备的一组神经心理技能,涉及很多目的指向性行为适应过程,如计划、抑制控制、注意、工作记忆,因此是一种复杂的认知建构(王立新,彭聃龄,2003)。前额叶皮层的损伤引起一系列神经心理的障碍,如计划、决策、认知灵活性、工作记忆、抑制、对动作的监控等方面的困难。ASD 执行功能障碍理论源于 1978 年 Damasio 和 Maurer 的报道,他们在比较了 ASD 与那些额叶脑部受损的患者对任务的执行情况后,提出了执行功能障碍说。自 20 世纪 80 年代以来,随着执行功能逐渐成为发展心理学研究的一个热点,对 ASD 执行功能的探讨也逐渐受到关注,执行功能障碍说(executive dysfunction)已成为 ASD 心理学研究中最有影响力的理论之一。ASD 患者的三大行为特征都可用执行功能缺陷来加以解释,因为人类的社会互动与沟通行动相当复杂,涉及种种执行功能的运作,包括目标设定(互动目的、沟通意图)、计划与组织(互动与沟通策略的选择与组织)、自我监控(互动与沟通过程的监控)、结果评估(互动与沟通结果的评估)等。因此 ASD 患者在社会性互动与沟通方面的障碍可用执行功能的缺陷来加以合理地解释;而其刻板的行为、狭窄的兴趣、僵化的行事风格也可用认知灵活性的缺陷来加以说明(Hill,2004)。

有证据表明,ASD 个体甚至是那些具有高功能的患者,在计划、组织及注意转移和维持等方面均存在问题。当然,执行功能缺损也并非自闭症所特有。许多发展障碍,诸如多动症、唐氏综合征等也存在执行功能方面的困难。这些障碍患者在执行功能上是否有别于ASD 患者,迄今仍不甚清楚(邓赐平,刘明,2004)。

显然,许多智力评估中均包含执行功能,且这些功能的缺损势必影响到一般的智力表现。但执行功能假设不能解释 ASD 的一些智力表现,特别是不能解释他们可能拥有一些完好无损的高级技能,如他们在积木分测验上的表现常处于剖面图的峰尖,而要完成该测验通常要依赖于执行功能。另一个问题涉及自闭症执行功能异常的潜在脑基础问题。尽管ASD 者在 Wisconsin 卡片任务和河内塔任务等执行功能任务上的失败,往往被视为额叶损伤的线索,但也有证据表明其他区域的损害,如基底神经节和海马回损伤,也会影响患者在这些任务上的表现(邓赐平,刘明,2004)。

(三)弱中枢统合理论:小脑的机能障碍

人类正常信息处理过程的特征是倾向于将各种不同的信息根据前后联系整合成具有更高层次的意义,而不是专注于非常细小的细节,即中枢统合(central coherence,CC)。Frith和 Happe(1994)把它界定为把各局部信息整合成一个意义的整体,这是一种注意刺激的整体而非刺激的各个部分的倾向,这种更高层意义的整合经常是以对细节记忆的损失为代价的。人类信息加工的这一特征在 ASD 者身上是反向的，ASD 者表现出注意细节加工，知觉和记忆各种刺激细节特征，却忽略整体意义或情境的意义，即表现为"弱的中枢信息统合"（weak central coherence，WCC）。

由于 ASD 者的注意力经常为正常人所忽视的客体表面或个别特征所吸引，对整体语境缺乏注意，结果使信息加工发生在局部而非整体水平上。尽管相关证据不多，但是由于该理论涉及外显学习，因此受到很多关注。Jolliffe 和 Baron-Cohen（1999）研究发现，高功能自闭症或阿斯伯格综合征较少自发地利用语境对多音词进行正确发音，结合语境解释听觉呈现的歧义句的能力较差，提示 ASD 具有局部统合障碍（局部统合指在短时或工作记忆中的语言信息之间进行适合语境的语义关联能力）。一些研究发现小脑发育异常可能与注意缺陷和整合加工不足有关（王立新，彭聃龄，2003）。Harrsi 等人（1999）在 MRI 检查中发现自闭症儿童在完成空间知觉测验时表现出注意指向障碍，这种与视觉线索相关的注意指向缓慢与小脑发育不全相关显著。很多学者发现自闭症患者的小脑蚓叶Ⅵ-Ⅶ部明显小于正常人。小脑被认为是仅次于额叶的信息加工系统，能够通过其深部核团发出投射纤维与脑干网状结构激活系统、丘脑、顶叶、额叶等部位建立联系。蒲肯野细胞是小脑中唯一对其深部核团有抑制作用的神经细胞。大量的蒲肯野细胞丧失，将意味着小脑对网状结构、丘脑、顶叶、额叶等部位失去了有效的调节作用，从而导致 ASD 者运动、感觉、注意、记忆、唤醒水平等方面的功能障碍（王立新，彭聃龄，2003）。在社会交往中要求个体具有迅速而准确地转移注意的能力，因为社会性的刺激信息（如表情、语音、手势等）不仅丰富多样，而且往往转瞬即逝，必须能够迅速而有选择地把注意转移到那些信息上去并做出整合加工，才能理解那些信息的社会性、情感性和情境性意义。由于 ASD 者存在注意障碍，他们就无法捕捉和理解周围的社会性刺激信息，从而无法与人沟通，表现出社会交往障碍。

（四）小结

上述认知神经科学的理论，WCC 理论很好解释了 ASD 视觉空间异常，而执行功能障碍和重复刻板行为的关系、心理理论和社会功能的关系都可以解释 ASD 的核心特点，但是都不能很充分地解释（Pellicano，2007）。Bailey 等人（1996）认为应该将这几种理论综合起来，从整体水平上充分理解 ASD。然而，上述理论有关的主要神经基础不同。"碎镜假说"下的 ToM、模仿、共情等与额叶、颞叶、杏仁核有着复杂的关系（胡晓晴，傅根跃，施臻彦，2009），执行功能需要大范围高级神经功能激活，包括前额纹状体网状结构和前额枕骨丘脑网状结构。测量中央统合的任务与早期视觉区域有关，如刺激枕叶回间沟和左侧颞叶皮质。结合上面遗传学的解释开发多因素结构 ASD 测量工具，对检查 ASD 个体组间和组内的差异表现是至关重要的。总体上看，这些理论都能很清楚地解释 ASD 的某些缺陷，但是没有一种解释是令人满意的。

第二章

面孔识别与加工及其障碍表现

在考虑 ASD 异常的社会性发展之前,有必要了解一下正常人群社交能力的发展,以便进行比较。当我们开门进入一间房间时,首先会注意房间里是否有人,这是人的社会性注意偏好现象。如果有人,我们就会直接注视对方的面孔,尤其会注意对方的眼睛是否也看着我们,或者注意对方眼睛在看什么,是什么样的表情,并由此推断他们感兴趣的是什么,并决定将如何与对方交流。

第一节 面孔加工概述

每个人都生活在社会中,因此,社会信息加工对于个体的发展而言定然是至关重要的。从进化角度看,婴儿为了避免肉食者的攻击,就必须从更强大的成年人那里寻求保护,因此,他们对来自抚养者信息的感知和反应直接关系其生存发展(Johnson,2001)。

一、面孔识别与加工的重要性

无论是对于成年人还是儿童甚至是婴儿,对面孔及其负载的社会信息进行加工处理的重要性都是不言而喻的,尤其是在婴儿期。

（一）面孔识别与加工是个体生存的需要

Johnson(2001)提出,感受和理解来自成年照料者的互动信息是婴幼儿生存和发展的关键。从进化的角度看,婴儿在出生后即暴露在危险的环境中,面对周边捕食者的攻击,因此吸引拥有保护能力的成年人的注意是生存的必需,这足见社会性注意的重要性。

（二）面孔识别与加工关系到社交关系的发展

社交关系发展的过程也是面孔识别与加工的过程,这个过程包括婴幼儿和父母的自然接触和分离。社交关系最初是在婴儿大约 3 个月大时通过面对面的沟通发展起来的,这种沟通包括相互的对视和面孔情绪的交流。从父母与孩子的互动关系可以推测出孩子今后社交关系的倾向(Jaffee et al.,2001),亲子关系的同步发展被认为是儿童未来社交关系发展的一个重要预测因子,同时也是依恋形成、自我调节能力、象征性能力和认知能力等发展的重要前提。社会性注意发展对于个体发展的重要性不言而喻,面孔加工是社会性注意的一个重要方面,如何高效率地觉察到面孔,是面孔信息加工的第一步,它将个体注意导向社交核心区域(Riby & Hancock,2009a,2009b)。

（三）面孔加工关系到对他人意图的理解

对他人面孔信息的注意对个体获得社会交流能力至关重要,也是个体学会并发展运用社交技能的渠道。通过注意他人头部、身体姿势、面孔朝向尤其是眼睛定向,我们就可以推断出他们在注意什么、心里是何种意图等(Shepherd,2010)。

二、面孔加工的发展

（一）面孔加工与偏向注意

面孔是一种包含着特别生物意义和社会意义的独特客体。面孔是一种非常复杂的刺激,所容纳的不仅仅是视觉信息,相对于其他客体,人们以整体加工的方式优先加工面孔信息(Jemel,Mottron & Dawson,2006)。儿童的面孔加工能力可能还不像成人一样娴熟,却也同样表现出这种面孔优先加工倾向。研究显示,儿童4岁开始就表现出与成人相似的面孔加工整体优势(Tanaka & Farah,1993)。6岁就发展出了成人具有的综合面孔加工能力(Carey & Diamond,1994)。这表明在人生发展早期,儿童就表现出了面孔的整体加工。

人类从出生那刻起,就很天然地对面孔产生注意偏向,且对眼睛最敏感。Fantz(1963)专门用视觉偏好的方法研究婴儿对形状的辨别和偏好,发现出生5天内的新生儿就对面孔图形表现出最大兴趣。新生儿就表现出对直视面孔的注视偏好,就能够识别其母亲面孔,并且表现出基本的注视追随(Bushnell,Sai & Mullin,1989;Farroni et al.,2002)。但面部感知通常要到大约2月龄时才开始表现出迅速的发展(Johnson,2001)。大约10周开始,注视面孔内部特征就明显多于外部特征和轮廓。3个月时,婴儿开始能够基于性别和种族的社会类别来区分面孔(Kelly et al.,2009)。婴儿对面部的偏好在出生后发展到6个月龄时就已相当稳定,他们更经常并更持久注视一系列物体中的面孔(di Giorgio et al.,2012)。关键是,这种偏向注意并不能归因于面孔的低水平显著性特征,因为面孔并非最具视觉意义的项目(Elsabbagh et al.,2013)。

6个月之后,婴儿对面部感知变得更加狭隘,不仅能分辨出自己的物种面孔,也能分辨陌生物种(如灵长类动物)中出现的面孔,而到了9个月大时就不再如此。到9个月龄时,婴儿的面孔辨别力就只限于自己的种族群体了(Kelly et al.,2009)。

Shelley-TrembLay和Mack(1999)发现,在掩蔽条件下面孔能够优先吸引个体的注意力,人们对愉快面孔图像的察觉显著好于倒置面孔、混乱面孔。这表明面孔刺激具备捕捉注意力的优先能力,甚至是在意识阈限之下呈现信息。这种对面孔等社会信息的偏向性是人类物种重要的进化优势(Moore,2010)。

(二)眼睛注视

人们在观看社交场景时,不论场景中人数多少,都优先注视他人的眼睛(Birmingham,Bischof & Kingstone,2008)。1 个月大的婴儿在社会情况下寻求并接受目光接触(Zeifman,Delaney & Blass,1996),而且在不同实验任务中都有这种表现。当要求被试描述或者只是观看场景,比起其他物体,他们更多注视眼睛;而当要求他们回答场景中人们注视的方向时,他们同样更频繁地注视人类的眼睛。这可能是由于眼睛包含着有关场景意义的重要社交信息,如场景中的人们是否互相感兴趣,是友好的还是敌意的。借助眼睛区域所提供的信息,个体对场景就有了纵深的理解。

大概从 4 个月起,作为面孔的重要组成部分,眼睛所引起的事件相关电位反应最强烈(Gliga & Dehaene-Lambertz,2006)。虽然婴儿 1 个月时就能识别母亲的体味,但真正根据面孔区别要到 3～4 个月大,婴儿发展到 4 个月时,通过眼睛接触,其面孔识别能力得到了显著增强(Farroni et al.,2007),并激活交际信号加工的相关大脑皮层区域(Grossman & Farroni,2009)。到 6 个月时,直视注视成为一种交际沟通形式,并提高后续的注视速度(Senju & Csibra,2008)。在编码阶段,4～5 个月大的婴儿能更好记住目光直视的陌生面孔(Farroni et al.,2007)。当呈现的是目光直视的面孔时,个体对面孔有更好的觉察。由于视线可能提示着个体关注的方向,表达着个体内部的心理状态,比如注意、意图和愿望等,在发展过程中,儿童经常利用与眼睛注视有关的线索来学习外部环境(其他个体、客体、事件等)和内部状态(情绪和意图)之间的关系,以便顺利地进行社会交往(王伟平,苏彦捷,2006)。

三、面孔识别与加工的理论模型

人类是如何高效率地加工面孔承载的丰富信息,完成面孔识别任务的,研究者们从不同视角提出了多个理论模型来解释,国外研究者提出了面孔识别的理论模型,试图解释面孔是如何被识别的,陌生的面孔是如何成为熟悉的面孔。到目前为止,影响较大的模型是 Bruce 和 Young(1986)基于大量的行为实验和日常观察及临床结果提出来的功能模型。此后,Haxby,Hoffman 和 Gobbini(2000)基于面孔感知的神经学研究结果提出了一个与 Bruce 和 Young(1986)模型一般性概念并行不悖的神经模型。Tanaka,Lincoln 和 Hegg(2003)整合了上述两个模型基础,提出比较简约的面孔加工层级模型,而面孔加工障碍的感知、认知假说和面孔加工障碍的动机、情感假说则主要探讨了自闭症者面孔加工障碍的成因。

(一)面孔识别功能模型

面孔识别功能模型(functional model for face recognition)由 Bruce 和 Young(1986)提出。该模型从功能角度把面孔识别划分为两大独立的过程:面孔身份识别、面孔表情识别(图 2-1)。面孔身份识别主要是识别面孔身份的语义信息,如特定面孔的姓名信息;面孔表情识别是识别面孔表情等分类信息,也包括性别、年龄等。该模型认为,这两类信息的加工是并行独立的,表情对面孔身份识别是不重要的,表情只不过是以观察者为中心的描述(viewer-centered descriptions)。

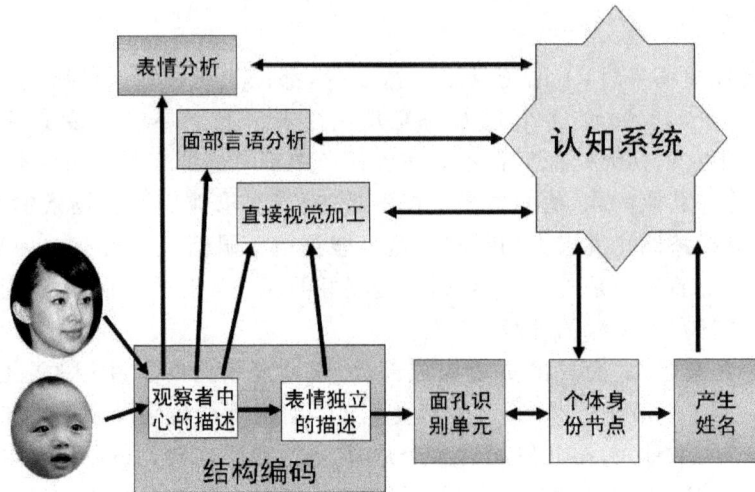

图 2-1　Bruce 和 Young 经典面孔识别功能模型

　　该理论模型关注于面孔如何被理解的加工过程而非面孔感知的神经基础，区分了面孔识别所需要的 7 类面部识别的信息编码，包括结构编码、姓名、表情、面部言语（唇读或注视方向等）等。

　　在面孔识别功能模型中，结构编码是后面各路径加工的共同基础，因此，该模型具有一定的层级属性。模型中多路径并行的结构也为解释面孔识别加工提供了较多的灵活性。在后续的大量工作中，功能模型被视为面孔识别研究的基本框架和经典模型，产生了广泛的影响（Quinn & Macrae，2011）。有关该模型具体内容，汪亚珉、傅小兰（2005）及彭小虎等人（2002）的综述中已有详细介绍，这里不再赘述。虽然，Bruce 和 Young 并未将此两功能成分与神经分布相结合，至今这一模型仍然是面孔知觉领域最权威的理论模型，影响着我们对面孔加工途径的理解。

（二）面孔识别分布式神经模型

　　面孔识别分布式神经模型（distributed human neural system for face perception）是 Haxby，Hoffman 和 Gobbini（2000）总结相关脑成像及脑诱发电位研究的基础上提出的面孔识别模型。

　　该模型包括两个对面孔进行视觉分析的功能性和神经学路径，如图 2-2 所示，一条路径是对面孔可变属性进行编码，包括表情、唇读、眼睛凝视，主要与枕下回（inferior occipital gyri）、颞上沟（superior temporal sulcus，STS）有关；而另一条路径则是对不变的面孔属性进行编码，如身份，主要与枕下回、外侧梭状回（lateral fusiform gyrus）有关。

　　有关该模型的详细介绍参阅徐岩、张亚旭、周晓林（2003）的综述。该模型强调面孔知觉过程中多个脑区之间的协同分布加工。所以，模型中各不同区域在功能上的分离是不确定的。如，梭状回面孔区就可能会在表情识别中起作用，杏仁核也可能会参与面部的视觉分析。这种分布式特征在模型上已经直接体现出来，就表情识别来看，从核心系统到扩展系统涉及多个皮层区域的参与，以完成表情的视觉分析、表征及意义提取。

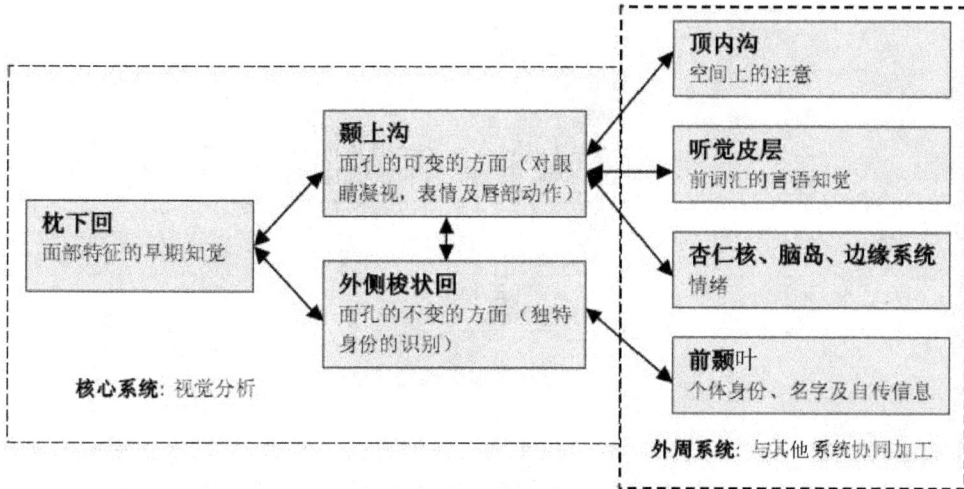

图 2-2 面孔识别的分布式神经模型

Haxby 等人(2000)的神经模型与经典功能模型都将面孔身份识别区分为不同路径,但是两个模型对于表情编码是由专司表情的系统进行的还是结合其他可变面孔特征加工的认识是不同的(Calder & Young,2005)。分布式神经模型强调功能完成过程中神经系统的协同工作,因而面部表情与面孔身份识别在这一模型的解释中就不像经典功能模型那样强调并行独立加工(汪亚珉,傅小兰,2005)。分布式神经模型认为,表情与身份的识别加工在表征上有信息的交流,在进一步的加工中也会有信息上的交互。虽然模型认为表情识别与身份识别都是多区域协同完成,但总体上两者在主要脑皮层加工区域上是有区分的。

(三)面孔加工层级模型

Tanaka,Lincoln 和 Hegg(2003)提出面孔加工层级模型(hierarchical face processing model,HFPM)。该模型将面孔加工分成对面孔的感知、识别、面部线索交流(communication of facial cues)三个加工范畴(processing domain),每一范畴的加工方面都有其自身的功能特点、目标、神经基质(neural substrates)。根据这一模型,面孔加工始于对面孔的感知、觉察,也就是能够将面孔从视觉环境其他刺激中抽取出来,然后进入识别范畴,即对面孔的身份、情绪分别予以识别,最后根据社交背景应用面孔信息进行思想和情感的交流,每一范畴的加工基于上一范畴(图 2-3)。

该模型认为面孔加工最基本的第一步就是注意到面孔。神经科学研究发现了该阶段发生的脑区,当正常个体观看面孔刺激时,梭状回的激活显著多于观看普通物体刺激物时的激活量。

在第一层级,个体将面孔从环境中与其他竞争性物体区分出来予以注意之后,就对面孔刺激的具体信息进一步予以加工,这一范畴可区分为两个方面:面孔身份识别、面孔表情识别。Tanaka 等人也是从功能出发对这一范畴的两个方面进行解释,其观点沿袭了经典功能模型的观点。

在经典功能模型、分布式神经模型基础上,Tanaka 等人(2003)认为,范畴一、二的技巧

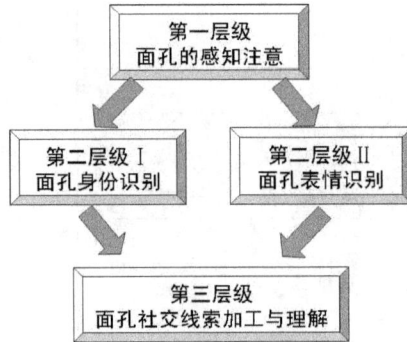

图 2-3　面孔加工层级模型

是面孔加工的基础能力，如面孔觉察、表情识别、身份识别。然而，从日常生活中的实用主义出发，面孔加工还要求个体超越面孔表面信息，努力理解面孔所传递的背后隐藏信息。如真实生活中，我们看一个人眼睛凝视方向，就可以估计其可能的想法，或者评估其表情，归纳出他可能的感受。因此，面孔加工第三范畴主要关注的是人际动态的面孔加工，也就是人们在日常生活中是如何应用面孔线索与他人交流思想和情绪的。对面孔线索的理解加工和反应能力是个体完全参与到更为广阔的社交环境中所需要的基本技能（Tanaka et al.，2003）。

　　第三范畴最重要的技能就是目光接触，也就是发现他人眼睛并与其保持稳定的目光接触。作为非言语沟通方式，目光接触虽然不易觉察，却强烈地影响着社交活动的性质。其次是联合注意。才 6 个月大的婴儿就会应用眼睛凝视实现联合注意。孩子通过使用眼睛凝视或指示线索引导抚养者注意外部的物体或事件。最后是对社交场景中面孔线索的理解，这种更先进的社交认知要求不仅要识别面孔表情，更重要的是对这种表情的社交背景的理解（Tanaka et al.，2003）。面孔加工层级模型将个体对面孔的注意觉察作为面孔识别、加工的第一步，因而，个体对面孔的选择性注意能力是其面孔加工的重要基础，相对于经典面孔识别功能模型、神经模型，更强调其第三阶段的意义，即社交意义。因而，在面孔加工层级模型框架下，分别探讨 ASD 者面孔加工三个阶段的特点，更便于发现 ASD 面孔加工受损的节点。

　　（四）面孔加工障碍的感知、认知假说

　　该假说从感知、认知障碍角度对自闭症者面孔加工障碍进行解释，提出如下假设：（1）自闭症者感知存在普遍性困难；（2）从早期开始普遍存在的高阶感知、认知缺陷阻碍了自闭症婴儿从面孔中提取感知信息，如原型构造（prototype formation；Klinger & Dawson，2001）；（3）支持面孔加工的特定神经即梭状回功能障碍。梭状回功能障碍观认为，面孔加工障碍是自闭症者最基本缺陷的表现。梭状回功能障碍可能是从出生时就表现出来的一种神经缺陷，因此，在婴儿期早期就可筛查出来。这种缺陷早些时候可能专门针对面孔，但这种对面孔进行加工的典型路径可能存在固有的缺陷。对此进行的补救可能要关注于补偿性策略或者需要对这些环路施加密集刺激。干预的关注点是尽可能训练一些有益于特定信息加工的策略，如教育这些孩子注意面孔的所有特征及面孔的构造。因为梭状回是广义的社会脑环路的一部分，梭状回的缺陷将扰乱整个社会脑环路的运行，导致其后需要依赖于面孔感知的能力出现缺陷，如联合注意、对情绪表情的理解，甚至言语感知（Dawson et al.，2005）。

（五）面孔加工障碍的社交动机、情感假说

根据社交动机假说，行为和电生理研究方面所发现的自闭症面孔加工缺陷是最初的社交动机不足引起的后继表现（Dawson，Carver et al.，2002）。临床观察发现，自闭症者缺乏社交动机，DSM-Ⅳ对自闭症的诊断标准也包括了这样的描述。观察研究结果显示，年幼自闭症者在看母亲时较少笑容（Dawson，Hill，Galpert，Spencer ＆ Watson，1990），联合注意期间很少使用积极情感（Kasari，Sigman，Mundy ＆ Yirmiya，1990）。

根据这一假说，社交动机的障碍导致对面孔及对所有其他社交刺激如人类声音、手势等注意的减少。Dawson，Carver 等人（2002）假设认为，自闭症者社交动机不足与无法形成社交刺激奖励价值的表征有关。这种困难可能来自两方面的异常：（1）奖励系统本身；（2）神经系统，这可能对于知觉社会奖励是很重要的，如形成他人"像我"的表征，也就是某些方面与自我相似。对于前一方面，最初神经系统包括了多巴胺系统表现出来的对奖励信息的加工。研究表明，多巴胺体现在纹状体和前额叶尤其是眶额叶皮层，在对接近行为进行奖励时发挥了重要的调节作用。对眶额叶皮层所体现的奖励价值的表征似乎也有赖于杏仁核基底外侧的输入（Schoenbaum，Setlow，Ddoris ＆ Gallagher，2003）。研究显示，社交奖励如目光接触也能激活多巴胺奖励系统（Kampe，Frith，Dolan ＆ Frith，2001）。Dawson，Munson 等人（2002）指出，年幼自闭症儿童联合注意的缺陷与认知神经任务的成绩高相关，与颞叶眶额叶环路有关，如物体逆向区分。

在半岁至 1 岁期间，对刺激物的期待奖励进行表征就激发了注意并起到注意引导作用，对面孔和其他刺激如声音注意的减少，将丧失正常发展和专门化所需要的社会脑信息的输入。这种对社交刺激注意的缺失将导致其无法成为一个熟练的加工者。这将会进一步导致对面孔加工进行正常调节的区域无法专业化，反映为皮层专业化的降低及大脑环路的异常，导致信息加工速度放慢（Dawson，Webb et al.，2005）。图 2-4 描述了社交动机假说的面孔加工的神经环路发展基础。虽然图中所画特定为面孔加工环路，但它也可用于对其他社交刺激，如对人类声音的感知。

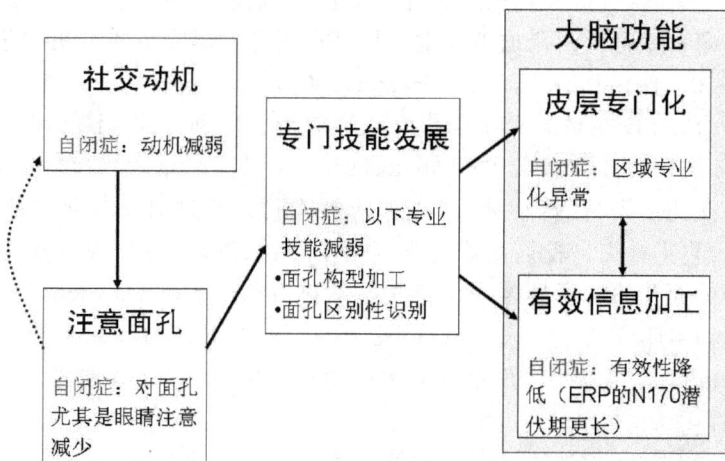

图 2-4　面孔加工社交动机假说

上述模型对正常人群面孔识别与加工、面孔识别加工障碍及其神经基础进行了不同的解释。这些模型一致认为，面孔加工能力的发展有着先天的神经基质推动，表现在两方面：(1)面孔加工有专门化的脑区，如梭状回；(2)有专门化的加工策略，从而有效地对面孔进行加工，如构形加工策略(Kanwisher,2000)。

第二节　ASD 面孔加工概述

社会认知是一个复杂的神经心理学范畴，包括许多关键性的社会感知、元认知技巧、共情、心理理论等。从生物进化角度看，从类人物种起就发展出了从同类那里获得对方情绪和意图等社交能力。人类面临的环境挑战很大程度上要求个体必须在一个社会群体中相互合作，因而，获得周边他人的意图和情感信息对人类的适应显然是非常重要的，然而，ASD 者则表现出了社交功能的异常。

有关 ASD 最初的研究也就提到了该群体的视觉症状(Asperger,1944；Kanner,1943)，ASD 的社交症状中包含有视觉成分，如面孔识别与加工困难、目光接触(eye contact)异常、联合注意困难、情绪反应困难、面孔信息注意与理解困难(Dawson et al.,2005)，ADOS 也将这些症状包括在内(Lord et al.,2000)。尽管面孔加工与识别问题未列入 ASD 核心显性症状，却与 ASD 者许多方面的不足联系紧密(Dawson et al.,2005；Webb,2008)。ASD 者面孔加工异样主要包括偏向于面孔的高频空间信息(high spatial frequency information；Deruelle,Rondan,Gepner & Tardif,2004)，减少面孔构形加工(Faja et al.,2009)，面孔特征区注意方式异常或减少对眼睛的注意(Sterling et al.,2008)，对熟悉和不熟悉面孔反应方式不同(Pierce,Haist,Sedaghat & Courchesne,2004；Webb et al.,2010)等。

一、ASD 者对面孔的选择性注意

人类从出生那刻起，就很天然地对面孔产生注意偏向。面孔的社交重要性也促使研究者们关注自闭症谱系障碍者面孔加工异常，对 ASD 视觉的研究也主要集中于面孔加工方面(Golarai et al.,2006；Jemel et al.,2006；Sasson,2006)。

大量研究认为，ASD 儿童对面孔与非面孔不能予以区别反应，不能识别面孔身份和表情，不能理解面部线索的社交意义等(Tanaka,Lincoln & Hegg,2003)。研究者们发现，自闭症儿童并不将面孔视作"特殊物体"。一项回溯式研究通过对 1 岁生日晚会视频进行分析，实验者随意设置了社交、情感、交流行为等活动，结果发现，后来被诊断为自闭症的儿童观看晚会中人物的面孔的时间显著少于正常儿童(Osterling & Dawson,1994)。众多研究认为后来被诊断为自闭症的幼儿表现出"面孔回避"，他们更偏向注意于非面孔物体而不是面孔(Swettenham et al.,1998)。似乎在人生的第一年里，ASD 患儿对面孔的关注就比正常发展儿童少得多。

对面孔或人物等社会刺激的注意倾向是个体社会性注意的重要表现，虽然这种注意偏向异常并非 ASD 的一个诊断特征，但越来越多的研究者将其归入 ASD 的核心症状(Mottron,Dawson,Soulieres,Hubert & Burack,2005)。正常人存在着看别人和听别人的注意偏向,而 ASD 者缺失这种偏向或者偏向较弱(Klin,Jones,Schultz & Volkmar,2003;Schultz,2005)。对儿童结构化游戏情景录像进行分析,发现 20 个月左右的正常幼儿主要关注于人物,视线常从物体转向人物,而自闭症幼儿却看人的时间很短,看物体的时间较长,视线常从人物转向其他物体(Swettenham et al.,1998)。让 ASD 成年人观看一组复杂的社交场景和非社交场景,记录其眼动情况,结果发现,ASD 者对社会信息的注意偏好"表面正常"(superficially normal),而真实生活中却不正常(Fletcher-Watson et al.,2009)。Riby 和 Hancock(2008)研究发现,与威廉姆斯综合征(Williams syndrome)患者相比,ASD 者对静态社交场景中人和面孔的注意较少,采用多种材料所获得的结果一致(Riby & Hancock,2009a,2009b)。这种社交注意的缺失,可能影响了更为高超的社会认知技能的发展,包括联合注意(Mundy & Newell,2007)、心理理论(Baron-Cohen,2001)、语言发展(Adamson,Bakeman,Deckner & Romski,2009)。

　　有关面孔-非面孔物体记忆研究发现,自闭症者识记可动物体(如马、摩托车)或不可动物体(如建筑物)的能力与 IQ 匹配的对照组没有差异,但 ASD 者识记面孔的能力显著差于正常组(Blair,Frith,Smith,Abell & Cipolotti,2002)。因此,ASD 儿童识记物体的能力未普遍受损,但对面孔的记忆力却显然受损。总之,大部分儿童对面孔的优先朝向和记忆好于其他类型的物体,但是,对于自闭症儿童的感知和记忆而言,面孔却未获得优先地位。

二、ASD 的面孔识别与加工

　　面孔被个体从环境中与其他物体区分出来,获得注意之后,个体就对面孔刺激的具体信息进一步予以加工,这一阶段可区分为两个方面:面孔身份识别与加工、面孔表情识别与加工。人们能够轻易地从不同表情中识别出同一个人的面孔(即身份识别),也能从不同人的面孔上识别出同一种表情(即表情识别),识别得如此精巧,以至众多研究者相信,识别面孔与识别表情两者相互独立,互不干扰(汪亚珉,傅小兰,2005;Bruce & Young,1986)。

(一)ASD 者对面孔的感知

　　众多研究认为,ASD 儿童的面孔身份辨别能力存在缺失(Simmons et al.,2009)。Langdell(1978)早期关于自闭症面孔加工的研究发现,自闭症者在利用面孔下半部分完成识别任务方面都比对照组好。Langdell(1978)认为,首先,自闭症儿童可能仅仅把面孔当作一个复杂物体(Langdell 称之为"单纯模式"),而不是正常儿童所在意的社交意义("社会模式")。其次,可能存在"非社会观看"(注视面孔无社交意义的部分,如下巴、耳朵等),这与自闭症的注视回避现象有关。这些观点对 ASD 面孔加工研究的影响一直延续至今,也成为主张自闭症面孔加工受损的研究者的立论基石。

　　自闭症儿童识别非社交性刺激(如建筑物、物体)能力正常,但对社交刺激(面孔)无法表现出像其同龄正常发展者一样的技能。Klin 与其同事(1999)精心设计了实验,测试 102 名自闭症、PDD、精神迟滞幼儿的面孔识别、完形闭合(Gestalt closure)和空间记忆能力。在完形闭合与空间记忆视觉任务中,ASD 儿童与言语匹配或非言语匹配组没有差异,但在面孔识别任务上,ASD 组的绩效显著低于另外两个对照组。这些结果表明,自闭症儿童面孔身份识别在正常功能性视觉系统中受损了。

面孔加工受损是 ASD 者社会认知缺失中最常被提及的方面。在生命早期，他们就对社交刺激缺乏兴趣，面孔加工脑区功能即梭状回（fusiform gyrus）、杏仁核（amygdala）或两者间的联结异常（Dawson et al.，2005；Baron-Cohen et al.，2000）。但也有一些研究并未发现自闭症者面孔感知与梭状回的激活不足有关（Hadjikhani et al.，2004；Hadjikhani，Joseph，Snyder & Tager-Flusberg，2007）。

（二）ASD 者对面孔加工的注意分配

眼动研究发现，正常人看面孔时表现出非常特定的方式，主要注视眼睛，也关注鼻子和嘴巴，也就是所谓的"核心特征区"（Walker-Smith et al.，1977）。

自 21 世纪初起，研究者开始使用眼动追踪技术探索 ASD 面孔加工的特点，研究通常使用人物图像或视频剪辑，或者仅仅是面孔（Boraston & Blakemore，2007）。眼动研究发现，与正常人相比，ASD 者更少注视面孔的内部特征，尤其是较少注视眼睛区域（Pelphrey et al.，2002；Dalton et al.，2005；Klin et al.，2002；金丽，陈顺森，2011），其加工策略与正常人不同。

最早有一项有关自闭症的眼动研究（Pelphrey et al.，2002），让 5 位成年男性自闭症者与 5 位正常对照组成员完成一项面部表情图片的情绪识别测验，用眼动仪对他们的眼动进行探测，自闭症被试在面孔核心特征区（眼、鼻、嘴）所花时间比例较小（随后的分析显示，这种效应是由于他们对眼睛与鼻子的注视时间较少而致的）。而且，对注视点的分析发现，较少自闭症者的注视点是在这些核心面孔特征，尽管这些个体特征上没有显著的差异。

Klin 等人（2002）让 15 名高功能自闭症者（HFA）和正常组观看社会场景，同时采用眼动追踪技术记录他们的眼动轨迹，发现 ASD 者观看嘴唇部分的时间比看眼睛的时间多；个体注视嘴巴多于其他物体，其社会功能测试得分较高，而注视物体多于嘴巴的个体则显示出相反的趋势。因而，认为自闭症最佳预测者就是其对眼睛注视时间的减少。他们认为，在自然社会场景中，对于 ASD 者而言，眼睛是最不明显的刺激，嘴巴、身体和物体则相对更明显些。对 ASD 面孔加工的普遍观点是，ASD 者对人尤其是对眼睛部分的注意存在困难。

Gepner（2004）的研究发现，在自然情境中，当高功能自闭症成人观察他人的面部时，表现与普通人相反，他们将目光聚集在人的嘴巴上而非眼睛上。Spezio，Adolphs，Hurley 和 Piven（2007a）使用真实的交流情景，观测杏仁核损伤患者的眼动模式，发现杏仁核损伤患者不与交流者直接对视，而将注意焦点集中在嘴部，自闭症儿童也是如此。当看静态情绪面孔时：（1）ASD 儿童与正常儿童具有类似的注视模式（van der Geest，Kemner，Verbaten & van Engelund，2002）；（2）ASD 成人更依赖于嘴的信息而不是眼睛（Spezio，Adolphs，Hurley & Piven，2007b）；（3）ASD 成人对眼睛和嘴表现出更少的关注，也就是说，尽管眼睛和嘴上可利用的信息更多，他们不会注视眼睛和嘴太久（Spezio et al.，2007a）；（4）ASD 成人对眼睛的眼跳次数更多（Spezio et al.，2007a）。通过呈现社交场景图片（尤其是面孔图片）发现，ASD 者对社交信息缺乏兴趣，对面孔的注视时间较少，且从面孔特征获得的线索也少，他们无法像非自闭症个体那样定位诸如面孔等社交线索（Riby & Hancock，2008）。有关自闭症者异常的面孔扫描方式众说纷纭，然而，Joseph 和 Tanaka（2003）、Klin 等人（2002）总结认为，自闭症者对面孔下半部分的注视显著要多于非自闭症者。在看电影中演员之间激烈争辩时，自闭症者比正常发展者更少看演员的眼睛，而花更多的时间看嘴巴、身体和非社交物体。

（三）ASD 者对面孔的加工策略

有一种说法认为,正常人是以整体方式来感知面孔的,而 ASD 者面孔加工更多是以局部加工方式进行的。虽然对于整体加工的定义各不相同,但通常都认为整个正立面孔作为背景对面孔局部及其关系的判断有促进效应。Joseph 和 Tanaka(2003)直接考察了 ASD 者面孔整体加工,通过使用整体-局部范式(whole-part paradigm),发现 ASD 儿童只有在依靠嘴部进行面孔识别时是进行整体加工。对照组在面孔整体背景下,对面孔局部的识别好于单独呈现面孔局部(整体-局部优势),对正立面孔的识别好于倒置面孔(倒置效应)。相反,自闭症儿童依靠中部的面孔识别也同样表现出整体-局部效应和倒置效应,但依靠眼睛所进行的识别任务没有这些效应,且识别绩效很差。这与已有研究所发现的 ASD 者面孔注视减少、不加工甚至是面孔回避效应相一致。相对于眼睛,他们高度异常地注意嘴巴(Klin et al.,2002)。研究者让被试觉察眼睛、嘴巴的细微置换,发现 ASD 者(低言语 IQ)对眼睛部分的觉察不佳,而对嘴巴变化的觉察没有缺陷或者有优势(Rutherford,Clements & Sekuler,2007)。

另一项研究认为 ASD 者存在一种非特异性的构形缺陷,对非面孔物体的构形任务(configural task)绩效与面孔构形任务绩效相关(Behrmann et al.,2006),但该研究未对面孔的构形或整体加工进行评估。也有研究发现,当地板效应被控制后,ASD 者表现出正常的面孔倒置效应(Teunisse & de Gelder,2003;Lahaie et al.,2006)。Lopez 等人(2004)操纵两个条件来考查整体-局部优势,其一是不给线索提示被试所要加工识别的面孔局部,其二是给予线索提示被试注意有关的面孔局部。线索提示对对照组没有什么影响,但对 ASD 者产生了影响,没有线索提示的任务下,面孔识别表现异常,没有整体优势,而在有线索提示任务下,也存在整体-局部优势。在没有线索提示条件下,他们也没有发现 Joseph 和 Tanaka(2003)所发现的 ASD 者对嘴部加工正常的结果。

也有大量的研究并不支持这一结论(如 Pelphrey et al.,2002;Dalton et al.,2005;Lahaie et al.,2006)。但用启动范式所开展的研究证实了自闭症面孔加工中局部偏向的假设(Lahaie et al.,2006),通过使用眼睛、嘴巴、鼻子、轮廓等自然切分中 1～4 个部分,或者任意切分部分(即包含有两个或多个面孔特征区信息的局部面孔,因而包括了一些构形信息)来启动。结果显示,两类面孔切分方式下自闭症组与对照组有着相似的启动效应,当启动中呈现的自然切分部分多于任意切分部分时,加快了启动功能。有意思的是,在自然切分启动条件下,正常者对只呈现面孔一个部分时没有启动效应,而自闭症者仍然出现了启动效应。ASD 者表现出来的单一自然面孔部分在面孔识别速度中的优势效应表明存在对个体面孔局部的增强加工。而且,这个研究并未发现嘴巴部分对全面孔启动的益处。

研究者探讨了自闭症者面孔加工的不同方面,得到了一些一致的结果,即 ASD 儿童与成人在解读面孔信息时表现出特有的缺陷。但也有研究表明,ASD 者并非完全丧失面孔加工能力,他们不仅对面孔而且对非社交信息的加工方式都比较特别(Behrmann et al.,2006;Lahaie et al.,2006)。自闭症者面孔加工偏向于局部加工,是一种碎片式的加工。因此,他们并非真正缺失对面孔的加工,而是策略异常。

虽然有大量证据表明,ASD 在完成面部识别、加工上存在障碍,但也有相当多的研究对此提出异议,尤其是对利用熟悉面孔做的研究。

(四)ASD 者对熟悉面孔的识别与加工

随着暴露度和熟悉性的增加,眼动变得更加可预测,面孔的暴露度可以影响眼动或者对面孔的注意方式。这说明,个体扫描面孔的各种方式取决于其对那张面孔的经验。研究发现,ASD 者对熟悉面孔与不熟悉面孔反应模式不同(Pierce,Haist,Sedaghat & Courchesne,2004;Pierce & Redcay,2008),低智力的自闭症者对原先熟悉面孔、陌生面孔的识别表现不佳。他们不能很好地区分熟悉与陌生面孔(Boucher & Lewis,1992),尤其是依赖于眼睛区域来识别时(Joseph & Tanaka,2003)。Sterling 等人(2008)发现,不管面孔是否熟悉,正常者看眼睛次数都比 ASD 者的多。与正常组相比,ASD 组看熟悉面孔与不熟悉面孔时的注视模式没有差别,特别是,正常组看不熟悉面孔比看熟悉面孔时有更多的注视,而 ASD 组的注视却不受面孔熟悉度的影响。但在面孔整体、面孔内部特征、面孔轮廓的熟悉面孔识别任务中,并未发现自闭症的特异缺陷。正常人在观看面孔时梭状回都会被激活,但 ASD 者与此不同,其激活模式较"独特",颞下回(正常人看物体时激活的脑区)也被激活了(Schultz et al.,2000)。但是,也有研究表明,当 ASD 者观看很熟悉的面孔(如其母亲的照片)时,梭状回也被激活了(Pierce,Haist,Sedaghat & Courchesne,2004)。实际上,正常成人在区分熟悉和不熟悉的面孔时梭状回激活水平不同(Rossion,Schiltz & Crommelinck,2003)。梭状回通常与个体对某一已经熟悉物体进行加工相联系,观看面孔时梭状回的激活可归因于对面孔的广泛注意和经验。这表明,ASD 者对熟悉面孔和陌生面孔的反应有别,他们看熟悉面孔时的神经激活方式显得很正常。那么,其观看陌生面孔时梭状回激活不足,可能是因为他们不熟悉或者是对新面孔的社交兴趣投入不足,而不是这部分脑区的内在功能异常。

因此,当控制了诸如面孔熟悉性和动机、注意、凝视注视等因素,梭状回的参与情况就可作为 ASD 的预测因素了。其他方面的研究已经表明,异常的感知加工可以解释 ASD 者的面孔加工缺陷(Behrmann et al.,2006),自我面孔是个体最熟悉的面孔,但仍然没有神经影像学研究说明 ASD 感知加工中是否存在自我面孔加工的差别效应。

(五)ASD 者自我面孔的识别与加工

历史上,"自我"经常被用来强调自闭症的缺陷。Autism 这个词来源于希腊文"autos",其意思正是"自我、相同、自发的、由内在指导的"。早期临床研究认为自闭症完全是以自我为中心,或者是极端自我关注(self focus;Kanner,1943;Asperger,1944)。自我中心主义、不能在社交背景中发现自己,正是 ASD 者不能区分自己和他人的结果表现(Lee & Hobson,2006;Mitchell & O'Keefe,2008)。ASD 者不仅不能区分自己和他人,而且在自我认知上也存在困难(Lombardo et al.,2010)。

采用不同范式研究自闭症谱系的自我意识,结果显示,自闭症自我意识某些方面发展不足或有缺陷(Lind & Bowler,2009),在认识和反映自己的心理上存在困难,同时在认识和反映自己的情绪上也存在困难(Gaigg & Bowler,2008;Hill,Berthoz & Frith,2004)。自闭症者在使用人称代词上存在困难,比如,不能使用"我"和"你"来标记自己和他人,这表明他们从他人中区分自己的能力不足(Kanner,1943)。

然而,并不是自闭症自我意识的所有方面都受损。正常发展幼儿在 2 岁左右能够通过镜子测试,识别自己。一些研究发现,心理年龄到达 18 个月的自闭症儿童能通过镜子测试。

这表明自闭症能将镜子中的身体画面和自己的身体意象等同起来(Povinelli,2004)。进一步研究表明,自闭症者能意识到自己的身体自我,可以区分知觉中的内部和外部引起的变化(Williams,Happe' & Jarrold,2008)。这些说明大多数自闭症幼儿具备了部分自我识别能力,有一定的自我意识,但他们通过镜子测试获得自我识别的能力明显较迟(Lind & Bowler,2009a,2009b;Williams & Happé,2009a,2009b,2010)。相比正常孩子,ASD 表现出自我认识受损,在推断他人想法上表现困难(Baron-Cohen,2001)。虽然自闭症者自我意识的某些方面受损,但是某些方面可能还是完好的。周念丽、方俊明(2004)关于自闭症幼儿视觉自我认知的实验研究发现,平均心理年龄为 23 个月的自闭症幼儿已初步具有自我与他人分化的认知,对自己面孔录像的注视时间更长,看自己的录像时表现出更多的积极情绪。

有关自闭症儿童自我面孔识别的 fMRI、ERP 研究发现,将自我面孔图片与他人面孔图片进行糅合变换(morphed),当图片中包含自我面孔成分较多时,正常儿童与 ASD 儿童的右侧前额叶系统都获得了激活,TD 儿童这一系统在进行自我面孔和他人面孔加工时都获得了激活,当观看他人面孔时,ASD 儿童与 TD 儿童的右侧额下回(Brodmann 区 44 和 45)激活差异显著。两组在该任务上没有表现出行为差异,都能够区分自我与他人,反应时也没有显著差异。由于 ASD 儿童只在观看包含自我面孔成分较多图片时该系统才激活,因此,研究者认为,ASD 儿童没有 TD 儿童所具备的对自我与他人的神经共享表征(shared neural representations;Uddin et al.,2008;Uddin,2011)。杨利芹、汪凯、朱春燕(2009)认为,ASD 患者在识别面孔的生理结构上无明显缺陷,对他人面孔识别的障碍可能是因为他们不会分享与面孔识别有关的神经结构(右侧背外侧前额叶),不能将该结构的功能扩大到识别他人的面孔上,存在自我中心的现象。

新近一项 ERP 研究发现,PDD 儿童在观看自我、熟悉、不熟悉面孔时早期后叶负波(early posterior negativity,EPN)或 P300 成分未表现出显著差异,而 TD 儿童则因面孔类型的不同,其 EPN 和 P300 成分均不同(Gunji,Inagaki,Inoue,Takeshima & Kaga,2009)。

这些研究并不能说明自闭症者自我面孔识别存在具体的缺陷。自我面孔可以说是最熟悉的面孔刺激了,但有关自闭症者自我面孔加工方面的研究仍然不多,有关自闭症神经影像研究中也较少使用熟悉面孔作为实验材料。行为研究就自闭症面孔加工缺陷和能力开展了大量的研究。大部分有关 ASD 面孔感知方面的神经影像学研究主要关注于情绪识别,也因此主要是以不熟悉面孔或名人面孔为实验刺激(Uddin,2011)。

（六）ASD 者对面孔情绪的识别与加工

在一项根据面部表情或帽子类型分类的任务中,大部分自闭症的孩子首先根据帽子分类而不是根据表情分类(Weeks & Hobson,1987)。当呈现面孔照片和部分面孔时,自闭症孩子在匹配基本情绪的方面存在困难(喜、怒、哀、惧)。早期这些行为研究认为,自闭症孩子较少把面部看成"特殊的"物体,在面部情感识别方面存在特殊的困难,对非社会刺激(图像和物体)方面不存在类似的困难。

Dalton 等人(2005)研究表明,ASD 者对面孔眼部区域注视的减少可能反映了梭状回的激活不足和杏仁核的激活。ASD 者对面孔注视的减少直接与梭状回的激活不足和面孔知觉中情绪性反应增强有关。梭状回活动可以通过对面孔的视觉注意来改变,更重要的是,梭状回的激活受到对面孔视觉注意的影响,尽管受到注意的操控,恐惧表情还是激活了杏仁核。这表明,眼睛注视方式影响部分脑区的反应,尤其是梭状回。

大量研究证明,ASD 经常与面孔表情理解困难相联系(如 Jemel et al.,2006)。Adolphs, Sears 和 Piven(2001)的实验表明,ASD 成人与正常人在面部表情识别能力上不存在显著差异,从面部识别基本情绪方面存在中等程度的受损。然而他们确实倾向于错误地理解面部的可接近性和可信赖性,同时表现出杏仁核功能受损(Ashwin et al.,2006)。

研究一致认为,ASD 在识别"复杂"面部表情方面相对较差,在区分假笑和真诚的笑(眼部提供矛盾的或一致的信息)上存在困难,很少注意目标面孔的眼部区域,这种困难与 ADOS 社会互动得分成正相关(Boraston et al.,2008)。

Pelphrey 等人(2002)发现,ASD 者在对六种基本表情(喜、哀、怒、恐、惊和恶)的扫描路径显然不同于正常者,他们无法像正常人那样长时间注视眼睛区域,而是更多地注视诸如耳朵、下巴等非特征区(nonfeature areas)。ASD 者在表情判断时更容易出错,更可能把害怕误认为生气、惊讶或恶心,而在快乐、悲伤和惊讶几种情绪中的表现和对照组并无差异(Pelphrey et al.,2002;图 2-5)。行为研究发现,他们不仅对面部情绪表情的视觉注意减少,对面部情绪表情的感知也存在缺陷,尤其对各种负性情绪表情理解困难(李咏梅,静进,邹小兵,金宇,五十岚一枝,2009)。de Wit,Falck-Ytter 和 von Hofsten(2008)发现,尽管 ASD 者对面孔特征区的注视时间少于正常组,但与正常人相似的是,他们对负性情绪面孔的眼部区域扫描多于正性情绪面孔。来自 ERP 研究发现,让 3～4 岁 ASD 儿童观看中性面孔或恐惧面孔时,其对恐惧面孔呈现出异常的反应,与对照组相比,他们只有较小的 N300,对恐惧面孔没有像对照组那样表现出大波幅负性慢波(Dawson,Webb,Carver,Panagiotides & McPartland,2004)。

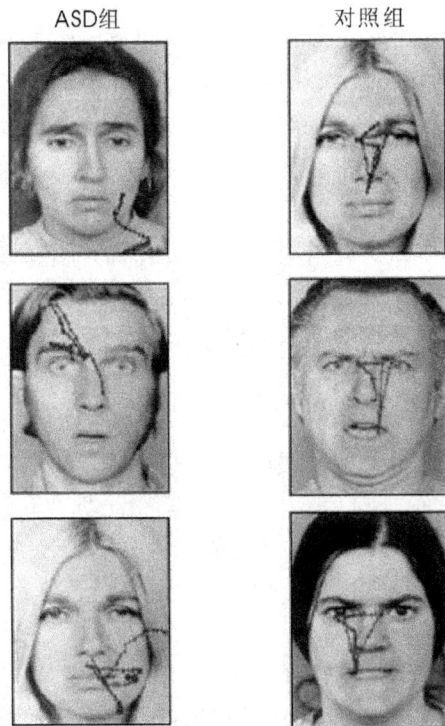

图 2-5 ASD 者六种基本表情的扫描路径

一些有关自闭症心理理论的研究关注了自闭症对情绪图片和演员各种情绪的理解。金宇等人(2003)研究发现,3～7 岁的自闭症儿童哭泣表情测试的表现与正常儿童相比并没有显著差异;焦青(2001)研究发现,8～17.5 岁的自闭症儿童能理解演员的积极和消极情绪,但是不能理解演员的认知性情绪。研究发现5～13 岁的高功能自闭症儿童(HFA)和 AS 都可以通过哭泣图片表情识别题目,但和正常儿童相比 HFA 儿童表情识别能力明显较差(邹小兵等,2005)。使用标准的面部表情图片研究自闭症儿童对不同情绪种类的识别,发现自闭症儿童对他人由外部情境引发的简单表情识别得较好,如高兴和悲伤,但难以识别由信念和愿望引发的面部表情,如惊奇、窘迫等,他们对于害怕、不安、痛苦等表达负性情绪的表情更不敏感(Sigman,Kasari,Kwon & Yirmiya,1992)。也有研究发现 HFA 儿童在基本表情(快乐、生气、悲伤和害怕)的判断中表现良好,但是在涉及更多的复杂情绪的时候,比如惊讶、骄傲、羞耻或者尴尬和嫉妒时有困难(Tracy,Robins,Schriber & Solomon,2011)。

然而,也有研究发现,当匹配了言语和智商时,自闭症者表情分类和匹配任务的完成情况与对照组没有显著差异(Ozonoff,Pennington & Rogers,1990);van der Geest 等人(2002a,2002b)发现,自闭症儿童在面孔身份和情绪加工中并没有表现出受损,在静态面孔表情图片注视、识别中与正常儿童并没有明显差别。在自闭症儿童对混合面孔的成熟度和表情识别的研究中发现,自闭症者在表情和年龄判断中表现均比 TD 组差,面孔倒立也影响了自闭症面部表情和年龄判断中的表现,错误类型分析发现自闭症和 TD 组在年龄判断上一致而在表情判断上不一致。Spezio 等人(2007a)使用"气泡"(bubbles)技术(图 2-6),发现ASD 者在情绪判断时比对照组更多依赖于嘴部区域,使用眼动追踪技术发现 ASD 者比对照组更多观看嘴巴,较少观看右眼。ASD 儿童与正常儿童一样,对恐惧面孔的视觉扫描时看眼睛部位的时间多于看积极情绪面孔(de Wit,Falck-Ytter & von Hofsten,2008)。

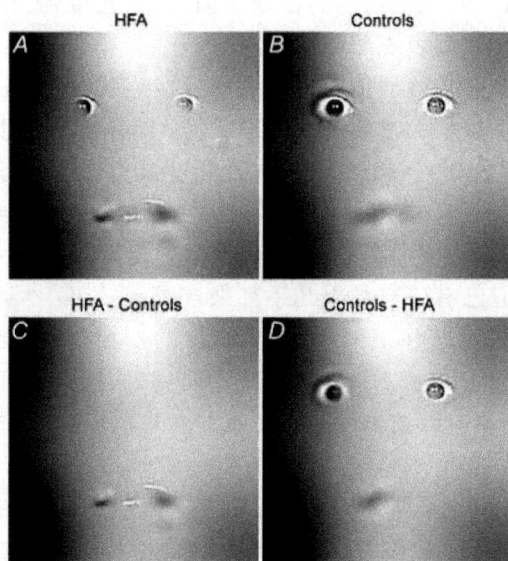

图 2-6　"气泡"技术(Spezio et al.,2007a)

自闭症儿童能辨认快乐、悲伤、生气、惊讶、害怕、恶心六种不同强度的表情,而且错误类型分析发现自闭症和正常儿童表现并无差异(Casteili,2005)。面部表情注意的实验发现,

HFA 儿童更少按照情绪维度进行分类,当明确告知按照情绪维度分类时,与正常儿童并未表现出显著差异(Begeer et al.,2008)。自闭症儿童面部表情识别的速度和准确性均显著劣于正常儿童;自闭症儿童在人脸认知过程中,更少自主性地注意到面部表情(严淑琼,2008)。

三、ASD 者面孔加工特点的早期诊断价值

尽管研究者们一直努力在 15～18 个月时识别出自闭症儿童,但时至今日,3 岁之前仍然不能确诊自闭症。由于对自闭症幼儿的研究、观察太少,因而对年幼自闭症儿童面孔加工的早期发展情况知之甚少。

在 Dawson,Osterling,Meltzoff 和 Kuhl(2000)的一项个案研究中,一名幼儿在 1 岁时被诊断为自闭症,2 岁时再次被诊断为自闭症,其当年早期病历记录上报告说他虽然有时眼睛会回避,但一般情况下目光接触较好,且在最初 6 个月里有反应性微笑;在 9～13 个月期间有 3 次评价,其中目光接触分别是紧盯、很少、在正常限度内。报告称该幼儿社交性应答减少,厌恶社会交往。在其另一项回溯式研究中(Osterling & Dawson,1994),通过观看 1 岁生日晚会的视频录像带,后来被诊断为 ASD 的儿童与那些正常儿童最明显的鉴别信号就是前者不看别人,认为婴儿使用面孔信息的能力如联合注意中的凝视监控是此类障碍早期诊断的一个关键鉴别特征。综合起来,这些结果表明,不能正常加工面孔可能是自闭症最早可测量的症状之一,在个体 1 岁甚至更早时就能发现(Dawson et al.,2005)。

尽管自闭症者症状的严重程度、智力功能差异很大,但所有自闭症者都存在社交困难,如目光接触、互惠交互、对他人情绪线索做出反应。在 1 岁以内通常就出现了对他人缺少社会性注意、对叫唤其姓名没有回应等基本的障碍(Werner,Dawson,Osterling & Dinno,2000)。大量研究表明,到 2～3 岁时,他们在社交朝向、目光接触、联合注意、模仿、对他人情绪予以反应、面孔识别等方面都表现出障碍(如 Dawson,Carver et al.,2002)。

如前所述,社会交往障碍是该群体最核心的特异性症状,而面孔是最具有社交意义的刺激,它为交流沟通和生存提供了的重要的非言语信息,具有特殊重要意义。在生命伊始,神经系统就调节着面孔加工。出生 6 个月的正常婴儿就具有了面孔识别能力,能够非常快速地识别面孔。因此,面孔加工受损可能是自闭症大脑神经发展异常最早的客观标识之一(Dawson et al.,2005)。认知神经科学研究尤其是功能影像学研究大大促进了对 ASD 社会认知障碍脑机制的理解,但已有研究结果几乎都来自成年 ASD,少数来自青少年,低龄者的资料很少,而低龄者的资料对解释 ASD 脑功能异常的发育规律非常重要。但是由于低龄ASD 儿童很难配合完成 ERP、fMRI 检查的客观原因,获取低龄 ASD 脑机制、功能影像学资料存在极大困难。运用眼动追踪技术可收集客观的生理反应指标,揭示 ASD 对社交信息的加工策略和社会认知机制,有助于 ASD 早期信号识别、诊断工具的开发及干预方法的设计。

近来的家庭研究进一步拓展了眼动追踪技术在自闭症研究中的使用范围。Dalton 等人(2006)让 12 名自闭症者、10 名他们的兄弟姐妹、12 名对照组被试看面孔照片,来考察他们的注视方式,结果发现,自闭症者及其兄弟姐妹注视眼睛行为都较少。家庭研究是探讨自闭症是否有遗传基础的常用方法。有证据表明,自闭症谱系障碍有很强的遗传基因成分(Pickles et al.,1995),但有研究者认为家庭中遗传的不是严重的自闭症,而是一种"广泛的自闭症表现型"(broad autism phenotype,BAP),即一种轻微的自闭症特质倾向,当其与环

境影响相结合时,有些个案就可能发展成为自闭症。由于 BAP 较强的遗传可能性,这一概念在有关自闭症发展的基因研究中可能很有意义。Dalton 等人(2006)的研究发现,注视方式异常可能是 BAP 的组成部分。我们研究发现,自闭症幼儿对左侧眼睛注视减少,而 Dundas,Best,Minshew 和 Strauss(2012)对自闭症高危人群的研究也发现他们存在左侧视野偏向缺失。那么,如果能够将幼儿对面孔的眼睛尤其是对左侧眼睛注视减少作为一种自闭症早期行为标记的话,那么对确认自闭症高危(high risk)婴儿就很有意义了。Merin 等人(2007)对 31 名自闭症儿童的弟弟妹妹的注视行为进行了研究,与 Dalton 等人(2006)研究不同的是,该研究特别研究了那些不受影响的弟弟妹妹们。Merin 等人(2007)记录了这些婴儿在母婴交互时的注视点,发现这些易感人群中有一子群,他们表现出对母亲眼睛注视减少而对嘴巴注视的增加。上述这些结果说明,眼动技术在自闭症等相关障碍早期诊断中具有重要的潜在应用价值。

第三节　ASD 面孔加工的方法论问题

有关 ASD 面孔加工的研究展示了一幅相当混乱的画面。有研究表明,ASD 在完成面部识别、加工上存在障碍,ASD 个体对面孔眼睛区域的加工劣于正常人,对眼睛区域缺乏应有的注视倾向,这种倾向可能产生于 ASD 对直接注视的厌恶。但也有研究并不支持这一观点,认为 ASD 者搜索到人物的时间与正常组没有显著差异,面孔加工能力并未受损,他们的注视行为与正常儿童相似,尤其是对利用熟悉面孔做的研究。

一、ASD 面孔识别与加工研究中的变量控制

以往有关 ASD 面孔加工特点的研究所获得的结果存在较大的差异,大部分研究发现,ASD 者面孔加工方式与正常组不同,对眼睛注视较少,而对嘴巴注视较多,但也有研究发现,自闭症者的注视方式与正常组并无区别,还有研究发现,ASD 者对不同情绪面孔注视时间总体少于正常组,但其对眼睛的注视仍然多于对嘴巴,造成这种不一致的结果可能源自研究的变量控制问题。

(一)被试样本选择

1.被试群体年龄差异可能造成结果的不一致

大部分发现注视方式没有差异的研究中被试是儿童,而除了 Dalton 等人(2006)的研究,大部分发现注视方式有差异的研究都包括 ASD 成人被试。然而,面孔加工的能力是自然产生而随着年龄的发展而逐渐完备的,受到早期经验的显著影响(Sasson,2006)。因此,样本年龄跨度太大的研究可能模糊了面孔加工能力发展的效应,不同年龄段样本所得结果可能不同。然而,在我们掌握的 54 篇有关 ASD 面孔加工眼动研究文献中,只有 11 份研究被试年龄介于 2～5 岁,3 份研究被试年龄介于 2～8 岁,22 份研究被试年龄介于 8～20 岁,18 项研究被试为 20 岁以上,研究样本的年龄跨度太大。选择低龄自闭症幼儿为研究对象,所得结果为探求自闭症社会认知缺陷发展特点及关键期提供客观指标,更有利于自闭症早

期诊断。

2.被试样本的智商及功能水平不同可能造成结果不一致

已有的关于 ASD 面孔识别与加工的研究，所选取的样本基本上选择智力可评估的高功能自闭症者（HFA）或阿斯伯格综合征（AS），较少低功能自闭症的研究。以 HFA 或 AS 的社会认知特点推论低功能自闭症的特点可能存在偏差。我国对 ASD 的研究起步较晚，对 ASD 的认识和社会保障较落后，因而，当前我国自闭症训练机构里所接收的患儿大多是低功能的典型自闭症，存在言语障碍，而 HFA、AS 等智商水平较高的 ASD 儿童基本分散在正常学校上学，其父母并不认为孩子属于 ASD 群体，因而造成取样的困难。由于低功能自闭症受其言语能力、理解力的限制，不论是使用韦氏智力量表（儿童版），还是非言语类的画人测验、瑞文标准推理量表，大部分低功能自闭症儿童均未能理解测验要求，无法完成智力评估（Eagle，2003），这为开展低功能自闭症社会认知研究带来了困难，难以匹配智商水平一致的对照组。

3.社交技能训练可能影响研究结果

由于研究样本通常从自闭症教育机构招募，有些训练机构对自闭症者进行面孔情绪识别等社交技能训练，尤其是基本情绪更容易学习而更经常被提及，或者强化要求自闭症儿童与训练者保持目光接触，这可能对被试面孔加工策略、测验完成产生影响（Rutherford ＆ Towns，2008），因此，有些研究所发现的自闭症者面孔加工无异常可能只是一种效应而非该群体在这方面表现的完整和改善的表现。

4.被试类别的单一性与多样性可能影响研究结果

大多数研究为了控制被试智商等变量的影响，从多方面匹配了实验组与对照组，然而，与此同时带来一个问题，即 ASD 组中包含了该谱系障碍的各亚类被试，虽然该谱系障碍共同的障碍是社交障碍，DSM-V 也不再罗列各亚类，但从诊断的角度出发，研究力求找出各亚类的有效鉴别指标，尽可能使研究集中于单一亚类的特点，而非以共同方面的症状为条件选择被试，使得样本多样化，否则可能加大其他无关变量的影响。

此外，研究者试图从遗传分子等方面入手发现更早期的筛查指标，选择已经确诊为自闭症个体同胞弟弟或妹妹为自闭症高危人群（Dundas et al.，2012），探讨他们的社会认知特点，这具有非常重要的意义。

（二）材料刺激与任务问题

1.各研究中所使用的材料刺激物性质千差万别，造成了研究结果间的差异

发现自闭症注视存在差异的研究，所采用的通常是动态刺激物，而没有发现差异的研究使用的是静态刺激物。然而，使用静态刺激的研究也发现了自闭症者注视异常现象。Speer，Cook，McMahon 和 Clark（2007）研究发现，ASD 者对社交视频的面孔加工与对照组存在差异，而对社交图片、单个人物图片、单个人物视频的面孔加工都没有显著组间差异。此外，人类面孔材料有诸多变量需要考虑，如：（1）在不同民族文化背景下开展 ASD 面孔识别与加工研究，需要考虑面孔识别中存在的同族-异族效应；（2）面孔构型的空间距离会随着年龄的增加而有所变化；（3）男女面孔特征存在差异。因此，研究所使用的面孔材料的编制必须考虑这些因素的影响。显然，材料刺激的诸多不同将影响研究结果的归纳。

有关 ASD 面孔加工注意分配策略存在异常的研究认为，自闭症者更喜欢注意嘴巴而非

眼睛,社会功能越高者,其对眼睛的注视似乎也就越多(Klin et al.,2002)。这可能与被试选择差异有关,如 Klin 等人(2002)研究中所选用的自闭症者虽然存在社交情感问题,但智商较高,且言语能力完整,还有一个重要原因是 Klin 等人(2002)的研究材料包含交谈的复杂社交场景,这样的被试样本面对这样的材料,无疑更偏向于观看嘴巴而非眼睛(Asdolphs et al.,2005;de Wit et al.,2008)。而被试为没有言语能力的低功能典型自闭症幼儿,其对嘴巴区域缺乏注意也可能反映了他们言语沟通能力的不足(de Wit et al.,2008;Falck-Ytter, Fernell,Gillberg & von Hofsten,2010)。

2.必须考虑实验任务和范式

对被试施加的特定指导语可能是一个非常关键的影响因素,它可以影响结果的精确性(Boraston & Blakemore,2007)。当要求被试完成一项指定的任务时,被试使用的注视策略肯定与自发的注视行为不同。而且可能受自闭症者对指导语含义理解困难的限制,不能按研究者的指导完成任务。一种可能性是,当要求自闭症者去完成某项任务时,他们可能会以一种正常的方式观看面孔,但如果没有指定任务,他们就可能看不到面孔,在自闭症培训机构中向儿童施加指令去观看他人面孔时,他们通常表现出一定的视觉互动行为;反之,他们也可能表现出正常的自发注视行为,但在执行一项任务时不能以适当的方式去仔细观察面孔的部位。但是,Pelphrey 等人(2002)的研究中有两个任务,一个是自由观察,另一个是任务导向,结果发现两项任务中的注视方式是一样的。为了考察注视行为的差异而设定的理想任务会随着研究中特殊理论问题的变化而变化。然而,值得注意的是,无结构、自然的测验范式更可能揭示自闭症患者在社会交往过程中的缺陷。

二、眼动追踪分析技术在 ASD 社会认知研究中的应用

由于社会交往能力的缺失被认为是最核心的症状(Geschwind,2009),因此,诸多研究聚焦于 ASD 的社会认知特点,探索可用于早期筛查、诊断的客观指标(Schultz,2005)。为了更好地描述 ASD 的社会认知缺陷,当前已有研究关注 ASD 者社交障碍这一核心症状,采集患者搜索、加工社交信息的眼动资料(Brenner et al.,2007),揭示 ASD 者加工社交信息的策略、特点,通过神经成像和生物标记技术,力图对 ASD 不同亚类予以临床鉴别(Geschwind,2009)。

长期以来,有关注视行为的研究一直在探讨被试是如何加工刺激的,其前提就是认为,当被试直接注视目标时,目标的表象会落在中央凹区域,在中央凹视区,被试可以对视觉信息进行精细加工。因此,个体就需要移动眼睛以便能够详细地监测到整个视觉场景,因而,对注视行为的记录就能揭示出被试搜索了视觉场景中的哪一部分细节信息,这就为理解被试心理与行为提供了客观的反应性信息(Boraston & Blakemore,2007)。将眼动特点研究与社会认知测验如 ToM 测验、情绪识别等相结合,就可以了解社会认知水平不同的被试,其关注的分别是哪些信息,从而可以洞察他们加工社会刺激的模式,以及可能用以完成相关测验的策略。

从 Klin 等人(2002)、Pelphrey 等人(2002)起,眼动追踪技术(eye tracking technology)开始广泛应用于 ASD 者社会认知研究,通常使用人物的图像或视频剪辑,或者仅仅是面孔,考察 ASD 者对面孔等社会信息的加工策略。正如前文所述,正常人当看面孔时表现出非常

特定的方式，即主要注视眼睛，以及嘴巴和鼻子，即所谓的面孔"核心特征区"。而 ASD 者则较少观看眼睛区域，而较多观看嘴巴区域、身体其他部位，或者是场景中的其他物品。正如 Klin 等人（2002）所认为的，对眼睛区域注视时间的减少是自闭症的最佳预测指标。而 Boraston 和 Blakemore（2007）总结 ASD 面孔加工眼动研究认为，对嘴巴区域较多的注视是自闭症强有力的预测因子。不论强调眼睛区域注视的减少还是嘴巴区域注视的增多，眼动追踪技术都更为精确地揭示了 ASD 者社会认知特点。仅通过行为观察和实验对自闭症认知功能的研究，很少能够揭示测验得分与社交能力或障碍间的联系，而眼动追踪技术能够成为一种缩小自闭症者认知测验成绩与日常社交能力间鸿沟的技术。

运用眼动追踪技术，还可以平行地探讨自闭症者与其他临床群体的注视行为。Adolphs 等人（2005）对杏仁核受损的患者 SM 研究发现，她对眼睛的注视也较少，因此，自闭症者异常的注视方式可能与杏仁核功能异常有关（Boraston & Blakemore，2007）。自闭症者与患者 SM 有共同特点，即对恐惧的表情识别能力降低，这在患者 SM 身上可归因于对眼睛注视的减少。自闭症者对眼睛注视越少，其对恐惧的识别就越差（Boraston & Blakemore，2007）。

眼动追踪技术可以直接、客观、量化地对视觉行为进行观察，通过对注视方式的分析，可以揭示场景中的何种信息可能进入大脑。它在行为和神经影像学研究中具有强大的应用潜力。如前所述，眼动追踪技术能够应用于探讨自闭症者大脑活动异常以及测验任务成绩下降的认知机制。我们采用眼动追踪技术研究发现，自闭症幼儿对静态中性面孔的左侧视野眼睛区的注视时间显著少于正常儿童，而右侧眼睛的注意则很正常。大量研究已经证实，右脑梭状回是面孔加工区（face fusiform area，FFA），因此，眼动追踪技术所发现的 ASD 者对左侧视野眼睛区域注视不足，反映了他们 FFA 激活量的减少，其后的 FFA 血氧水平依赖（blood oxygenation level dependent，BOLD）偏侧优势减弱了（Curby，Willenbockel，Tanaka & Schultz，2010）。因此，借助眼动追踪技术，可为进一步探讨 ASD 社会认知缺陷的大脑神经机制提供有价值的线索。

由于眼动追踪仪器价格相对较低，而且，越来越精确的定位、人性化、更强调生态化的设计，如便携式眼动仪的应用，减少了可能因 ASD 者对身体接触感知过敏带来的干扰，因而也能方便开展一些更大规模的研究项目。已有的 ASD 社会认知眼动研究大部分使用的样本量相对较小，局限了研究结果的说服力。采用眼动追踪技术，加大样本规模，将进一步确证 ASD 者是否确实存在左侧视野眼睛注视减少现象，以及其他社会认知障碍客观指标，为 ASD 早期发现提供更确切的客观化指标。

眼动追踪技术的应用，将有利于将注视方式异常研究领域大大拓展到其他社交刺激任务。自闭症者的社会认知缺失不仅仅局限于人类面孔等常见的刺激，也可使用眼动技术探讨更抽象的刺激，如动画形象（Boraston et al.，2008）。同样，自闭症者注视异常是否完全局限于社交刺激仍然未知，在探明这种异常的根本性原因之前，需要解决这一问题。

三、ASD 面孔加工眼动研究的生态效度

已有 ASD 面孔加工的眼动研究所使用的材料刺激大部分选择静态面孔或人物图片，研究的结果能否直接推论自然情境下 ASD 者对面孔加工的特点，显然遇到研究生态效度

(ecological validity)的问题,研究者需要考虑如何使实验材料刺激、呈现方式更接近于现实生活情境。尽管眼动追踪技术有无侵入的特性,实验研究通常不能直接使用真人,而使用人物图片和社交互动视频,确实一定程度上提高了研究生态效度,但仍然存在一些局限性。因为考察被试对面孔加工的特点,尤其是有关对眼睛区域的注视时,必须清醒地意识到,实验所使用的图片和视频中的人物不能回望(look back)被试,而真人可以与被试互动,因此,这将是未来研究的一个重要课题。

采用眼动追踪方法研究 ASD 者面孔加工时的注视方式,可获得很客观直接的反应性指标,但必须意识到眼动追踪收集的仍然是外部行为指标,它不能说明大脑是如何利用视觉接收到的信息的。即使个体表现出正常的眼睛注视,他也可能不利用由视觉所获得的信息。

四、眼动追踪技术与 ERP、fMRI 相结合使用

将眼动技术与相关事件电位(event-related brain potentials,ERP)、功能核磁成像技术(functional magnetic resonance imaging,fMRI)协同使用,提高了探讨 ASD 注视行为方式与大脑神经激活关系等研究的可能性。Dalton 等人(2005)采用了眼动追踪技术与 fMRI 相结合的方法,除发现自闭症者对眼睛区域注视的减少之外,还发现了大脑激活的差异——自闭症者对面孔的梭状回(FG)反应减少。他们发现,FG 的激活与个体注视眼睛的次数呈正相关,并推断出自闭症者的 FG 激活不足是由于他们通常不看眼睛。Dalton 等人(2005)还发现,眼睛注视与杏仁核激活间呈正相关,他们将其解释为眼睛回避的证据,认为自闭症者目光回避源自于杏仁核的过度活跃,当他们注视眼睛时产生不愉快的唤醒水平。研究发现,颞下回皮层(inferior temporal cortex)存在一种神经元,对面孔有着强烈的反应而对非面孔刺激表现出微弱反应或不反应,在面孔识别的 ERP 研究中发现面孔在双侧颞叶都引起了明显的 N170,它的波幅显著大于非面孔刺激在相应时段引起负波的波幅,面孔 N170 显示出右半球优势(杜春英,吕勇,2005)。将眼动追踪技术与 ERP 相结合,可以探知 ASD 者面孔加工时注视模式的特点,主要是注视眼睛和嘴巴时面孔特异波 N170 的激活情况(Kemner & van Engeland,2006)。然而,这仅仅是对这些数据的一种解释,此类研究存在的一个问题是难以对注视方式与大脑激活间进行因果关系推论。

开展 fMRI 研究时需要考虑完成任务的扫描环境的转变有可能带来差异。用 fMRI 进行扫描,被试处于一种非自然的环境中,需要被试平躺着,身体无法移动,发出嘈杂、不寻常的噪音。最关键的是这种环境下缺乏任何视觉的或社交分心任务,这与日常生活中社会交往所遇到的情境截然不同,因此,需要考虑用眼动追踪技术的扫描范式获得的发现进行推论。

五、问题提出与研究思路

对自然社交信息的感知异常与 ASD 者的社交互动困难密切相关(Joseph & Tager-Flusberg,2004),ASD 者对社交和情绪信息加工方面存在特别缺陷,可能导致他们很难建立社会关系,适应社会规范。以往研究已经对 ASD 者面孔加工、识别开展了大量富有创见的研究,发现了一些 ASD 面孔视觉注视存在的缺陷,探讨了 ASD 者对熟悉面孔、面孔情绪

的识别与加工,但对自我面孔的视觉注视特点需要进一步予以明晰。此外,由于典型自闭症幼儿对规则理解力的局限,很难配合实验开展,因此,已有关于自闭症面孔加工的眼动研究中,大部分研究者选取高功能自闭症(HFA)者,极少选取典型自闭症者为研究对象,极少采集 6 岁以下自闭症幼儿面孔加工的眼动数据,且年龄跨度较大,然而,越低龄典型自闭症幼儿的数据,其早期发现和诊断的价值越高。因此,获取低龄典型自闭症者的面孔加工数据,具有重要的诊断价值。

　　由于在与他人交往时,面对的往往是整个社交场景,而不仅仅是单一的面孔,社交场景也影响个体对面孔的觉察与加工。那么,ASD 者对场景中面孔的觉察与加工是否异常? Birmingham,Bischof 和 Kingstone(2008)认为,与具有人类参与的社交互动图片不同的是,没有背景的人类面孔图片或卡通图片缺乏自然的社交信息真实性。刺激性质不同,如卡通图片与照片、单一面孔与社交情境中的面孔,可能在社交认知和理解的视觉注视方式中的重要性也不同。使用二维且不具代表性的图画(降低生态效度)的研究不能表现自闭症者异常的注视方式。Begeer 等人(2006)要求被试找出照片中微笑或厌恶的脸,结果发现,在一般条件下,自闭症儿童的绩效不如非自闭症儿童,但是当实验组被明确要求将照片和现实生活关联起来做决定时,自闭症儿童的绩效大幅度提高。这说明,自闭症儿童对他人面部表情的注意力受情境因素影响。通过呈现社交场景图片发现,ASD 者对社交信息缺乏兴趣,对面孔的注视时间较少,且从面孔特征获得的线索也少(Riby & Hancock,2008),他们无法像非自闭症个体那样定位社交线索(Sasson et al.,2007)。根据面孔加工层级模型,从场景中面孔的选择性注意是后续面孔加工的第一层级。Riby 和 Hancock(2009a)也指出,从场景中觉察到面孔,是从面孔中获得社交信号至关重要的第一步。ASD 者是否将自然场景中的面孔知觉为"特殊"的物体(Simmons et al.,2009)? ASD 者面孔加工的困难可能从其对面孔选择性注意阶段就表现出了异常。在语义一致的背景上呈现,场景中的面孔对 ASD 者来说可能不够特殊、突出(pop-out),以往研究发现,突出的不和谐物能更快速吸引个体的注意(Underwood & Foulsham,2006)。那么,如果使面孔在背景中以突出的、语义不一致的方式呈现,是否能够吸引 ASD 者的视觉注意,继而对其进行加工? 或者破坏背景完整性,是否会使正常人面孔选择性注意受到影响? 因此,从日常生活场景出发,通过操纵背景与对象关系,可以考察自闭症者对面孔的选择性注意。由此,进一步探讨自闭症儿童对熟悉面孔、自我面孔的注意偏向、加工特点,以及对面孔不同情绪的识别与加工。

ASD 儿童对场景中面孔的
觉察与加工

　　Riby 和 Hancock(2009a)指出,从场景中觉察到面孔,是从面孔中获得社交信号至关重要的第一步。尽管大量研究认为,面孔对注意的吸引力与其他突显设置的物体相似(如Fox,Russo,Bowles & Dutton,2001),如某些场景的雕塑。但大部分研究认为,人们通常优先注意场景中的人物而非其他物体(Theeuwes & van der Stigchel,2006),即便是出生第一天的新生儿,也会优先注意生物运动(Simion,Regolin & Bulf,2008)。正常人对面孔的加工更快,注意维持更长(Ro & Friggel,2007),面孔可以被"前注意"地区别出来(Theeuwes & van der Stigchel,2006),对面孔的觉察和加工发生于视觉系统早期(Lewis & Edmunds,2005),一旦觉察到面孔,个体就能自动地对其加以注意。这种能力在刚出生 9 分钟新生儿身上就能观察到。一般地,面孔对于视觉系统而言是一种"特殊"的物体,有其专门的神经加工通道(Simmons et al.,2009)。那么,ASD 者面孔加工的困难可能是因其面孔选择性注意的困难所造成的。

　　为了考察自闭症幼儿对面孔的选择性注意,让自闭症幼儿观看包含有人物、球形雕塑(其外形与面孔类似)的自然场景,可获悉是否对场景中的面孔具有优先的注意偏向。为此,本研究首先考察自闭症幼儿观看包括一个人物形象或球体雕塑(其外形与面孔轮廓相似)的场景图片的视觉注视模式,获得其对场景中人类面孔加工的基线水平。如果自闭症幼儿对球形的觉察和加工与正常幼儿相同,而对面孔觉察和加工差异显著,则可认为具有社交意义的面孔刺激对自闭症儿童的注意捕获具有特异性;相反,如果自闭症幼儿对球体的觉察和加工也不同,那么可以认为自闭症幼儿对新异刺激的觉察和加工存在困难,而不仅仅是针对面孔。通过比较自闭症幼儿对面孔和球体觉察和加工的模式,从而可以看出自闭症幼儿对面孔的觉察、加工是否优先于非社交的新异刺激,即是否对面孔存在优先的选择性注意。

　　以往研究发现,突出的不和谐物能更快速吸引个体的注意,当观看图画时,相对于其中出现的与背景一致的物体(如农场上有一个拖拉机),被试对图画中不一致的物体(如农场上有一条章鱼)注视次数更多,注视时间更长(Underwood & Foulsham,2006)。Riby 和 Hancock(2009a)让 ASD 者观看嵌有面孔的风景图片,背景保持完整、有意义,但所嵌入的面孔是该风景中一种突出的、语义不一致的物体,结果发现,ASD 者搜索面孔时间显著长于正常人,在面孔上的注视时间更短。但是,他们并未设置其他无社交意义的嵌入物作对比,因而不能明确面孔捕获被试的视觉注意,究竟是其社交的重要性,还是其呈现的突出、不和谐(或与周围环境区分的清晰性)造成的(Palermoa & Rhodesa,2003);也不能明确 ASD 者是否只对面孔这一社交刺激觉察和加工存在不足，还是对新异刺激均存在困难。因此，借鉴 Riby 和 Hancock(2009a)的实验任务，在一组风景图片中嵌入面孔，并在另一组风景图片中嵌入球形，作为对照作用的新异刺激，探讨面孔与背景语义不一致是否能促进自闭症儿童对面孔的觉察和加工。

上述两个实验任务中背景是完整的、有意义的，那么如果背景是不完整、无意义的，个体对面孔的搜索和加工是否会受到影响？

Lewis 和 Edmunds(2005)使用乱序图片(scrambled pictures)考察正常人面孔搜索的特点。他们将包含有不同面孔的完整场景图片切分并打乱顺序后，制作成乱序图像。这样就使得面孔之外的背景不再完整，丧失了背景的意义，从而出现多个与面孔形成平行竞争的新异刺激。他们发现，个体搜索面孔的速度显著慢了下来。这可能由于背景以乱序方式处理后，个体无法快速获得背景的梗概语义，影响了对面孔的搜索(陈顺森，白学军，沈德立，张灵聪，2012)。Riby 和 Hancock(2009a)发现，自闭症儿童观看这种刺激时，觉察面孔的时间长于正常人，对面孔注视时间短于正常人。但其结果不能明确自闭症儿童面孔搜索与加工的异常是不是受背景完整性、意义影响；此外，他们没有设置对照刺激，因而也不能明确自闭症儿童是否只对人类面孔这一社交刺激搜索和加工存在不足。为此，在前两个实验基础上，将背景处理成乱序图片，探讨丧失了完整性和意义的背景是否影响自闭症幼儿对人类面孔的觉察和加工。结合四个实验，可发现背景-对象关系在自闭症幼儿对面孔觉察与加工中的作用。

第一节　语义一致背景下面孔的觉察与加工

一、研究目的

通过与正常儿童进行比较，了解自闭症儿童在语义一致背景图片中觉察面孔和非社交物体的眼动特征，以及对面孔信息特征区的加工方式。

二、方法

(一)被试

从福建省厦门市某自闭症学校招募 ASD 幼儿 25 名，其中，由于被试原因导致较多张图片未被观看(如眼睑下垂、头部转动过多导致视线离开屏幕)，或无法服从实验指导，最后排除 9 名 ASD 被试(包括 3 名女孩)。本实验有效被试 16 名，全部是男孩，全部视力或矫正视力正常，年龄介于 3～6 岁($M=4.43,SD=0.92$)。所有被试均先经过儿童医院临床诊断并根据《中国精神障碍分类与诊断标准》(第三版)(CCMD-Ⅲ)诊断为自闭症。经精神卫生专科医院(三级甲等)儿科医生根据"儿童自闭症评定量表"(CARS)评定，被试分数均处于诊断范围之内。排除遗传疾病(如脆性 X 综合征、先天性眼萎综合征、纤维神经及结节性硬化症)、重要感觉或运动神经损伤发作、重大身体残障。

根据自闭症有效被试的年龄及性别,从厦门市某幼儿园选择 16 名男性幼儿为正常组(typically developing,TD),全部视力或矫正视力正常,年龄介于 3～6.5 岁($M=4.59,SD=1.13$)。经与班主任访谈,排除精神疾病史、发展障碍或神经疾病。

（二）仪器

使用 Tobii120 眼动仪及其软件包记录每位被试分别在两项任务中的凝视行为。眼动仪与一台惠普 Compaq511 电脑连接并用其控制。该眼动系统为完全非接触式,极少指示,进行眼动即时跟踪而无需人为限制头部或躯体的运动。该系统可跟踪双眼,评价准确性为 0.5 水平,取样率为 120 Hz,借助看屏幕上一个红色跳动的小球的运动来对每位被试的双眼进行 5 点校准。在 1°视角内至少注视持续 80 ms 才确定为注视。

（三）材料

54 张自然的室外风景图片(图 3-1、图 3-2),其中包含有 18 张幼儿中性面孔、18 张球体雕塑、18 张纯风景图片。

图 3-1　实验一含有中性面孔的图片示例　　图 3-2　实验一含有球体的图片示例

从福建省漳州市某幼儿园选取 18 名 4～5 岁幼儿,由专业摄影师选取外景进行实地拍照,面孔均为正面,中性情绪,目光平视,男女各 9 张。摄影机参数:型号 NIKON D7000,焦距 52 mm,35 毫米胶片焦距 78 mm,最大光圈值 4.6,曝光时间 1/125 s,图片拍摄尺寸为 3696 像素×2648 像素。

从网络查找包含球形雕塑的外景图片、纯风景图片,每张图片最小尺寸为 1024 像素×768 像素。

用 Photoshop8.0 将所有图片均处理成灰白色图像,每张图片大小规格统一为 960 像素×720 像素,位于屏幕正中,四周底色为白色,整屏大小规格为 1024 像素×768 像素。

（四）研究设计

采用 2(被试类型:ASD组、TD组)×2(对象类型:面孔、球体)两因素混合设计。被试类型为组间变量,对象类型为组内变量。

（五）实验程序

整个实验在自闭症学校或幼儿园比较安静的地方进行，实验是个别进行的。

（1）校准。被试坐在眼动仪前的靠背椅上，眼睛距离眼动仪显示器 55～65 cm。对每位被试双眼进行 5 点刻度的眼动校准。实验者坐在旁边控制计算机但不干扰观看行为。由于自闭症儿童的特殊性，由家长协助主试向自闭症儿童下达指令，控制行为，确保安全。

（2）被试观看图片。指导语："请看屏幕上的每张图片。"54 张图片随机顺序间隔编排，呈现给每位被试，每张图片呈现 5 秒，然后呈现 1 秒白屏，白屏中心有一只卡通企鹅作为注视点。在开始与结束时分别呈现 3 张纯风景图片作为练习，不作为结果分析对象。呈现方式如图 3-3 所示。

（3）被试观看图片期间，不要求其进行决定或判断。图片呈现完毕就可离开。

（4）实验共用时 6 分钟左右。

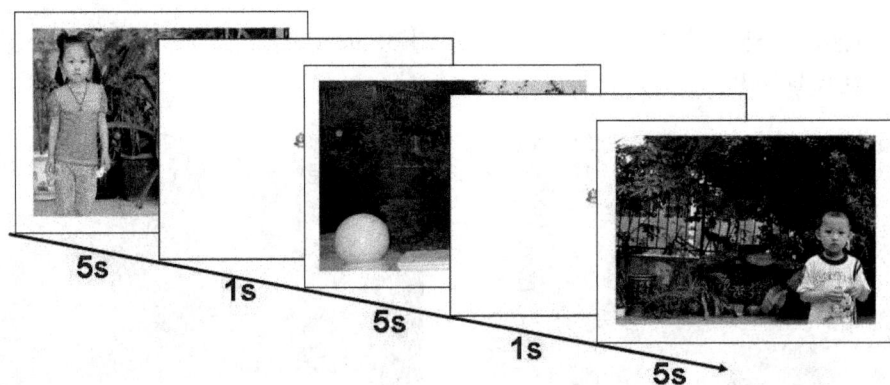

图 3-3　实验执行程序示意

（六）兴趣区

根据观看整幅图片时间，删除平均数加减 2.5 个标准差以外的图片有关数据。采用 Tobii 兴趣区椭圆工具以目标边缘外 1°视角内（约 1.4 cm）确定为兴趣区（area of interest，AOI），包括面孔、球体、眼睛、嘴巴。

（七）分析指标

根据已有研究，确定以下分析指标（Riby & Hancock，2009a）：

（1）觉察前时间（time to first fixation，TFF）：从图片呈现开始到被试首次注视到对象物之间的时间。

（2）觉察前注视点数（fixation before，FB）：从图片呈现开始到被试首次注视到对象物之间的注视点数量。

（3）观看时间（observation length，OL）：图片呈现时间内被试观看兴趣区（面孔、球体、眼睛、嘴巴）的总时间，包括注视时间和眼跳时间。

（4）注视时间（fixation duration，FD）：被试在兴趣区（面孔、球体，眼睛、嘴巴）内注视点的时间之和。

(5)首次注视时间(first fixation duration,FFD):被试首次注视对象物(面孔、球体,眼睛、嘴巴)的持续时间。

(6)注视点数(fixation count,FC):被试从首次注视兴趣区(面孔、球体,眼睛、嘴巴)到目光离开对象物的注视点数量。

三、结果

(一)ASD 组与正常组对场景图中面孔的觉察

两组观看有图片的屏幕所用时间总量(OL)均不存在显著差异,观看含有人物图片的时间,$M_{ASD}=4\ 698\ ms,SD=275\ ms;M_{TD}=4\ 790\ ms,SD=199\ ms;t(30)=1.09,p>0.05$。观看含有球体雕塑图片的时间,$M_{ASD}=4\ 655\ ms,SD=282\ ms;M_{TD}=4\ 709\ ms,SD=181\ ms;t(30)=0.64,p>0.05$;表 3-1、表 3-2 呈现的是两组在觉察、加工对象物的眼动指标,图 3-4、图 3-5 分别为 ASD 组和 TD 组对面孔的注视热点图,图 3-6、图 3-7 分别是某 ASD 幼儿、某 TD 幼儿的眼动扫描轨迹情况。

图 3-4 ASD 组对面孔的注视热点

图 3-5 TD 组对面孔的注视热点

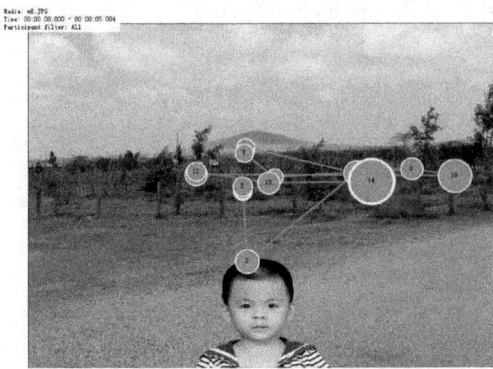

图 3-6 某 ASD 幼儿扫描轨迹举例

图 3-7 某 TD 幼儿扫描轨迹举例

表 3-1　两组觉察到对象物前的时间、注视时间、首次注视时间和观看时间

ms

	面　孔				球　体			
	ASD($n=16$)		TD($n=16$)		ASD($n=16$)		TD($n=16$)	
	M	SD	M	SD	M	SD	M	SD
TFF	1 093	542	538	250	1 603	692	964	513
FD	1 514	535	1 886	508	1 197	382	1 505	449
FFD	428	140	513	177	385	115	422	122
OL	1 728	538	2 033	495	1 382	466	1 628	517

表 3-2　两组觉察到对象前的注视点数、对象的注视点数

个

	面　孔				球　体			
	ASD($n=16$)		TD($n=16$)		ASD($n=16$)		TD($n=16$)	
	M	SD	M	SD	M	SD	M	SD
FB	2.93	1.11	2.12	0.48	3.69	2.04	2.73	0.98
FC	3.26	1.33	3.73	0.85	2.65	0.96	3.45	0.75

重复测量方差分析显示，在觉察对象物所使用的时间（TFF）上，被试类型主效应显著，$F(1,30)=15.99, MSE=356\ 564, p<0.001, \eta^2=0.35$，即 ASD 组觉察对象物所用时间显著多于 TD 组；对象类型主效应显著，$F(1,30)=18.24, MSE=192\ 259, p<0.001, \eta^2=0.38$，即觉察面孔的时间显著少于觉察球体的时间；交互作用不显著，$F(1,30)=0.14, p>0.05, \eta^2=0.005$。

两组在觉察到对象物之前的注视点数量（FB）方面，被试类型主效应显著，$F(1,30)=6.03, MSE=2.08, p<0.05, \eta^2=0.167$，即 ASD 组搜索到对象物之前的注视点显著多于 TD 组；对象类型主效应显著，$F(1,30)=6.25, MSE=1.22, p<0.05, \eta^2=0.173$，即觉察到面孔前的注视点显著少于觉察到球体的；交互作用不显著，$F(1,30)=0.07, p>0.05, \eta^2=0.002$。

（二）ASD 组与 TD 组对面孔的注视

以 FD、FFD、FC 为对象物整体加工的指标（见表 3-1、表 3-2），重复测量方差分析显示，观看对象物时间（OL）方面，被试类型主效应显著，$F(1,30)=5.00, MSE=243\ 339, p<0.05, \eta^2=0.143$，即 ASD 组观看对象物的时间显著少于 TD 组；对象类型主效应显著，$F(1,30)=8.47, MSE=266\ 248, p<0.01, \eta^2=0.220$，即观看面孔时间显著长于观看球体的时间；交互作用不显著，$F(1,30)=0.05, p>0.05, \eta^2=0.002$。

两组注视对象物的时间（FD）方面，被试类型主效应显著，$F(1,30)=7.54, MSE=244\ 551, p<0.01, \eta^2=0.201$，即 ASD 组注视对象物时间显著少于 TD 组；对象类型主效应显著，$F(1,30)=9.69, MSE=201\ 446, p<0.01, \eta^2=0.244$，即两组注视面孔的时间显著多

于对球体的注视;交互作用不显著,$F_{(1,30)}=0.08,p>0.05,\eta^2=0.003$。

首次注视对象物时间(FFD)方面,被试类型主效应不显著,$F_{(1,30)}=0.14,MSE=26\ 343,p>0.05,\eta^2=0.071$,即ASD组首次注视对象物的时间与TD组差异不显著;对象类型主效应显著,$F_{(1,30)}=5.43,MSE=13\ 218,p<0.05,\eta^2=0.153$,即对面孔的首次注视时间显著多于对球体的注视;交互作用不显著,$F_{(1,30)}=0.68,p>0.05,\eta^2=0.022$。

两组在对象物的注视点数量(FC)方面,被试类型主效应显著,$F_{(1,30)}=4.59,MSE=1.42,p<0.05,\eta^2=0.133$,即ASD组在对象物的注视点少于TD组;对象类型主效应显著,$F_{(1,30)}=5.88,MSE=0.57,p<0.05,\eta^2=0.157$,即对面孔的注视点数量多于球体;交互作用不显著,$F_{(1,30)}=0.74,p>0.05,\eta^2=0.024$。

(三)ASD组与TD组对面孔特征区的加工

以面孔内部特征,包括眼睛区、嘴巴区为兴趣区,进一步了解ASD幼儿面孔精细加工的方式是否与正常幼儿有所不同。表3-3是两组被试对面孔特征区注视的情况。

表3-3 两组对面孔特征区的注视时间、首次注视时间和观看时间

ms

	眼 睛				嘴 巴			
	ASD($n=16$)		TD($n=16$)		ASD($n=16$)		TD($n=16$)	
	M	SD	M	SD	M	SD	M	SD
FD	350	151	797	426	217	281	144	144
FFD	240	107	444	222	155	184	122	118
OL	381	177	844	463	255	304	152	165

重复测量方差分析显示,对面孔特征区(眼睛、嘴巴)的注视时间(FD)方面,被试类型主效应显著,$F_{(1,30)}=9.82,MSE=56\ 917,p<0.01,\eta^2=0.247$,即ASD组注视眼睛、嘴巴的时间显著少于TD组;特征区主效应显著,$F_{(1,30)}=25.97,MSE=95\ 192,p<0.001,\eta^2=0.464$,即注视眼睛的时间显著长于对嘴巴的注视;交互作用显著,$F_{(1,30)}=11.37,p<0.01,\eta^2=0.275$。简单效应分析结果显示,ASD组注视眼睛的时间显著少于TD组,$F_{(1,30)}=15.65,p<0.001$;但两组幼儿对嘴巴的注视时间差异不显著,$F_{(1,30)}=0.86,p>0.05$。

首次注视对象物时间(FFD)方面,被试类型主效应显著,$F_{(1,30)}=6.60,MSE=17\ 659,p<0.05,\eta^2=0.180$,即ASD组对面孔特征区的首次注视时间显著少于TD组;特征区主效应显著,$F_{(1,30)}=18.15,MSE=44\ 267,p<0.001,\eta^2=0.377$,即对眼睛的首次注视时间显著长于对嘴巴的注视;交互作用显著,$F_{(1,30)}=6.13,p<0.05,\eta^2=0.170$。简单效应分析显示,ASD组对眼睛的首次注视时间显著少于TD组,$F_{(1,30)}=10.91,p<0.01$;但两组幼儿对嘴巴的首次注视时间差异不显著,$F_{(1,30)}=0.37,p>0.05$。

观看对象物时间(OL)方面,被试类型主效应显著,$F_{(1,30)}=7.53,MSE=68\ 746,p<0.01,\eta^2=0.201$,即ASD组观看面孔特征区的时间显著少于TD组;特征区主效应显著,$F_{(1,30)}=23.47,MSE=113\ 956,p<0.001,\eta^2=0.439$,即对眼睛的首次注视时间显著长

于对嘴巴的注视；交互作用显著，$F(1,30)=11.24$，$p<0.01$，$\eta^2=0.272$。简单效应分析显示，ASD组对眼睛的观看时间显著少于 TD组，$F(1,30)=13.94$，$p<0.001$；但两组幼儿对嘴巴的观看时间差异不显著，$F(1,30)=1.42$，$p>0.05$。

ASD幼儿对面孔特征区的注视时间少于正常幼儿，但模式很相似，且对面孔特征区加工的早期成分与正常幼儿未见显著差异。

四、小结

本实验结果发现，自闭症幼儿与正常幼儿一样，对面孔的觉察时间都显著少于对球体雕塑的觉察时间，且对面孔的观看时间、注视时间都长于对球体雕塑的时间，这说明自闭症幼儿也同样具有对面孔的优先注意，他们能对面孔进行选择性注意，但是，不论是对面孔还是对球体，自闭症幼儿的觉察时间都显著多于正常幼儿，而观看时间、注视时间均显著少于正常幼儿。自闭症幼儿在觉察到面孔或球体前通常有 3～4 个注视点落在场景中的其他方面，而正常幼儿只用 2 个左右的注视点，也就是说，正常幼儿通常图片呈现后就立即将注意转向面孔或球体，验证了我们的假设。这说明自闭症幼儿对场景中突显物的注意弱于正常幼儿。但自闭症幼儿对面孔特征区的加工也表现出与正常幼儿不同的模式，主要表现在对眼睛的观看时间、注视时间的减少，而对嘴巴的观看和注视时间没有显著差异，且略多于正常幼儿，这与 Klin 等人（2002）的研究结果是一致的。

第二节　语义不一致背景下面孔的搜索与加工

一、研究目的

正如前文所述，突出的不和谐物能更快速吸引个体的注意（Underwood & Foulsham，2006）。对于自闭症幼儿而言，自然场景中的面孔是否还不够突出？如果将面孔、球体以突出的语义不一致方式呈现，使面孔更为突兀（pop-out），是否能有效促进被试对面孔或球体的觉察？为此，将实验一材料中的面孔刺激与其他场景构成语义不一致材料，通过与正常儿童进行比较，了解 ASD 幼儿在语义不一致背景图片中对面孔、非社交嵌入物（球体）觉察与加工的眼动特征。

二、方法

（一）被试

从厦门市某自闭症学校招募 ASD 幼儿 25 名，被试原因导致较多张图片未被观看（如眼睑下垂、头部转动过多导致视线离开屏幕），或无法服从实验指导，最后排除 8 名 ASD 被试（包括 2 名女孩）。本实验 ASD 组有效被试 17 名，其中男孩 16 名，女孩 1 名。全部视力或矫正视力正常,年龄介于 3~7 岁($M=4.35, SD=0.95$)。入选标准、排除标准同第三章第一节。其中有 15 名 ASD 幼儿(男孩 14 名,女孩 1 名)参加了实验一。

根据 ASD 幼儿的年龄、性别,从厦门市某幼儿园选择幼儿 17 名为 TD 组,其中男孩 16 名,女孩 1 名,全部视力或矫正视力正常,年龄介于 3~7 岁($M=4.51, SD=1.13$)。经与班主任访谈,排除精神疾病史、发展障碍或神经疾病。其中有 11 名正常幼儿(男孩 10 名,女孩 1 名)参加了实验一。

(二)仪器

同第三章第一节。

(三)材料

第一节实验出现过的幼儿面孔、球体图片各 18 张,面孔均为正面,目光平视。面孔、球体图片用 Photoshop 8.0 处理成灰白色图像,大小规格约为 160 像素×185 像素。

54 张纯风景图片,每张图片大小规格统一为 960 像素×720 像素。将其中 36 张风景图片分别等分为 9 格,与面孔、球体随机组合,确保每格均出现一次面孔(图 3-8)、一次球体(图 3-9)。面孔、球体与实验一中所处位置保持一致,位于每格正中。所嵌入的面孔、球体是原图片中不可能发生的情况(Underwood & Foulsham, 2005)。用 Photoshop 8.0 将所有图片均处理成灰白色图像,组合后的图片位于屏幕正中,四周底色为白色,整屏大小规格为 1024 像素×768 像素。

图 3-8　嵌入面孔的图片示例

图 3-9　嵌入球体的图片示例

(四)研究设计

采用 2(被试类型:ASD 幼儿、TD 幼儿)×2(对象类型:面孔、球体)两因素混合设计。被试类型为组间变量,对象类型为组内变量。

(五)实验程序

同第三章第一节,呈现方式如图 3-10 所示。

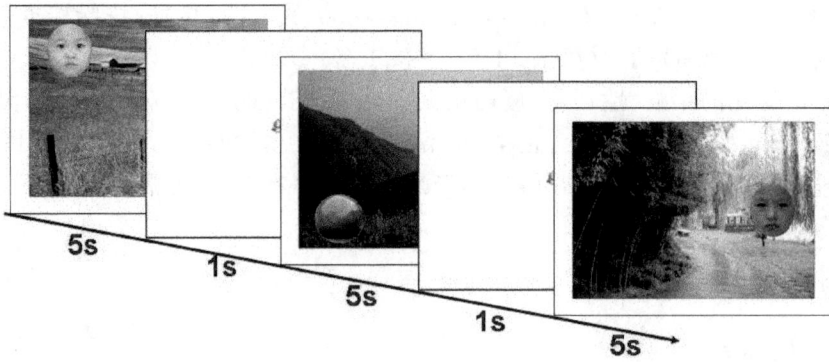

图 3-10 实验执行程序示意

（六）兴趣区

同第三章第一节。

（七）分析指标

同第三章第一节。

三、结果

（一）ASD 组与 TD 组对场景图中面孔的觉察

两组观看有图片的屏幕所用时间总量（OL）均不存在显著差异，观看含有人物面孔图片的时间，$M_{ASD}=4\ 677$ ms，$SD=205$ ms；$M_{TD}=4\ 790$ ms，$SD=195$ ms；$t(32)=0.98$，$p>0.05$。观看含有球体图片的时间，$M_{ASD}=4\ 692$ ms，$SD=245$ ms；$M_{TD}=4\ 761$ ms，$SD=157$ ms；$t(32)=1.64$，$p>0.05$；表 3-4、表 3-5 呈现的是两组在觉察、加工对象物的眼动指标，图 3-11、图 3-12 分别为 ASD 组和 TD 组对面孔的注视热点，图 3-13、图 3-14 分别是某 ASD 幼儿、某 TD 幼儿眼动扫描轨迹情况。

图 3-11 ASD 组对面孔的注视热点

图 3-12 TD 组对面孔的注视热点

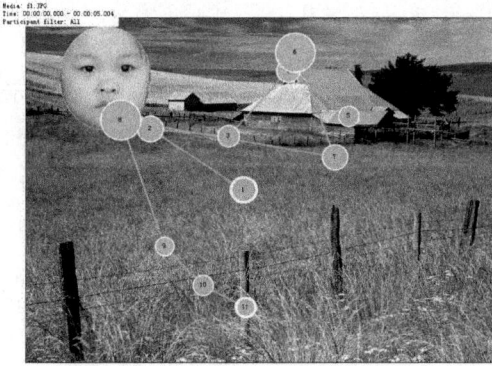

图 3-13　某 ASD 幼儿扫描轨迹举例

图 3-14　某 TD 幼儿扫描轨迹举例

表 3-4　两组觉察到对象物的时间、注视时间、首次注视时间和观看时间

ms

	面　孔				球　体			
	ASD($n=17$)		TD($n=17$)		ASD($n=17$)		TD($n=17$)	
	M	SD	M	SD	M	SD	M	SD
TFF	1 130	703	671	350	1 493	722	876	509
FD	1 546	707	2 089	854	1 487	653	1 992	509
FFD	443	179	463	165	447	254	518	177
OL	1 783	842	2 236	834	1 726	792	2 195	600

表 3-5　两组觉察到对象物前的注视点数、对象的注视点数

个

	面　孔				球　体			
	ASD($n=17$)		TD($n=17$)		ASD($n=17$)		TD($n=17$)	
	M	SD	M	SD	M	SD	M	SD
FB	3.23	1.70	2.50	1.02	3.54	1.78	2.40	1.22
FC	3.48	1.64	4.16	1.05	3.21	1.17	3.99	0.67

重复测量方差分析显示,在搜索对象物所使用的时间(TFF)上,被试类型主效应显著,$F(1,32)=9.58,MSE=513\ 695,p<0.01,\eta^2=0.230$,即 ASD 组觉察对象物所用时间显著多于 TD 组;对象类型主效应显著,$F(1,32)=7.42,MSE=184\ 469,p<0.01,\eta^2=0.188$,即觉察面孔的时间显著少于觉察球体的时间;交互作用不显著,$F(1,32)=0.57,p>0.05$,$\eta^2=0.018$。

两组在觉察到对象物之前的注视点数量(FB)方面,被试类型主效应显著,$F(1,32)=4.55,MSE=3.53,p<0.05,\eta^2=0.124$,即 ASD 组搜索到对象物之前的注视点显著多于 TD 组;对象类型主效应不显著,$F(1,32)=0.13,MSE=0.78,p>0.05,\eta^2=0.004$,即觉察到面孔前的注视点与觉察到球体的差异不显著;交互作用不显著,$F(1,32)=0.62,p>0.05,\eta^2=0.019$。

(二)ASD组与 TD组对面孔的注视

以 FD、FFD、FC 为对象物整体加工的指标(见表 3-4、表 3-5),重复测量方差分析显示,两组观看对象物时间(OL)方面,被试类型主效应不显著,$F(1,32)=4.00$,$MSE=902\ 034$,$p>0.05$,$\eta^2<0.111$,即 ASD 组观看对象物的时间略少于 TD 组,但差异不显著;对象类型主效应不显著,$F(1,32)=0.14$,$MSE=293\ 962$,$p>0.05$,$\eta^2=0.004$,即观看面孔的时间与对球体的时间没有差异;交互作用不显著,$F(1,32)=0.003$,$p>0.05$,$\eta^2<0.001$。

注视对象物的时间(FD)方面,被试类型主效应显著,$F(1,32)=6.91$,$MSE=675\ 395$,$p<0.05$,$\eta^2=0.178$,即 ASD 组注视对象物时间显著少于 TD 组;对象类型主效应不显著,$F(1,32)=0.37$,$MSE=282\ 239$,$p>0.05$,$\eta^2=0.011$,即两组注视面孔的时间与球体没有显著差异;交互作用不显著,$F(1,32)=0.02$,$p>0.05$,$\eta^2=0.001$。

首次注视对象物时间(FFD)方面,被试类型主效应不显著,$F(1,32)=0.62$,$MSE=57\ 086$,$p>0.05$,$\eta^2=0.019$,即 ASD 组首次注视对象物的时间与 TD 组差异不显著;对象类型主效应不显著,$F(1,32)=0.73$,$MSE=20\ 609$,$p>0.05$,$\eta^2=0.022$,即对面孔的首次注视时间与对球体没有显著差异;交互作用不显著,$F(1,32)=0.56$,$p>0.05$,$\eta^2=0.017$。

两组在对象物的注视点数量(FC)方面,被试类型主效应显著,$F(1,32)=4.49$,$MSE=2.03$,$p<0.05$,$\eta^2=0.123$,即 ASD 组在对象物的注视点少于 TD 组;对象类型主效应不显著,$F(1,32)=1.065$,$MSE=0.78$,$p>0.05$,$\eta^2=0.032$,即对面孔的注视点数量与球体差异不显著;交互作用不显著,$F(1,32)=0.04$,$p>0.05$,$\eta^2=0.001$。

(三)ASD组与 TD组对面孔特征区的加工

以面孔内部特征(包括眼睛区、嘴巴区)为兴趣区,进一步了解自闭症幼儿面孔精细加工的方式是否与正常幼儿有所不同。表 3-6 是两组被试对面孔特征区注视的情况。

表 3-6　两组对面孔特征区的注视情况

ms

	眼　　睛				嘴　　巴			
	ASD($n=17$)		TD($n=17$)		ASD($n=17$)		TD($n=17$)	
	M	SD	M	SD	M	SD	M	SD
FD	596	522	792	495	204	162	366	395
FFD	294	193	383	179	159	122	246	251
OL	681	625	842	509	215	171	379	403

重复测量方差分析显示,对面孔特征区(眼睛、嘴巴)的注视时间(FD)方面,被试类型主效应不显著,$F(1,32)=3.25$,$MSE=167\ 645$,$p>0.05$,$\eta^2=0.092$,即 ASD 组与 TD 组注视眼睛、嘴巴的时间差异不显著;特征区主效应显著,$F(1,32)=15.60$,$MSE=182\ 153$,$p<0.001$,$\eta^2=0.328$,即注视眼睛的时间显著长于对嘴巴的注视;交互作用不显著,$F(1,32)=0.03$,$p>0.05$,$\eta^2=0.001$。

首次注视对象物时间(FFD)方面,被试类型主效应不显著,$F(1,32)=3.84$,$MSE=$

34 561，$p>0.05$，$\eta^2=0.107$，即 ASD 组对面孔特征区的首次注视时间与 TD 组差异不显著；特征区主效应显著，$F(1,32)=7.97$，$MSE=39\ 358$，$p<0.01$，$\eta^2=0.199$，即对眼睛的首次注视时间显著长于对嘴巴的注视；交互作用不显著，$F(1,32)=0.001$，$p>0.05$，$\eta^2<0.001$。

对面孔特征区（眼睛、嘴巴）的观看时间（OL）方面，被试类型主效应不显著，$F(1,34)=2.34$，$MSE=192\ 227$，$p>0.05$，$\eta^2=0.068$，即 ASD 组观看眼睛、嘴巴的时间与 TD 组差异不显著；特征区主效应显著，$F(1,34)=16.00$，$MSE=228\ 934$，$p<0.001$，$\eta^2=0.333$，即观看眼睛的时间显著长于对嘴巴的注视；交互作用不显著，$F(1,34)<0.001$，$p>0.05$，$\eta^2<0.001$。

ASD 幼儿对面孔特征区的注视时间少于 TD 幼儿，但模式很相似，且对面孔特征区加工的早期成分与 TD 幼儿未见显著差异。

（四）语义不一致性对 ASD 组与 TD 组面孔觉察与加工的影响

为了了解背景语义不一致性是否促进 ASD 幼儿、正常幼儿对面孔、球体的觉察与加工，采用配对样本 t 检验，分别考察两组被试在实验一、实验二条件下面孔、球体搜索（TFF、FB）与加工（FD、FFD、OL、FC）指标，结果见表 3-7。

表 3-7　两组面孔搜索与加工的跨实验一、二比较[①]

		ASD($n=15$)					TD($n=11$)				
		实验一		实验二		t	实验一		实验二		t
		M	SD	M	SD		M	SD	M	SD	
球体	TFF	1 635	703	1 489	703	1.03	1 036	525	951	553	0.78
	FB	3.75	2.10	3.49	1.73	0.67	2.86	0.95	2.50	1.33	1.29
	FD	1 204	394	1 553	606	2.83*	1 449	464	1 941	553	4.60***
	FFD	387	118	460	262	1.39	395	116	514	180	3.22**
	OL	1 394	479	1 778	734	2.36*	1 596	550	2 139	636	3.84**
	FC	2.57	0.94	3.29	1.03	3.46**	3.45	0.83	3.93	0.76	2.50*
面孔	TFF	1 130	540	1 051	634	0.53	575	262	670	383	0.80
	FB	3.00	1.11	3.24	1.70	0.56	2.20	0.49	2.51	1.12	0.85
	FD	1 493	547	1 602	711	0.47	1 839	548	2 125	933	1.07
	FFD	428	145	457	180	0.65	525	193	473	181	0.78
	OL	1 717	556	1 839	839	0.48	2 014	543	2 281	886	0.78
	FC	3.13	1.27	3.54	1.70	0.98	3.67	0.92	4.08	1.07	0.90

注：* $p<0.05$，** $p<0.01$，*** $p<0.001$。

---

① 表示时间的单位为 ms，注视点数的单位为个。本书其他表格，如果数值没有标明单位，时间和注视点数的单位同此。

在两个实验中，ASD 幼儿、TD 幼儿对面孔、球体的觉察与加工呈现出跨实验的相对稳定性。实验二的图片以语义不一致方式处理后，略加快了两组觉察对象物的时间，增加了对象物的注视和观看时间，但差异未达到显著水平。

四、小结

本实验结果发现，当对象（面孔或球体）与背景语义不一致时，自闭症幼儿与正常幼儿一样，即对面孔的觉察时间都显著少于对球体雕塑的觉察时间，且对面孔的观看时间、注视时间都长于对球体雕塑的时间；但自闭症幼儿对面孔或球体的觉察时间都显著多于正常幼儿；观看时间、注视时间均显著少于 TD 组；自闭症幼儿在觉察到面孔或球体前通常有 3～4 个注视点落在场景中的其他方面，而正常幼儿只用 2 个左右的注视点。对第一节、第二节实验结果进行对比发现，面孔与背景语义不一致的处理并不能明显促进自闭症幼儿和正常幼儿对面孔的选择性注意，但两组都延长了对球体的观看时间和注视时间，自闭症幼儿对面孔的觉察与加工仍然弱于正常幼儿。

第三节　乱序背景下面孔的搜索与加工

一、研究目的

第二节实验的结果显示，不论是正常幼儿还是自闭症幼儿，在突出、不和谐方式呈现条件下，面孔相对于无社交意义的球体显示出捕获注意的优先效应；但 ASD 幼儿对面孔的搜索时间长于正常幼儿，其对面孔的注视时间短于正常幼儿，但对面孔特征区的加工模式与正常幼儿相似。另外，第一节、第二节实验的背景是完整的、有意义的风景，已有研究一致表明，正常人在简单一瞥中就可以获得场景梗概（De Graef，2005），在 40 ms 这么短时间内被试就能提取出足够的信息以理解场景的梗概（Castelhano & Henderson，2008），进而眼睛就会被场景中重要的信息所吸引，与场景语义不一致、不相称的信息能够在很短时间内被发现。ASD 幼儿在面孔搜索与加工方面的异常，是否由于其对背景梗概的语义获得存在困难，从而影响了其对与场景语义不一致信息的觉察？如果将面孔所在的完整背景以乱序方式处理，将使个体无法快速获得场景的梗概，场景语义的获得受到影响，那么，当正常幼儿不再具有获得场景梗概的优势时，ASD 幼儿对面孔的搜索与加工是否仍然与正常幼儿不同？

二、方法

（一）被试

从厦门市某自闭症学校招募 ASD 幼儿 25 名，被试原因导致较多张图片未被观看（如眼睑下垂、头部转动过多导致视线离开屏幕），或无法服从实验指导，最后排除 7 名 ASD 被试

（包括 2 名女孩）。本实验 ASD 组有效被试 18 名，其中男孩 17 名，女孩 1 名，全部视力或矫正视力正常，年龄介于 3～7 岁（$M=4.51,SD=1.02$）。入选标准、排除标准同第三章第一节。其中有 13 名 ASD 幼儿（男孩 12 名，女孩 1 名）参加了实验一。

从厦门市某幼儿园选择儿童 18 名为 TD 组，其中男孩 17 名，女孩 1 名，全部视力或矫正视力正常，年龄介于 3～7 岁（$M=4.76,SD=1.25$）。经与班主任访谈，排除精神疾病史、发展障碍或神经疾病。其中有 14 名 TD 幼儿（男孩 13 名，女孩 1 名）参加了实验一。

（二）仪器

同第三章第一节。

（三）材料

54 张乱序图片（图 3-15），这些图片原本为实验一中使用的图片（图 3-16），其中包含有 18 张人类中性面孔、18 张球体、18 张无面孔。根据 Riby 和 Hancock（2009b）及 Lewis 和 Edmunds（2005）使用的面孔搜索任务的办法制成乱序图片，将图片裁切成 9 片，打乱顺序后重新组合成一张乱序图片。用 Photoshop 8.0 处理成灰白色图像，每张图片大小规格为 960×720 像素。由于材料的特异性，每张面孔或球体都呈现于大小相同的 9 个方格之一，其大小规格为 320×240 像素。面孔、球体与实验一图片中所处位置保持一致，确保分别在每个格子呈现一次。图片位于屏幕正中，四周底色为白色。整屏大小规格为 1024×768 像素。

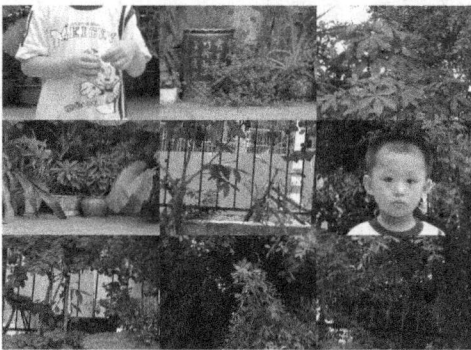

图 3-15　乱序图片材料示例　　　　　　图 3-16　乱序图片原图片示例

（四）研究设计

采用 2（被试类型：ASD 幼儿、TD 幼儿）×2（对象类型：面孔、球体）两因素混合设计。被试类型为组间变量，嵌入物为组内变量。

（五）实验程序

同第三章第一节，呈现方式如图 3-17 所示。

（六）兴趣区

同第三章第一节。

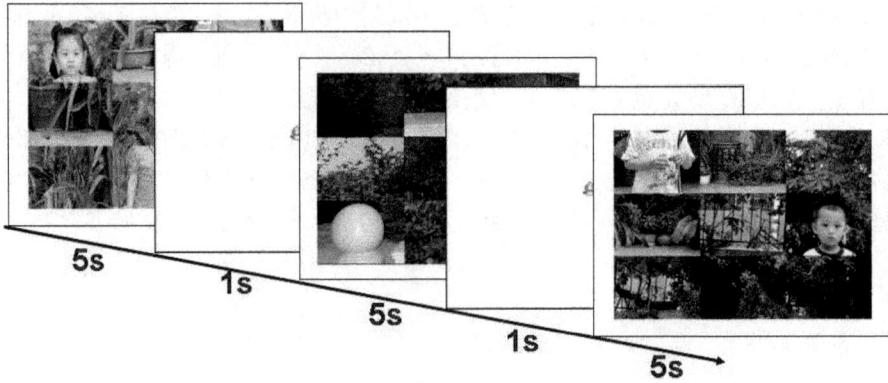

图 3-17　实验执行程序示意

（七）分析指标

同第三章第一节。

三、结果

（一）ASD 组与 TD 组对场景图中面孔的觉察

两组观看有图片的屏幕所用时间总量（OL）均不存在显著差异，观看含有人物面孔图片的时间，$M_{ASD} = 4\ 657\ ms, SD = 220\ ms; M_{TD} = 4\ 753\ ms, SD = 167\ ms; t(34) = 1.48, p > 0.05$。观看含有球体图片的时间，$M_{ASD} = 4\ 641\ ms, SD = 242\ ms; M_{TD} = 4\ 753\ ms, SD = 170\ ms; t(34) = 1.60, p > 0.05$；表 3-8、表 3-9 呈现的是两组在觉察、加工对象物的眼动指标，图 3-18、图 3-19 分别呈现 ASD 组和 TD 组对面孔的注视热点，图 3-20、图 3-21 分别是某 ASD 儿童、某 TD 儿童眼动扫描轨迹情况。

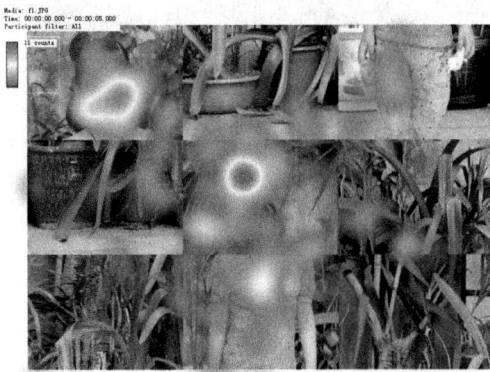

图 3-18　ASD 组对面孔的注视热点　　　　图 3-19　TD 组对面孔的注视热点

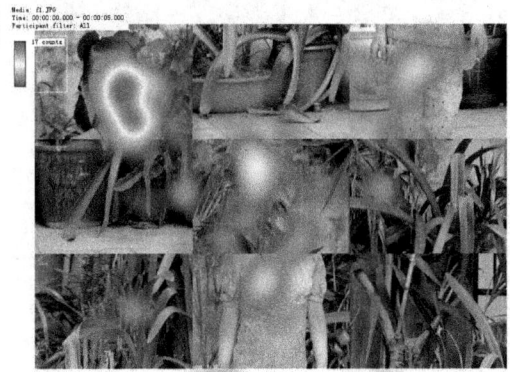

重复测量方差分析显示，在搜索对象物所使用的时间（TFF）上，被试类型主效应不显著，$F(1,34) = 4.03, MSE = 704\ 545, p > 0.05, \eta^2 = 0.106$，ASD 组觉察对象物所用时间略

图 3-20　某 ASD 儿童扫描轨迹举例

图 3-21　某 TD 儿童扫描轨迹举例

表 3-8　两组觉察到对象物的时间、注视时间、首次注视时间和观看时间

ms

	面　孔				球　体			
	ASD($n=18$)		TD($n=18$)		ASD($n=18$)		TD($n=18$)	
	M	SD	M	SD	M	SD	M	SD
TFF	1 580	652	1 124	643	1 547	674	1 209	707
FD	1 079	328	1 391	471	1 377	495	1 585	653
FFD	427	146	418	113	492	219	490	177
OL	1 251	394	1 481	488	1 480	470	1 622	663

表 3-9　两组觉察到对象物前的注视点数、对象的注视点数

个

	面　孔				球　体			
	ASD($n=18$)		TD($n=18$)		ASD($n=18$)		TD($n=18$)	
	M	SD	M	SD	M	SD	M	SD
FB	3.52	1.16	3.36	1.58	3.31	1.35	3.24	1.74
FC	2.29	0.91	2.93	0.93	2.69	0.77	3.00	0.92

多于 TD 组,但差异不显著;对象类型主效应不显著,$F(1,34)=0.06$,$MSE=192\ 007$,$p>$ 0.05,$\eta^2=0.002$,即觉察面孔的时间与觉察球体的差异不显著;交互作用不显著,$F(1,34)$ $=0.33$,$p>0.05$,$\eta^2=0.010$。

　　两组在觉察到对象物之前的注视点数量(FB)方面,被试类型主效应不显著,$F(1,34)=$ 0.08,$MSE=3.23$,$p>0.05$,$\eta^2=0.002$,即 ASD 组搜索到对象物之前的注视点与 TD 组差异不显著;对象类型主效应不显著,$F(1,34)=0.43$,$MSE=1.11$,$p>0.05$,$\eta^2=0.012$,即觉察到面孔前的注视点与觉察到球体的差异不显著;交互作用不显著,$F(1,34)=0.03$,$p>$ 0.05,$\eta^2=0.001$。

（二）ASD 组与 TD 组对面孔的注视

以 FD、FFD、FC 为对象物整体加工的指标（表 3-8、表 3-9），重复测量方差分析显示，两组观看对象物的时间（OL）方面，被试类型主效应不显著，$F(1,34)=1.87$，$MSE=33\,4134$，$p>0.05$，$\eta^2=0.052$，即 ASD 组注视对象物时间略少于 TD 组，但差异不显著；对象类型主效应不显著，$F(1,34)=3.19$，$MSE=193\,005$，$p>0.05$，$\eta^2=0.086$，即两组注视面孔的时间略少于对球体的注视，但差异不显著；交互作用不显著，$F(1,34)=0.18$，$p>0.05$，$\eta^2=0.005$。

两组注视对象物的时间（FD）方面，被试类型主效应不显著，$F(1,34)=3.89$，$MSE=312\,777$，$p>0.05$，$\eta^2=0.103$，即 ASD 组注视对象物时间略少于 TD 组，但差异不显著；对象类型主效应显著，$F(1,34)=5.78$，$MSE=187\,514$，$p<0.05$，$\eta^2=0.145$，即两组注视面孔的时间显著少于对球体的注视；交互作用不显著，$F(1,34)=0.26$，$p>0.05$，$\eta^2=0.008$。

首次注视对象物时间（FFD）方面，被试类型主效应不显著，$F(1,34)=0.01$，$MSE=43\,354$，$p>0.05$，$\eta^2<0.001$，即 ASD 组首次注视对象物的时间与 TD 组无异；对象类型主效应显著，$F(1,34)=6.34$，$MSE=13\,332$，$p<0.05$，$\eta^2=0.157$，即对面孔的首次注视时间显著少于对球体的首次注视时间；交互作用不显著，$F(1,34)=0.02$，$p>0.05$，$\eta^2=0.001$。

两组在对象物的注视点数量（FC）方面，被试类型主效应不显著，$F(1,34)=3.80$，$MSE=1.07$，$p>0.05$，$\eta^2=0.101$，即 ASD 组在对象物的注视点与 TD 组无异；对象类型主效应不显著，$F(1,34)=1.90$，$MSE=0.50$，$p>0.05$，$\eta^2=0.053$，即对面孔的注视点数量与球体上的差异不显著；交互作用不显著，$F(1,34)=0.95$，$p>0.05$，$\eta^2=0.027$。

（三）ASD 组与 TD 组对面孔特征区的加工

以面孔内部特征，包括眼睛、嘴巴为兴趣区，进一步了解 ASD 儿童面孔精细加工的方式是否与正常儿童有所不同。表 3-10 是两组被试对面孔特征区注视的情况。

表 3-10　两组对面孔特征区的注视时间、首次注视时间和观看时间

ms

	眼　睛				嘴　巴			
	ASD($n=18$)		TD($n=18$)		ASD($n=18$)		TD($n=18$)	
	M	SD	M	SD	M	SD	M	SD
FD	298	234	530	355	72	66	113	116
FFD	213	141	333	205	60	57	105	104
OL	391	316	563	366	80	77	126	130

重复测量方差分析显示，对面孔特征区（眼睛、嘴巴）的注视时间（FD）方面，被试类型主效应显著，$F(1,34)=7.88$，$MSE=42\,599$，$p<0.01$，$\eta^2=0.188$，即 ASD 组注视眼睛、嘴巴的时间显著少于 TD 组；特征区主效应显著，$F(1,34)=32.81$，$MSE=56\,756$，$p<0.001$，$\eta^2=0.491$，即注视眼睛的时间显著长于对嘴巴的注视；交互作用不显著，$F(1,34)=2.86$，$p>0.05$，$\eta^2=0.077$。

首次注视对象物时间（FFD）方面，被试类型主效应显著，$F(1,34)=8.58$，$MSE=14\,117$，$p<0.01$，$\eta^2=0.202$，即 ASD 组对面孔特征区的首次注视时间显著少于 TD 组；特征区主效应显著，$F(1,34)=27.30$，$MSE=23\,957$，$p<0.001$，$\eta^2=0.445$，即对眼睛的首次注视时间显著长于对嘴巴的注视；交互作用不显著，$F(1,34)=1.05$，$p>0.05$，$\eta^2<0.030$。

对面孔特征区（眼睛、嘴巴）的观看时间（OL）方面，被试类型主效应显著，$F(1,34)=3.87$，$MSE=54\,781$，$p<0.01$，$\eta^2=0.102$，ASD 组观看眼睛、嘴巴的时间显著少于 TD 组；特征区主效应显著，$F(1,34)=34.17$，$MSE=73\,706$，$p<0.001$，$\eta^2=0.501$，即观看眼睛的时间显著长于对嘴巴的注视；交互作用不显著，$F(1,34)=0.97$，$p>0.05$，$\eta^2=0.028$。

ASD 儿童对面孔特征区的注视时间少于正常儿童，但模式很相似。

（四）乱序处理对 ASD 组与 TD 组面孔觉察与加工的影响

为了了解图片乱序处理方式是否影响了 ASD 儿童、正常儿童对面孔、球体的觉察与加工，采用配对样本 t 检验，分别考察两组被试在实验一、实验三条件下面孔、球体搜索（TFF、FB）与加工（FD、FFD、OL、FC）指标，结果见表 3-11。在两个实验中，ASD 儿童、正常儿童对面孔、球体的觉察与加工呈现出跨实验的相对稳定性。实验三的图片以乱序方式处理后，显著延长了正常儿童组觉察对象物的时间，并显著减少了对面孔的注视和观看时间，但自闭症儿童组受影响较不突出。

表 3-11　两组面孔搜索与加工的跨实验一、实验三比较

		ASD($n=11$)					TD($n=14$)				
		实验一		实验三		t	实验一		实验三		t
		M	SD	M	SD		M	SD	M	SD	
球体	TFF	1 548	409	1 403	542	1.15	983	537	1 321	756	2.36*
	FB	3.40	1.27	3.10	1.14	1.34	2.78	1.02	3.43	1.87	1.93
	FD	1 248	342	1 447	499	1.29	1 493	481	1 503	696	0.07
	FFD	412	102	518	245	1.90	419	113	472	191	1.56
	OL	1 432	395	1 538	474	0.60	1 627	555	1 561	725	0.51
	FC	2.58	0.74	2.85	0.80	1.10	3.44	0.79	2.93	0.98	1.94
面孔	TFF	1 196	547	1 475	630	1.91	568	252	1 078	677	3.43**
	FB	3.14	1.13	3.43	1.32	0.89	2.18	0.48	3.13	1.48	2.72*
	FD	1 431	560	1 094	327	2.41*	1 824	473	1 474	444	4.53***
	FFD	427	155	423	94	0.15	499	167	432	119	1.80
	OL	1 614	515	1 239	400	2.49*	1 966	419	1 560	452	5.65***
	FC	2.93	1.05	2.47	0.97	2.05	3.67	0.85	3.02	0.90	2.74*

注：* $p<0.05$，** $p<0.01$，*** $p<0.001$。

四、小结

本实验发现，当背景处理成乱序后，自闭症幼儿对面孔、球体的觉察时间略长于正常幼儿，但差异不显著，对面孔、球体的观看时间、注视时间略少于正常幼儿，差异也不显著。对第一节实验、第三节实验结果进行对比，发现背景乱序处理对自闭症幼儿面孔选择性注意没有明显影响，但延长了正常幼儿对面孔、球体的觉察，但两组都显著减少了对面孔的观看时间和注视时间，自闭症幼儿对面孔特征区的加工仍然弱于正常幼儿。

第四节　语义不一致乱序背景下面孔的觉察与加工

一、研究目的

在第三节实验，面孔之外的背景信息支离破碎，9 个格子中的图片内容均可为新异刺激，导致注意分配的竞争，甚至有些被试试图去理顺这些乱序图片之间的关系，从而不能快速获得背景的梗概，场景语义的获得受到影响，觉察面孔的时间变长，而后的面孔注视时间大幅减少，这与 Lewis 和 Edmunds（2005）的研究结果是一致的。然而，ASD 儿童却未表现出这种效应，他们在两个实验任务中觉察面孔的各项指标并无显著差异，对面孔的观看时间、注视时间也显著减少了。第二节实验语义不一致方式处理目的是促进面孔更快速被发现，但结果显示面孔与背景语义不一致的设置促进被试对目标刺激的发觉，那么，将这些材料的背景部分也进行乱序处理，背景语义梗概获得困难时，两组幼儿对面孔觉察与加工是否受影响？

二、方法

（一）被试

从厦门市某自闭症学校招募自闭症幼儿 35 名，被试原因导致较多张图片未被观看（如眼睑下垂、头部转动过多导致视线离开屏幕），或无法服从实验指导，最后排除 18 名自闭症被试（包括 2 名女孩）。本实验 ASD 组有效被试 17 名，其中男孩 16 名，女孩 1 名，全部视力或矫正视力正常，年龄介于 3～6 岁（$M=4.48, SD=1.05$）。入选标准、排除标准同第三章第一节。有 13 名自闭症幼儿（包括 12 名男孩、1 名女孩）参与了第二节实验。

根据自闭症儿童年龄、性别，从厦门市某幼儿园选择幼儿 17 名为 TD 组，其中男孩 16 名，女孩 1 名，全部视力或矫正视力正常，年龄介于 3～6.5 岁（$M=4.75, SD=1.22$）。经与班主任访谈，排除精神疾病史、发展障碍或神经疾病。有 15 名 TD 幼儿（14 名男孩、1 名女孩）参与了第二节实验。

（二）仪器

同第三章第一节。

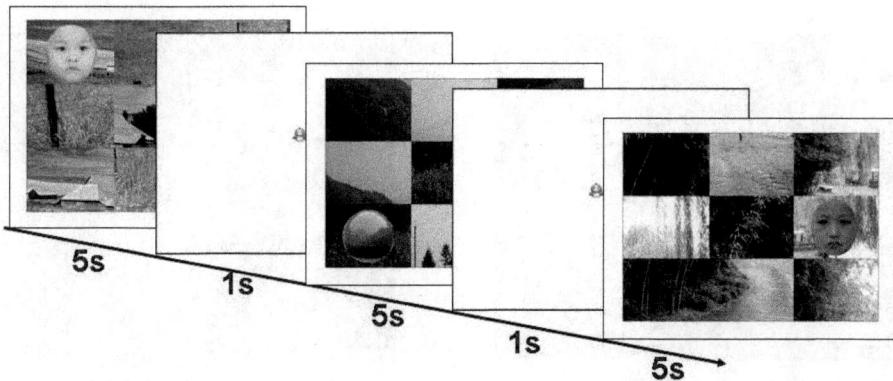

（三）材料

54 张乱序图片（图 3-22），这些图片原本为实验二中使用的图片（图 3-23），其中包含 18 张人类中性面孔、18 张球体、18 张无面孔。乱序图片制作方法及图片大小规格同第三节实验，确保面孔、球体位置与第二节实验相同。

图 3-22 乱序图片材料示例

图 3-23 乱序图片原图片示例

（四）研究设计

采用 2（被试类型：ASD 幼儿、TD 幼儿）×2（对象类型：面孔、球体）两因素混合设计。被试类型为组间变量，嵌入物为组内变量。

（五）实验程序

同第三章第一节。

图 3-24 实验执行程序示意

（六）兴趣区

同第三章第一节。

（七）分析指标

同第三章第一节。

三、结果

（一）ASD 组与 TD 组对场景图中面孔的觉察

两组观看有图片的屏幕所用时间总量（OL）均不存在显著差异，观看含有人物面孔图片的时间，$M_{ASD}=4\ 682$ ms，$SD=228$ ms；$M_{TD}=4\ 770$ ms，$SD=199$ ms；$t(32)=0.82$，$p>0.05$。观看含有球体图片的时间，$M_{ASD}=4\ 627$ ms，$SD=318$ ms；$M_{TD}=4\ 652$ ms，$SD=333$ ms；$t(32)=0.24$，$p>0.05$；表 3-12、表 3-13 呈现的是两组在觉察、加工对象物的眼动指标，图 3-25、图 3-26 分别呈现 ASD 组、TD 组对面孔的注视热点，图 3-27、图 3-28 分别是某 ASD 儿童、某 TD 儿童眼动扫描轨迹情况。

图 3-25　ASD 组对面孔的注视热点

图 3-26　TD 组对面孔的注视热点

图 3-27　某 ASD 儿童扫描轨迹举例

图 3-28　某 TD 儿童扫描轨迹举例

表 3-12　两组觉察到对象物的眼动指标

ms

	面　孔				球　体			
	ASD($n=17$)		TD($n=17$)		ASD($n=17$)		TD($n=17$)	
	M	SD	M	SD	M	SD	M	SD
TFF	1 404	786	1 100	943	1 315	643	1 180	1 055
FD	1 457	846	1 821	993	1 556	769	1 618	895
FFD	415	161	401	126	522	190	405	148
OL	1 775	1 040	1 967	1 048	1 851	823	1 772	920

表 3-13　两组觉察到对象物前的注视点数、对象的注视点数

个

	面　孔				球　体			
	ASD($n=17$)		TD($n=17$)		ASD($n=17$)		TD($n=17$)	
	M	SD	M	SD	M	SD	M	SD
FB	3.22	1.29	3.56	2.41	2.82	1.35	3.00	1.97
FC	3.07	1.64	3.84	1.78	2.92	0.99	3.39	1.47

重复测量方差分析显示,在搜索对象物所使用的时间(TFF)上,被试类型主效应不显著,$F(1,32)=0.68$,$MSE=1\ 207\ 604$,$p>0.05$,$\eta^2=0.021$,ASD 组觉察对象物所用时间略多于 TD 组,但差异不显著;对象类型主效应不显著,$F(1,32)=0.001$,$MSE=308\ 462$,$p>0.01$,$\eta^2<0.001$,即觉察面孔的时间显著少于觉察球体的时间;交互作用不显著,$F(1,32)=0.39$,$p>0.05$,$\eta^2=0.012$。

两组在觉察到对象物之前的注视点数量(FB)方面,被试类型主效应不显著,$F(1,32)=0.23$,$MSE=5.12$,$p>0.05$,$\eta^2=0.007$,即 ASD 组搜索到对象物之前的注视点与 TD 组差异不显著;对象类型主效应不显著,$F(1,32)=2.62$,$MSE=1.48$,$p>0.05$,$\eta^2=0.076$,即觉察到面孔前的注视点与觉察到球体的差异不显著;交互作用不显著,$F(1,32)=0.07$,$p>0.05$,$\eta^2=0.002$。

(二)ASD 组与 TD 组对面孔的注视

以 FD、FFD、FC 为对象物整体加工的指标(表 3-12、表 3-13),重复测量方差分析显示,观看对象物时间(OL)方面,被试类型主效应不显著,$F(1,32)=0.04$,$MSE=1\ 518\ 234$,$p>0.05$,$\eta^2<0.001$,即 ASD 组观看对象物的时间与 TD 组无异;对象类型主效应不显著,$F(1,32)=0.18$,$MSE=333\ 424$,$p>0.05$,$\eta^2=0.006$,即观看面孔的时间与观看球体的时间没有差异;交互作用不显著,$F(1,32)=0.94$,$p>0.05$,$\eta^2=0.028$。

两组注视对象物的时间(FD)方面,被试类型主效应不显著,$F(1,32)=0.63$,$MSE=1\ 227\ 018$,$p>0.05$,$\eta^2=0.019$,即 ASD 组注视对象物时间略少于 TD 组,但差异不显著;对象类型主效应不显著,$F(1,32)=0.14$,$MSE=320\ 527$,$p>0.05$,$\eta^2=0.004$,即两组注视

面孔的时间与注视球体的时间没有显著差异；交互作用不显著，$F(1,32)=1.21,p>0.05$，$\eta^2=0.037$。

首次注视对象物时间（FFD）方面，被试类型主效应不显著，$F(1,32)=1.98,MSE=37\,322,p>0.05,\eta^2<0.058$，即 ASD 组首次注视对象物的时间与 TD 组无异；对象类型主效应显著，$F(1,32)=4.18,MSE=12\,650,p<0.05,\eta^2=0.116$，即对面孔的首次注视时间显著长于对球体的时间；交互作用不显著，$F(1,32)=3.60,p>0.05,\eta^2=0.101$。

两组在对象物的注视点数量（FC）方面，被试类型主效应不显著，$F(1,32)=1.80,MSE=3.66,p>0.05,\eta^2=0.053$，即 ASD 组在对象物的注视点与 TD 组无异；对象类型主效应不显著，$F(1,32)=1.79,MSE=0.83,p>0.05,\eta^2=0.053$，即对面孔的注视点数量与球体上的差异不显著；交互作用不显著，$F(1,32)=0.44,p>0.05,\eta^2=0.013$。

（三）ASD 组与 TD 组对面孔特征区的加工

以面孔内部特征（包括眼睛、嘴巴）为兴趣区，进一步了解 ASD 幼儿面孔精细加工的方式是否与正常幼儿有所不同。表 3-14 是两组被试对面孔特征区注视的情况。

表 3-14　两组对面孔特征区的注视时间、首次注视时间和观看时间

ms

	眼　睛				嘴　巴			
	ASD($n=17$)		TD($n=17$)		ASD($n=17$)		TD($n=17$)	
	M	SD	M	SD	M	SD	M	SD
FD	586	454	867	558	259	267	275	252
FFD	324	250	367	196	158	164	178	142
OL	761	797	934	607	305	281	291	267

重复测量方差分析显示，对面孔特征区（眼睛、嘴巴）的注视时间（FD）方面，被试类型主效应不显著，$F(1,32)=1.79,MSE=209\,353,p>0.05,\eta^2=0.053$，即 ASD 组注视眼睛、嘴巴的时间与 TD 组无显著差异；特征区主效应显著，$F(1,32)=30.76,MSE=116\,573,p<0.001,\eta^2=0.490$，即注视眼睛的时间显著长于对嘴巴的注视；交互作用不显著，$F(1,32)=2.56,p>0.05,\eta^2=0.074$。

首次注视对象物时间（FFD）方面，被试类型主效应不显著，$F(1,32)=0.36,MSE=47\,073,p>0.05,\eta^2=0.011$，即 ASD 组对面孔特征区的首次注视时间与 TD 组无显著差异；特征区主效应显著，$F(1,32)=19.82,MSE=27\,079,p<0.001,\eta^2=0.383$，即对眼睛的首次注视时间显著长于对嘴巴的注视；交互作用不显著，$F(1,32)=0.08,p>0.05,\eta^2=0.002$。

对面孔特征区（眼睛、嘴巴）的观看时间（OL）方面，被试类型主效应不显著，$F(1,32)=0.34,MSE=320\,754,p>0.05,\eta^2=0.010$，即 ASD 组观看眼睛、嘴巴的时间与 TD 组无显著差异；特征区主效应显著，$F(1,32)=20.02,MSE=256\,197,p<0.001,\eta^2=0.385$，即观看眼睛的时间显著长于对嘴巴的注视；交互作用不显著，$F(1,32)=0.58,p>0.05,\eta^2=0.018$。

ASD 儿童对面孔特征区的注视时间少于正常儿童,但模式很相似。

(四)乱序处理对 ASD 组与 TD 组面孔觉察与加工的影响

为了了解图片乱序处理方式是否影响了 ASD 幼儿、TD 幼儿对面孔、球体的觉察与加工,采用配对样本 t 检验,分别考察两组被试在第二节实验、第四节实验条件下面孔、球体觉察(TFF、FB)与加工(FD、FFD、OL、FC)指标,结果见表 3-15。

表 3-15 两组面孔搜索与加工的跨第二节实验、第四节实验比较

		ASD($n=13$)					TD($n=15$)				
		第二节实验		第四节实验		t	第二节实验		第四节实验		t
		M	SD	M	SD		M	SD	M	SD	
球体	TFF	1 322	639	1 280	669	0.23	913	529	1 271	1 094	1.94
	FB	3.12	1.44	2.82	1.50	0.61	2.55	1.23	3.18	2.04	2.05*
	FD	1 688	553	1 578	863	0.50	1 948	519	1 421	728	3.68**
	FFD	523	243	548	208	0.40	492	169	389	151	2.41*
	OL	1 957	692	1 871	914	0.35	2 122	593	1 587	788	3.48**
	FC	3.33	0.92	2.82	1.00	2.24*	3.97	0.71	3.13	1.34	3.77**
面孔	TFF	1 062	630	1 345	780	2.12*	719	345	1 176	979	2.41*
	FB	3.17	1.68	3.16	1.26	0.04	2.61	1.03	3.70	2.53	2.31*
	FD	1 674	737	1 499	958	1.11	2 022	885	1 748	1 025	1.11
	FFD	485	181	417	160	1.38	454	173	388	129	1.88
	OL	1 932	859	1 816	1 178	0.56	2 164	855	1 907	1 092	1.02
	FC	3.55	1.62	3.02	1.81	1.84	4.00	0.99	3.71	1.85	0.68

注:* $p<0.05$,** $p<0.01$,*** $p<0.001$。

在两个实验中,ASD 幼儿、TD 幼儿对面孔、球体的觉察与加工呈现出跨实验的相对稳定性。第四节实验的图片以乱序方式处理后,延长了 TD 幼儿组觉察对象物的时间,减少了在对象物上的注视和观看时间,而 ASD 幼儿组基本不受此影响。

四、小结

本实验发现,将第二节实验的材料也处理成乱序后,自闭症幼儿对面孔、球体的觉察时间略长于正常幼儿,但差异不显著,对面孔、球体的观看时间、注视时间略少于正常幼儿,差异也不显著。对第二节实验、第四节实验结果进行对比,发现乱序处理对自闭症幼儿对突出物的选择性注意没有明显影响,但延长了正常幼儿对面孔、球体的觉察,两组都一定程度上减少了对面孔的观看时间和注视时间,但差异都不显著。自闭症幼儿对面孔特征区的加工也与正常幼儿没有显著差异。

第五节　背景性质对 ASD 儿童面孔加工的影响

一、自闭症幼儿对面孔的选择性注意

本研究发现，在自然场景中，正常幼儿能快速发现面孔，并将注意集中于面孔，而且对面孔的觉察时间显著快于球体，观看时间、注视时间少于球体，正常幼儿表现出了对面孔的注意偏向。自闭症幼儿也表现出与正常幼儿一样的注意偏向，面孔也能吸引自闭症幼儿大量的注意，但对面孔、非社交刺激（球体）等的觉察明显地慢于正常幼儿，观看时间、注视时间少于正常幼儿。在注视点落入面孔之前，自闭症幼儿相对于正常幼儿有更多次的无关注视，其对面孔的感知速率也因此降低。高效率地觉察到一张面孔，对于面孔信息加工来说是至关重要的一步，因此，面孔感知能力就显得特别重要，它将个体的注意导向了场景中的社交核心区域（Riby & Hancock，2009b）。Schultz（2005）假设认为 ASD 者面孔识别的受损是对社交刺激缺乏注意偏向导致的。Fletcher-Watson 等人（2009）发现，在观看包括有人物和没有人物的图片时，ASD 成人与对照组表现出相似的注意偏向。但是，相对于看没有人物的图片，ASD 成人注视有人物的图片更慢些，这表明 ASD 者对社交刺激的优先注意减少了。显然，根据面孔加工层级模型，从面孔加工的第一步起，自闭症者就表现出了面孔选择性注意的困难。虽然也有研究认为，自闭症者只是面孔识别受损，而对非面孔刺激识别并未受损（Boucher & Lewis，1992；Klin et al.，1999），但 Davies 等人（1994）发现，自闭症者存在的视觉加工普遍受损也影响了对非面孔刺激的加工。自闭症儿童面孔识别策略与正常儿童不同，他们会因为面孔的嘴巴张开或合拢而看成不同的面孔，而将具有相同头发的面孔视为相同，显然，他们比对照组更多采用基于面孔特征的策略，而不同的加工方式也就导致两组间面孔识别绩效的显著差异（Davies et al.，1994）。由于他们对面孔与非面孔都表现出加工的缺陷，因此，自闭症者对物体存在着普遍的感知异常而非仅在面孔加工方面存在选择性受损。本研究结果发现，自闭症幼儿似乎对所有新异刺激都不如正常人那样敏感，不论是富有社交意义的面孔还是非社交性的球体。即便是在语义不一致的背景中呈现的面孔或球体，自闭症者的对面孔的觉察与加工也弱于正常幼儿，他们将大量的时间消耗在面孔之外的场景内容的注意上。这与大部分研究结果一致。这意味着自闭症幼儿在对背景和面孔的视觉注意分配不同于正常幼儿，他们对背景也投入了相当多的注意。注意分配的异常和对面孔注视的减少，将对发展过程中获得社交线索产生重大影响，并影响随后对适宜的社交行为和社会交际能力的学习（Riby & Hancock，2008）。

有研究发现，正常人会优先注意生物运动，而 2 岁大的自闭症幼儿却优先注意非社交性刺激（Klin et al.，2009）；自闭症儿童缺少对他人面孔的注意偏向（Kikuchi，Senju，Tojo，Osanai & Hasegawa，2009）。Wilson 等人（2010）一项有关儿童面孔同族优势效应（异族效应）的研究间接地证明了 ASD 儿童面孔识别能力与对幼儿面孔注意间存在联系。Wilson 等人（2010）发现，ASD 儿童在面孔匹配测验绩效较差且未表现出异族效应。这表明，对面孔刺激缺乏注意将对年幼 ASD 者专门的面孔加工机制的发展造成不利影响。研究还指出，面孔偏向的异常在 ASD 者童年后期乃至青春期仍将持续出现。Sasson 等人(2007)发现，与对照组相比，ASD 儿童对有面孔图片的注视相对较少而对物体注视较多。Riby 和 Han-cock(2008，2009a)发现，ASD 青少年观看场景中面孔时间相对较少，与对照组相比，看自然场景照片中的人物也相对少于背景(Riby & Hancock，2009b)。正常儿童对人物比对物体表现出强烈的注意偏爱，这与先前大部分研究观点一致，即个体对周遭环境中的社交元素存在固有偏向，尤其是对面孔(如 Palermo & Rhodes，2007)。ASD 儿童表现出相似的倾向，对人物的注意早于物体，但对人物的注意慢于对照组(Wilson et al.，2010)。本章研究的结果也证明了这一点，本研究发现，正常儿童对面孔的觉察都快于对非社交刺激(球体)的觉察，对面孔的注视时间长于非社交刺激。从进化论角度来看，这体现了面孔作为社交刺激捕获个体视觉注意的特殊性(New，Cosmides & Tooby，2007)。在四个实验中，ASD 儿童也表现出类似于正常儿童的这种倾向。这些结果支持了日常生活环境中面孔捕获视觉注意的效应(Lewis & Edmunds，2005；Theeuwes & van der Stigchel，2006)。通常情况下，有生命物体(如人、动物)会优先捕获到人们的注意，这对于我们祖先在其生存环境中得以生存延续来说是极其重要的(New et al.，2007)。New 等人(2010)研究发现，虽然 ASD 儿童社交方面存在困难，但他们仍然对有生命的物体表现出比人造物体、植物更多的注意偏向。

二、背景在面孔觉察中的作用

在使用面孔与背景语义一致的材料为任务所进行的眼动研究中，如社交场景、社交视频，发现 ASD 者不能像正常人那样快速觉察到面孔并对其进行加工(如 Riby & Hancock，2008)。但这仍然不能清楚地说明 ASD 者对社交信息(如面孔)的不注意，究竟是对社交信息的厌恶感导致的回避，还是由于正常人能够快速获得场景梗概(De Graef，2005)，将注意主要集中于场景中更具有吸引力的社交信息(如面孔)，而 ASD 者却缺乏这方面的能力；或者是因面孔不够突出，其感知加工能力不足而未能注意到面孔这一社交刺激(Schultz，2005)。本研究也采用了面孔与背景语义一致的自然场景为材料，结果与先前的这些研究是一致的。而且，还通过操纵背景与对象的关系，来考察自闭症幼儿对面孔的觉察与加工，结果发现，背景与对象语义不一致对自闭症幼儿的面孔觉察与加工并不能发挥促进作用，而背景完整性的破坏对其也未起到阻碍作用。可见，ASD 儿童面孔搜索与加工的困难并没有受到背景梗概获得难易程度的影响。

而正常儿童对面孔的搜索与加工受到背景性质的影响。在自然场景或在意义完整的背景上呈现语义不一致的面孔时，他们都能快速获得背景的梗概，因而，比较突显的面孔或球体或是与背景语义不一致的信息能够在很短时间内优先被发现(如 Loftus & Mackworth，1978)。当背景以乱序方式处理之后，面孔之外的背景信息支离破碎，9 个格子中的图片内容均可为新异刺激，出现了注意分配上的竞争，甚至有些被试试图去理顺这些乱序图片之间的关系，从而不能快速获得背景的梗概，场景语义的获得受到影响，延长了他们搜索面孔的时间，而后的面孔注视时间大幅减少，这与 Lewis 和 Edmunds(2005)的研究结果是一致的。

由此，ASD 儿童在面孔搜索与加工方面的异常，可能由于其对背景梗概的语义获得存在困难，从而影响了其对与场景中突显的刺激甚至语义不一致信息的觉察。第二节实验中，面孔和球体的出现显然是极其突出的，ASD 儿童却没有表现出与正常儿童一样快速觉察到目标刺激的行为，他们搜索目标刺激的时间也比正常发展儿童长得多，要在第 3~4 个左右注视点才搜索到目标刺激，而对两种目标"刺激"（面孔或球体）的注视时间都比正常组少得多，这种组间差异可能说明这种效应是 ASD 者特有的，而不是所用刺激的某个方面所导致的（Riby & Hancock，2009a）。ASD 儿童在观看图片时，可能不能获取背景的梗概，不理解场景的语义，从而对目标刺激（面孔等）不敏感。

三、场景中面孔特征区的加工模式

以往研究认为，与正常人面孔加工时间分配模式不同的是，ASD 者注视嘴巴的时间多于眼睛（如 Klin et al.，2002；Neumann et al.，2006），但本研究结果不支持该观点，因为本研究的四个实验都发现自闭症幼儿对眼睛的观看时间、注视时间都多于对嘴巴的时间，这一模式与正常儿童相同。Sterling 等人（2008）研究发现，不论是熟悉的还是不熟悉的面孔，ASD 者对眼睛的注视时间都长于嘴巴的。但是，本研究中自闭症幼儿对嘴巴的观看时间与注视时间与正常幼儿并没有显著的差异。Falck-Ytter 等人（2010）认为，社交障碍型和言语障碍型的 ASD 儿童对眼睛和嘴巴的注视分配有所不同，对眼睛注视时间的减少可能是 ASD 者社交障碍的表现，而对嘴巴注视时间的减少则可能是 ASD 者言语沟通障碍的表现。从面孔特征区注视时间的分配上看，自闭症幼儿面孔加工的困难主要表现在对眼睛注视的显著减少，这可能是其社交障碍的很重要的反应性指标。

总之，在本研究条件下，可以认为，自闭症幼儿对面孔的视觉搜索和加工存在异常，其对面孔的搜索和注视的时间与正常发展者不同，但其模式与正常幼儿相似；正常幼儿获得背景梗概优势的丧失，导致对面孔搜索与加工产生影响，而自闭症幼儿未观察到此效应。

第四章

ASD 儿童对面孔的识别与加工

识别并准确记住面孔需要使用专门的视觉构形加工策略,而非普通的策略如特征加工(Yovel & Kanwisher,2004)。大量研究发现,ASD 者在面孔识别方面存在困难,而识别建筑物却与正常儿童无异(Boucher & Lewis,1992)。进一步研究也证实,ASD 者表现出特殊的面部识别障碍(Wolf et al.,2008)。这种缺陷在只通过眼睛呈现面孔辨别信息的测验中也表现出来(Joseph & Tanaka,2003)。但是,也有研究认为,自闭症患者在面孔身份识别方面并不存在缺陷(如 Wilson et al.,2007)。尽管自闭症者在基于注视方向、性别、唇语和情绪方面进行面孔识别时的效率较低,但他们身份识别的成绩并不比对照组差。

研究表明,ASD 者面孔加工没有正常人那么好(如 Joseph & Tanaka,2003),但仍然不明确这种受损是否可归因于构形加工受损。有关 ASD 者面孔加工缺陷的本质仍然不明确。有些使用标准神经心理学测试(standardized neuropsychological tests)的研究(如 McPartland,Dawson,Webb,Panagiotides & Carver,2004)认为,相对于正常人,ASD 者面孔加工受损了,也有些研究认为未受损(如 Adolphs et al.,2001),或者认为对面孔的记忆受损而对面孔的辨别并未受损(Howard et al.,2000)。由于研究设计各异,刺激呈现缺乏控制,且样本量通常较小等原因,因而这些实验的不足也造成了难以坚定地描述出 ASD 面孔加工受损的本质结论。少数几个将非面孔材料作为控制刺激的研究发现,ASD 面孔加工并未受损(Teunisse & de Gelder,2003),或者也表现出了优秀的物体加工(object-processing)绩效(Blair et al.,2002;Boucher & Lewis,1992)。

面孔加工中,有三种构形信息至关重要(Maurer,Le Grand & Mondloch,2002):(1)第一级信息,即眼睛结构固定且在鼻子上方,嘴巴在鼻子下方;(2)整体性信息,同时对面孔各组成部分进行加工而非分解开来加工,或者是一种类似于感知快照(perceptual snapshot);(3)次级信息,特征之间的空间关系。不论是对面孔整体信息或者是对面孔各组成部分的次级信息加工,对发展出优于物体加工的面孔加工绩效是重要的。将 ASD 者面孔加工受损与物体加工完好结合起来,可以认为 ASD 面孔识别的困难可能是因其不能利用次级构形信息(Teunisse & de Gelder,2003)或者整体信息,而是依赖于特征区的加工(Deruelle et al.,2004)。此外,Deruelle 等人(2004)将所观察到的 ASD 者构形加工受损与特征加工完好或优秀的结果结合起来进行解释,认为这些结果支持了有关 ASD 的弱中央统合理论。该理论认为,ASD 者在注意视觉刺激的部分而非整体时具有普通的认知风格(Happe & Frith,2006)。

第三章研究发现，背景的变化对自闭症幼儿面孔选择性注意影响不大，而正常幼儿则受到了明显的干扰。有些研究发现，当物体独立出现时，对其识别的速度反而比物体处于一致的场景中要快（Davenport & Potter, 2004; Davenport, 2007）。从这些结果上推论，与物体一致的背景可能会阻碍对物体的识别。但是，很难通过这些研究来否定背景的作用，物体在一致性场景中识别的速度变慢可能是其他原因导致的。首先，在一个场景中识别物体时，需要先将物体从场景中分离出来，这需要额外的加工，尤其在一致的场景中更是如此。另外，在场景中识别一个物体时，被试可能会分配一些注意给场景中的其他物体，这也可能会导致识别的速度减慢（田宏杰，王福兴，徐菲菲，申继亮，2010）。

面孔加工层级模型认为，面孔身份识别、表情识别是面孔加工的第二层级的两方面。典型自闭症幼儿由于言语交流障碍以及对规则理解的困难，直接让其对面孔的身份进行身份判断可能超越了他们的能力而不得对其面孔身份识别的真实情况进行描述。因此，本研究采用视觉注意习惯化研究范式，了解自闭症儿童对陌生面孔识别能力。为了排除背景因素的干扰，本研究将面孔独立呈现，以考察自闭症幼儿面孔加工的特点。

第一节　ASD 儿童对面孔的识别

一、研究目的

以往有关面孔识别研究，大部分要求被试完成面孔刺激，进行分类或判断任务，然而，由于自闭症儿童心理理论能力缺陷及执行功能障碍，年幼的低功能自闭症对规则理解能力较弱，无法执行任务命令。因此，采用视觉注意习惯化研究范式，了解自闭症儿童对陌生面孔识别能力。

二、方法

（一）被试

从厦门市某自闭症培训学校招募 ASD 幼儿 25 名，其中男孩 23 名，女孩 2 名。4 名（含 2 名女孩）未能完成观察任务而剔除，有效被试 21 名，全部为男孩，年龄介于 3 岁至 7 岁（$M=4.30, SD=1.32$）。入选标准、排除标准同第三章第一节。全部视力或矫正视力正常。

从厦门市某幼儿园选择儿童 25 名为正常组（TD），其中男孩 23 名，女孩 2 名。1 名男孩未能完成观察任务而剔除，有效被试 24 名，其中男孩 22 名，女孩 2 名，年龄介于 3 岁至 6.5 岁（$M=4.45, SD=1.36$）。排除标准同第三章第一节。全部视力或矫正视力正常。

（二）仪器

使用 Tobii120 眼动仪及其软件包记录每位被试分别在两项任务中的注视行为。眼动仪与一台惠普 Compaq511 电脑连接并用其控制。该眼动系统为完全非接触式，极少指示，进行眼动即时跟踪而无需人为限制头部或躯体的运动。该系统可跟踪双眼,评价准确性为0.5水平,取样率为120 Hz,借助看屏幕上一个红色跳动的小球的运动来对每位被试双眼进行5点校准。在1°视角内至少注视持续80 ms才确定为注视。

（三）材料

2张中性面孔(face,F)图片,男女各1张,由专业摄影师到幼儿园选取4～5岁幼儿进行拍照,被试均不认识这两张面孔。摄影机参数:型号 NIKON D7000,焦距52 mm,35毫米胶片焦距78 mm,最大光圈值4.6,曝光时间1/125 s,图片拍摄尺寸为3696×2648像素。面孔均为正面,目光平视。

2张非面孔(nonface,N)图片,从网络上查找获得,其中篮球图片、花菜图片各1张。

面孔、非面孔球形物体图片素材大小规格至少480像素×640像素(图4-1),制成视频后,屏幕呈现的面孔、球形物体大小规格为160像素×187像素。

将图4-1中的面孔、非面孔加装一个轮廓式人物躯体,制成动态视频,共组合8段视频,每段视频11.5 s,间隔1 s黑屏后接入下一段视频。距离屏幕下边框7.73 cm高度处有一条黑色地平线,面孔眼睛距离屏幕下边框20 cm,视线与被试处于同一水平线。在距离屏幕右边线7 cm处有一片无边框挡板,规格5.85 cm×15 cm(图4-2)。

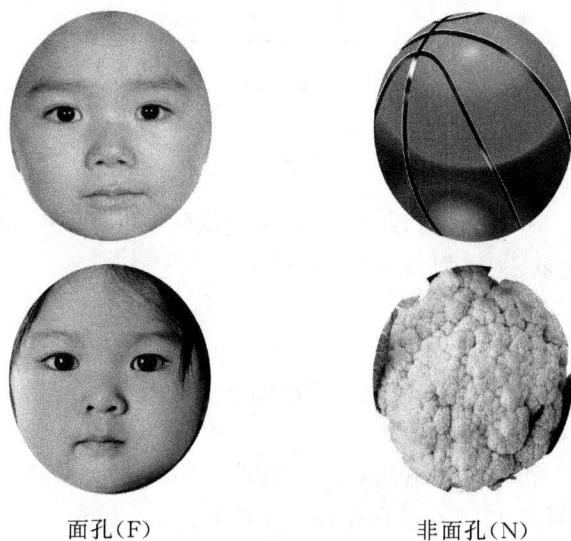

面孔(F)　　　　　　　　　　非面孔(N)

图4-1　面孔与非面孔

视频开始0.5 s时,面孔或非面孔呈现于屏幕左端,往右行走6 s,开始进入挡板,2 s后完全进入挡板,根据表4-1组合进行变换,且变换物同时继续向右行走2 s后完全走出挡板,共用时4 s,刺激物在挡板右侧完全呈现1 s。视频进程如图4-2所示。各种组合的视频以随机顺序呈现。

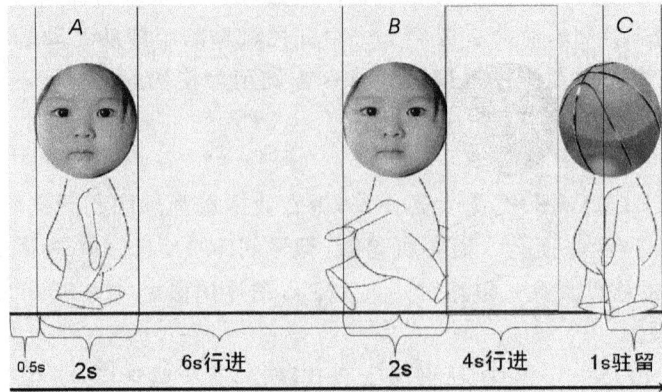

图 4-2 视频进程示意

表 4-1 面孔与非面孔变换组合

习惯化刺激类型	去习惯化测验刺激类型
F	F
F	N
N	N
N	F

（四）研究设计

采用 2（被试类型：ASD 幼儿、TD 幼儿）×2（刺激物类型：面孔、非面孔）两因素混合设计。被试类型为组间变量，刺激物类型为组内变量。

（五）实验程序

整个实验在自闭症学校或幼儿园比较安静的地方进行，实验是个别进行的。

（1）校准。同第三章第一节。

（2）被试观看图片。指导语："请认真观看屏幕上出现的动画。"8 段视频随机顺序呈现给每位被试，每段视频播放 11.5 s，然后呈现 1 s 黑屏。

（3）被试观看视频期间，不要求其进行决定或判断。视频播放完毕就可离开。

（4）实验共用时 2 分钟左右。

（六）兴趣区

以 200 ms 为节点单位，对视频进行截屏，以 5 帧截屏上的观看时间之和为每 1 秒区间的观看时间。被试在 A、B、C 三个区间观看视频时间，删除平均数加减 2.5 个标准差以外的图片有关数据。采用 Tobii 兴趣区椭圆工具以刺激边缘外 1°视角内（约 1.4 cm）确定为兴趣区（area of interest，AOI），包括面孔、非面孔。

（七）分析指标

1. 眼动指标

观看时间（OL）：时间节点内被试观看兴趣区（面孔）的总时间，包括注视时间和眼跳时间。

2. 习惯化（habituation）的效标

应答降低率（response decrements；季红光，郭迪，陶素碟，1995）：$H=(A-B)/A$，即习惯化的速度。

根据以往研究发现，注视高峰通常出现在习惯化的早期（王垒，张岚，李黎，1994），A 指的是从刺激呈现往右行进最初 2 s（即 A 区间）内被试对刺激的平均每秒的注视时间，B 指的是刺激即将开始进入挡板前 2 s（即第 4 s 至第 6 s，B 区间）被试对刺激的平均每秒注视时间。A 与 B 的差值与 A 的比值为应答降低率（H），H 越接近 1，应答降低率越大，说明被试对刺激视觉加工产生习惯化。

3. 去习惯化（dishabituation）的效标

应答恢复值（response recovery），即对刺激习惯化后呈现新刺激时的注意表现，表明机体对应答的逐渐降低不是疲劳所致，而是兴趣下降，本研究中以此指标为面孔识别效标。$R=(C-B)/B$。C 指的是刺激行进完全出了挡板后 1 s 被试对新刺激的平均注视时间（即 C 区间）。C（对新刺激的平均注视时间）与 B（对重复刺激平均注视时间）的差值，与 B 的比值即为应答恢复值（R）。R 值大于 0，则表明发生了去习惯化现象，被试能区分出前后两种刺激（王垒，张岚，李黎，1994），R 值越大，意味着去习惯化越明显。

三、结果

（一）自闭症幼儿对面孔、非面孔刺激的视觉习惯化过程

表 4-2 呈现的是两组被试在刺激呈现开始 2 s（A 段）、即将进入挡板前 2 s（B 段）平均每秒内对面孔的观看时间（OL），F-F、F-N 两种刺激类型在进入挡板前呈现的都是中性面孔，N-N、N-F 在进入挡板前呈现的则是非面孔刺激。

表 4-2 不同刺激呈现时间节点的观看时间

ms

刺激类型	ASD($n=21$)					TD($n=24$)				
	A		B		t	A		B		t
	M	SD	M	SD		M	SD	M	SD	
F-F	566	171	407	251	2.90**	593	137	339	246	4.15***
N-N	579	161	429	258	2.81*	553	196	429	210	2.19*
F-N	518	217	277	188	3.80***	426	204	287	248	3.05**
N-F	539	189	346	299	4.02***	575	198	440	218	2.60*

注：* $p<0.05$，** $p<0.01$，*** $p<0.001$。

采用配对样本 t 检验，结果显示，两组被试对面孔、非面孔刺激都表现出了显著的习惯化（表 4-2）。独立样本 t 检验结果显示，两组的习惯化速率没有显著差异（表 4-3）。

表 4-3　两组对不同刺激呈现的习惯化速率比较

%

刺激类型	ASD($n=21$)		TD($n=24$)		t
	M	SD	M	SD	
F-F	28	40	39	54	0.72
N-N	27	46	8	66	1.02
F-N	32	85	34	54	0.13
N-F	42	43	19	39	1.75

（二）自闭症幼儿对面孔、非面孔刺激的识别

表 4-4 呈现的是对习惯化刺激达到习惯化水平时连续 2 s 呈现期间（B 段）被试平均每秒对面孔的观看时间，和对去习惯化刺激头 1 s 呈现时间内的观看时间。

表 4-4　不同刺激呈现的去习惯化比较

ms

刺激类型	ASD($n=21$)					TD($n=24$)				
	B		C		t	B		C		t
	M	SD	M	SD		M	SD	M	SD	
F-F	407	251	502	367	1.05	339	246	446	311	1.82
N-N	429	258	697	252	3.50**	429	210	508	291	1.24
F-N	277	188	480	309	2.27*	287	248	460	263	2.50*
N-F	346	299	669	295	3.67**	450	213	587	297	2.32*

注：* $p < 0.05$，** $p < 0.01$，*** $p < 0.001$。

采用配对样本 t 检验，结果显示，正常幼儿对没有变化的刺激（F-F、N-N）没有发生去习惯化现象，而对有变化的刺激（F-N、N-F）则发生了去习惯化现象，这表明正常幼儿能很好地区分面孔和非面孔。自闭症幼儿对没有变化的面孔刺激也没有发生去习惯化反应，但是对没有变化的非面孔刺激表现出了去习惯化反应。他们对有变化的刺激也发生了去习惯化现象，说明他们也能很好地区分面孔和非面孔。

独立样本 t 检验结果（表 4-5）发现，自闭症组对以面孔为去习惯化刺激的去习惯化速率显著大于正常幼儿，其他刺激没有显著差异。面孔、非面孔两种刺激不同呈现次序下均发生去习惯化现象，表明没有顺序效应。

表 4-5　两组对不同刺激去习惯化速率比较

%

刺激类型	ASD($n=21$)		TD($n=24$)		t
	M	SD	M	SD	
F-F	19	83	52	167	0.73
N-N	91	135	32	96	1.55
F-N	175	315	121	257	0.57
N-F	391	641	73	185	2.07*

注：* $p<0.05$，** $p<0.01$，*** $p<0.001$。

四、小结

本研究采用视觉注意习惯化研究范式，以视频呈现的方式，通过眼动追踪技术采集被试观看面孔的时间，不要求自闭症幼儿用言语或行为对面孔识别任务进行反应或判断，有效地克服了自闭症幼儿对任务要求、规则不理解所造成的误差。实验结果发现，自闭症幼儿与正常幼儿一样，对以视频形式连续呈现的面孔或非面孔都产生了习惯化现象。自闭症幼儿与正常幼儿一样能够区分面孔和非面孔，验证了我们的研究假设。习惯化-去习惯化范式的假设认为，如果个体对面孔或非面孔的观看时间逐渐减少形成习惯化，而在去习惯化刺激呈现时却对该刺激的观看时间又得到恢复，则说明对习惯化刺激（面孔或非面孔）观看时间的减少不是疲劳所致，而是兴趣下降，这意味着被试能够将两种刺激区别开来，能识别两类刺激。而且，同样两种刺激不同呈现次序下均发生了去习惯化现象，表明两类刺激没有顺序效应。

第二节　ASD儿童对陌生面孔的加工

一、研究目的

在辨认和识别物体方面普遍存在困难将潜在影响面孔加工任务，但是以往大量研究发现，ASD的物体加工能力与对照组的没有差异，而面孔加工存在异常（Simmons et al.，2009）。第一节研究结果显示，自闭症幼儿能区分面孔与非面孔，那么，他们对陌生面孔加工是否依然存在问题？为此，以儿童中性面孔为刺激，探讨自闭症儿童对面孔的视觉加工特点。

二、方法

（一）被试

从厦门市某自闭症培训学校招募 ASD 幼儿 27 名，其中男孩 26 名，女孩 1 名。7 名未能完成观看任务而剔除,有效被试 20 名,全为男孩,年龄介于 $3.0 \sim 6.9$ 岁$(M=4.39, SD=1.32)$。入选标准、排除标准同第三章第一节。全部视力或矫正视力正常。

从厦门市某幼儿园选择儿童 25 名为正常组(TD),其中男孩 22 名,女孩 2 名,5 名未能完成观看任务而剔除,有效被试 20 名,男孩 18 名,女孩 2 名,年龄介于 $3.0 \sim 6.5$ 岁$(M=4.59, SD=1.26)$。全部视力或矫正视力正常。经与班主任访谈,排除精神疾病史、发展障碍或神经疾病。

(二)仪器

同第三章第一节。

(三)材料

8 张幼儿中性面孔图片,男、女各 4 张(图 4-3),获得方式同实验一。

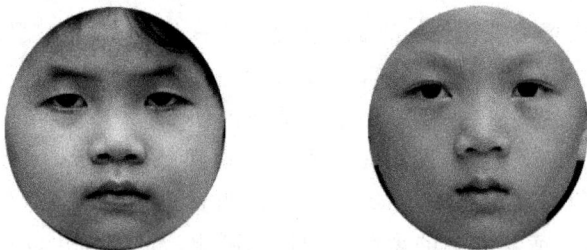

图 4-3　幼儿面孔图片

以 Photoshop 8.0 椭圆工具裁剪面孔,确保额头、眉毛、眼睛、鼻子、嘴巴、下巴均包括于面孔内。所有面孔图片均处理为灰白,屏幕上每张面孔图片大小规格为 411 像素×493 像素。面孔随机呈现于屏幕的左半部分或右半部分,面孔轮廓距离屏幕最近边框为 27 像素,距离上下边框各 116 像素。全屏大小 960 像素×720 像素,计算机分辨率为 1024 像素×768 像素。所有被试使用同一组材料。

(四)研究设计

采用单因素实验设计,通过与正常儿童对比,了解自闭症幼儿对陌生面孔的视觉加工情况。

(五)实验程序

整个实验在自闭症培训机构或学校比较安静的地方以个别形式进行。

(1)校准。同第三章第一节。

(2)被试观看图片。指导语:"请看屏幕上的每张图片。"面孔图片刺激以随机顺序呈现,每次呈现 1 张面孔,每张面孔图片呈现 3 s,间隔 0.5 s 白屏,白屏中心有一只卡通企鹅作为注视点。实验开始后和结束前各有 2 张练习图片,不列入统计。

(3)被试观看图片期间,不要求其进行决定或判断。

(4)实验共用时 1 分钟左右。

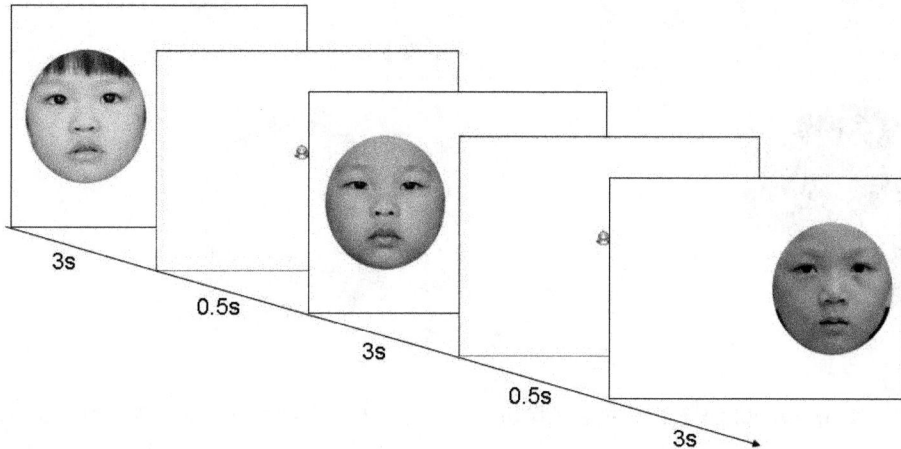

图 4-4　实验执行程序示意图

（六）兴趣区

采用 Tobii 兴趣区椭圆工具以刺激边缘外 1°视角内（约 1.4 cm）确定为兴趣区（area of interest，AOI），包括面孔、眼睛、嘴巴。

（七）分析指标

同第三章第一节。

三、结果

（一）ASD 组与正常组面孔的觉察

两组观看有图片屏幕的时间（OL）差异不显著，$M_{ASD} = 2\ 764$ ms，$SD = 146$ ms；$M_{TD} = 2\ 821$ ms，$SD = 141$ ms；$t(38) = 1.27$，$p > 0.05$。图 4-5、图 4-6 分别为 ASD 组和 TD 组对面孔的注视热点，图 4-7、图 4-8 分别是某 ASD 幼儿、某 TD 幼儿对面孔的眼动扫描轨迹情况。表 4-6、表 4-7 呈现的是两组在觉察、加工对象物的眼动指标。

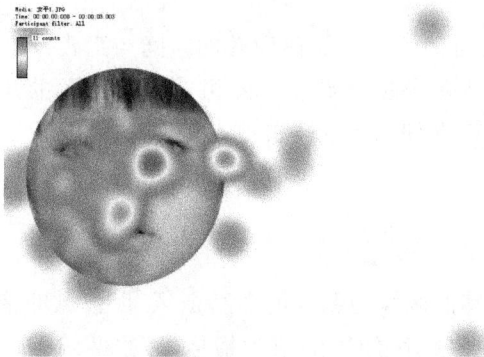

图 4-5　ASD 组对面孔的注视热点

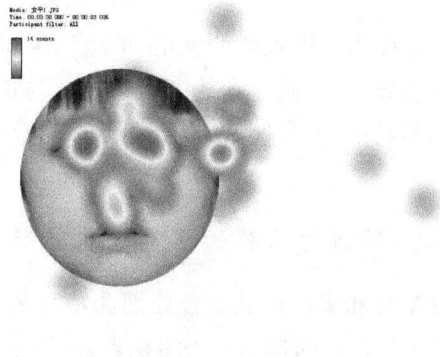

图 4-6　TD 组对面孔的注视热点

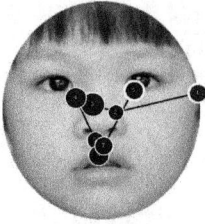

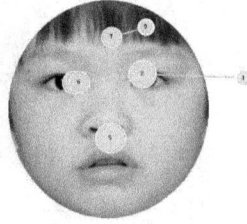

图 4-7　某 ASD 幼儿对面孔的扫描轨迹举例　　　图 4-8　某 TD 幼儿对面孔的扫描轨迹举例

表 4-6　两组对面孔的眼动指标(1)

ms

	ASD($n=20$)		TD($n=20$)		t
	M	SD	M	SD	
TFF	347	234	285	144	0.99
FD	1 820	362	1 910	584	0.58
OL	2 318	299	2 567	207	3.07**
FFD	363	126	255	118	2.79**

注:* $p<0.05$,** $p<0.01$,*** $p<0.001$。

表 4-7　觉察到面孔前的眼动指标(2)

个

	ASD($n=20$)		TD($n=20$)		t
	M	SD	M	SD	
FB	1.18	0.54	1.26	0.41	0.55
FC	4.82	1.50	7.22	1.81	4.56***

注:* $p<0.05$,** $p<0.01$,*** $p<0.001$。

　　独立样本 t 检验结果显示,单独呈现面孔时,自闭症幼儿觉察面孔的时间与正常幼儿没有显著差异,觉察到面孔前的注视点数与正常幼儿差异也不显著。两组幼儿对面孔的注视时间也不显著,但自闭症组对面孔的观看时间、首次注视时间、注视点数均显著少于正常幼儿。

（二）两组对面孔的视觉注意分配

　　将眼睛和嘴巴区域组合为面孔特征区,面孔其他区域为面孔的非特征区,以被试的观看时间(OL)、注视时间(FD)、注视点数(FC)为面孔兴趣区加工的眼动指标,考察两组被试对面孔不同兴趣区的注意分配特点,结果见表 4-8。

表 4-8 两组对面孔的视觉注意分配

	特征区					非特征区				
	ASD($n=20$)		TD($n=20$)		t	ASD($n=20$)		TD($n=20$)		t
	M	SD	M	SD		M	SD	M	SD	
FD	1 126	292	1 381	462	2.09*	694	333	529	263	1.74
OL	1 422	435	1 876	377	3.53***	896	436	692	268	1.79
FC	2.89	1.05	5.15	1.76	4.93***	1.93	0.99	2.07	0.68	0.50

注:* $p<0.05$,** $p<0.01$,*** $p<0.001$。

独立样本 t 检验显示,两组对面孔特征区都投入了大量的注意,虽然自闭症组对面孔的注视时间与正常组差异不显著,但其对面孔特征区的注视时间、观看时间、注视点数均显著少于正常组,而他们对面孔非特征区的视觉注意略多于正常组,但差异不显著。

(三)两组对特征区的视觉注意分配

将面孔区分为两个兴趣区,其中,由眼睛和嘴巴区域组合为面孔特征区,其余部分为非特征区。以被试对面孔特征区、非特征区的观看时间(OL)、注视时间(FD)、注视点数(FC)为面孔特征区加工的眼动指标,考察两组面孔加工的注意分配特点,结果见表4-9。

表 4-9 对面孔特征区的视觉注意分配

	眼 睛					嘴 巴				
	ASD($n=20$)		TD($n=20$)		t	ASD($n=20$)		TD($n=20$)		t
	M	SD	M	SD		M	SD	M	SD	
FD	881	414	1 155	390	2.47*	245	285	226	227	0.24
OL	1 081	504	1 603	458	1.87***	340	324	273	245	0.32
FC	2.18	1.14	4.44	1.92	0.49***	0.71	0.66	0.71	0.71	0.20

注:* $p<0.05$,** $p<0.01$,*** $p<0.001$。

独立样本 t 检验结果显示,自闭症幼儿对眼睛的注视时间、观看时间均显著少于正常组,在眼睛区域的注视点数显著少于正常幼儿;但两组对嘴巴区域加工的各项指标均没有显著的组间差异。

(四)两组对双眼的视觉注意分配

从图4-5、图4-6的注视热点直观地反映两组在眼睛区域的注视分布可能存在差异,为此,以左眼、右眼为兴趣区,进一步分析两组对两眼的注意分配情况,结果见表4-10、图4-9。

表 4-10　对面孔特征区的视觉注意分配

	左　眼					右　眼				
	ASD($n=20$)		TD($n=20$)		t	ASD($n=20$)		TD($n=20$)		t
	M	SD	M	SD		M	SD	M	SD	
FD	341	275	513	245	2.09*	461	297	500	316	0.40
OL	418	364	736	376	2.72**	595	364	664	375	0.59
FC	0.89	0.68	2.14	1.20	4.07***	1.07	0.59	1.76	1.07	2.52*

注:* $p<0.05$,** $p<0.01$,*** $p<0.001$。

　　独立样本 t 检验显示,自闭症组对左眼的注视时间、观看时间均显著少于正常组;而两组对右眼的注视时间、观看时间却差异不显著,自闭症组在左、右双眼的注视点数均少于正常组。

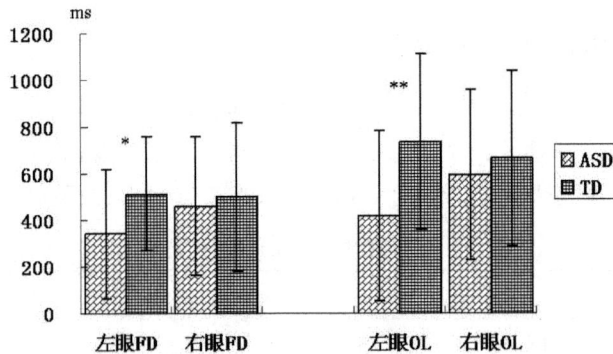

图 4-9　左眼、右眼的注视时间与观看时间

四、小结

　　本研究发现,当面孔单独呈现时,自闭症幼儿与正常幼儿一样快速地注意到面孔,并将大量的注意投入到面孔上。以往研究发现,自闭症幼儿对面孔的注视时间显著少于正常幼儿(如 Sterling et al.,2008),与以往研究结果所不同的是,本研究并未发现自闭症组对面孔注视时间少于正常组,但其观看面孔的时间、注视点数显著少于正常组,这说明,正常组在观看面孔时有更多的眼跳,对面孔进行了更多精细的加工。进一步分析发现,虽然自闭症组对面孔的注视时间与正常组差异不显著,但其对面孔特征区尤其是对眼睛区域加工的各项指标均显著少于正常组,而且,对眼睛区域加工的减少主要表现在对图片左侧眼睛的注意不足,而对右侧眼睛的注意则与正常组无异。以往研究认为,自闭症者将更多注意投入到面孔非特征区(如面颊、下巴等),更喜欢注视嘴巴(Klin et al.,2002),但本实验中自闭症组对嘴巴区域及面孔非特征区的视觉加工各项指标均与正常组没有显著差异,不能支持上述观点。

第三节 ASD 儿童对面孔的感知与加工的讨论

一、自闭症幼儿对面孔的识别能力

面孔识别是最基本的面部加工技能之一。大量证据表明,ASD 在面孔身份识别任务上存在障碍(如 Riby et al.,2009)。Klin 等人(1999)发现,即使在匹配了言语和非言语心理年龄之后,与广泛性发展障碍未确定型(PDD-NOS)和非广泛性发展障碍者相比,自闭症者存在明显的面孔识别缺陷。这种缺陷不能归因于言语或非言语缺陷、一般的任务要求或者是视觉记忆缺陷。虽然物体识别能力的问题可能导致个体在面孔加工任务中绩效较差,但大部分研究都认为 ASD 者物体加工能力与对照组无异(综述见 Simmons et al.,2009),其面孔加工绩效与非言语智力间只存在较低的相关,这表明自闭症者面孔加工受损与一般的认知加工能力关系并不密切(Klin et al.,1999),他们能区分面孔和非面孔(Ashwin,Baron-Cohen,Wheelwright,O'Riordan & Bullmore,2007)。本研究采用视觉注意的习惯化-去习惯化范式,有效地克服了自闭症幼儿对任务要求、规则不理解所造成的误差,结果也证明了自闭症幼儿与正常幼儿一样能够区分面孔刺激和非面孔刺激。

二、自闭症幼儿对面孔的感知能力

前文提到,已有研究发现,当物体独立出现时,对其识别的速度反比物体处于一致场景中要快(Davenport & Potter,2004;Davenport,2007)。本研究结果发现,当单纯呈现一张陌生面孔而无复杂背景时,自闭症儿童与正常儿童一样,能够较快地觉察到面孔并对其进行注视加工,觉察面孔所用时间没有显著差异。正常组儿童都能够较好地注视面孔,而自闭症儿童表现出了凝视行为和视觉注意保持的异常,观看面孔时间较短,在眼睛区域的注视较少。Riby 和 Hancock(2009b)指出,减少对面孔注视的自然倾向和异常注意分配模式,将对发展过程中社交信息的获得产生重大影响,并随后影响其适宜的社交行为和能力的学习。如果自闭症者从小就比正常人更少时间注视面孔,那么他们将更少有机会改善来自面孔信号的社交技能,从而影响其发展尤其是社会认知,这也可能是自闭症儿童心理理论能力缺陷的重要原因。

三、自闭症幼儿对面孔特征区的加工

眼睛和嘴巴承载了人类面孔大部分的信息,如精神状态、心境、情绪和意向,所以正常人会用较多的时间注视这些信息区域(van der Geest et al.,2002a)。本研究中,不论是正常儿童还是自闭症儿童,他们对面孔的注视绝大部分集中于眼睛与嘴巴。然而,与已有研究一样,本研究的自闭症儿童观看眼睛这个具有较强社交信号区域的时间、注视次数均显著少于正常儿童,而对嘴巴的注视时间却与正常儿童无异。Klin 等人(2002)认为,自闭症者对眼睛注视时间的减少是最佳预测指标。研究认为，目光直视比旁视引发自闭症者更强烈的生理唤醒，当他们知觉到目光接触时会引起高唤醒，从而主动回避这些刺激，并对任务表现造成干扰(Senju & Johnson,2009)。高唤醒模型(hyperarousal model)认为，他人的面部和眼睛对于自闭症谱系障碍个体来说是令人厌恶的刺激，因此，避免凝视是一种适应性的反应(Joseph,Ehrman,McNally & Keehn,2008)。本研究发现，自闭症儿童对面孔及眼睛、嘴巴的首次注视时间与正常儿童无异，可见，他们对面孔及其特征区的形状、色调等物理属性的感知是正常的，因此，自闭症者对面孔、眼睛的注视时间不足，是在感知到面孔、眼睛之后，对面孔、眼睛区域社交意义的进一步加工时存在困难的表现。而且，这种加工的不足主要表现在对左侧眼睛注意投入的缺少。

正如前文所述，虽然大量证据表明，ASD 在完成面部识别、加工上存在障碍（如 Riby et al.,2009)，但也有相当多的研究对此提出异议，尤其是对利用熟悉面孔做的研究（如 Chawarska & Volkmar,2007)。那么，自闭症幼儿对熟悉面孔是否存在异常的注意偏向和加工方式？

第五章

ASD 儿童对熟悉面孔的
注意偏向与加工

　　研究认为,熟悉面孔比陌生面孔更快、更准确地被识别出来,图片质量不佳时,陌生面孔就不易认出来,而熟悉面孔却不受太大影响(Stacey,Walker & Underwood,2005)。而且,陌生面孔识别还会受到场景因素的影响,如面部表情、角度、灯光(O'Toole,Edelman & Bülthoff,1998),相反,熟悉面孔识别时却不受这些变量影响。

　　Fantz(1964)发现,随着重复暴露次数的增加,幼儿对新异视觉刺激表现出注意偏向或选择性注意。已有研究发现,面孔的暴露度和熟悉性可以影响眼动或者对面孔的注意方式(Althoff & Cohen,1999),个体扫描面孔的各种方式取决于其对那张面孔的经验。大量研究指出,正常人对熟悉面孔和陌生面孔的加工方式不同(Bonner & Burton,2004)。与正常人不同的是,自闭症者对熟悉面孔的匹配任务绩效并不比陌生面孔好,他们对熟悉面孔、陌生面孔的加工方式是相同的,并未区别对待(Riby,2008)。来自 ERP 的研究也发现,正常人观看熟悉面孔和陌生面孔时的大脑活动不同,而自闭症者却没有这方面的差异(Dawson et al.,2002)。正常人在观看熟悉面孔时梭状回都会被激活,但 ASD 者与此不同,其激活模式较"独特"(Pierce et al.,2004)。脑成像研究认为,梭状回通常与个体对某一已经熟悉物体进行加工相联系,观看面孔时梭状回的激活可归因于对面孔的广泛注意和经验。最近研究表明,当 ASD 者观看很熟悉的面孔(如其母亲的照片)时,梭状回被激活了(Aylward et al.,2004;Pierce et al.,2004)。ASD 者对熟悉面孔与不熟悉面孔反应模式也不同(Pierce et al.,2004;Pierce & Redcay,2008)。这表明,ASD 者对熟悉面孔和陌生面孔的反应有别,他们看熟悉面孔时的神经激活方式显得很正常。那么,其观看陌生面孔时梭状回激活不足,可能是因为他们不熟悉或者是对新面孔的社交兴趣投入不足,而不是这部分脑区的内在功能异常。那么,是什么因素导致 ASD 者看熟悉面孔时有更多正常的面孔加工? 可能是 ASD 者更想看熟悉面孔,并从中获得更多的经验和情感,从而在面孔加工时表现得很好。分析个体观看熟悉面孔与陌生面孔时的眼动模式,可以推论个体面孔加工的神经过程。研究者认为,对熟悉面孔和陌生面孔的眼动模式是不同的,观察者对熟悉面孔内部特征的变化很敏感,而对陌生面孔特征的变化却不太敏感(O'Donnell & Bruce,2001)。

第一节　ASD 儿童对熟悉面孔的注意偏向

一、研究目的

正常发展者在完成面孔识别任务时,熟悉面孔比陌生面孔更快、更准确地被识别出来,那么,在多个面孔同时呈现的竞争条件下,反映在眼动轨迹上,个体是否优先注意熟悉面孔,自闭症幼儿对熟悉面孔的反应模式是否与正常幼儿一样? 为此,将熟悉的父母面孔与陌生面孔一起呈现给被试,探讨自闭症儿童对熟悉面孔视觉选择性注意的特点。

二、方法

(一)被试

从厦门市特殊教育机构招募 ASD 幼儿 15 名,其中 4 名未能完成观察任务而剔除,有效被试 11 名,其中男孩 10 名,女孩 1 名,年龄介于 3～6 岁($M=4.42,SD=1.10$)。入选标准、排除标准同第三章第一节。全部视力或矫正视力正常。

从漳州市某幼儿园选择 15 名幼儿为正常组(TD),其中 4 名未能完成观察任务而剔除,有效被试 11 名,其中男孩 10 名,女孩 1 名,年龄介于 3～6 岁($M=4.13,SD=0.67$)。全部视力或矫正视力正常。经与班主任访谈,排除精神疾病史、发展障碍或神经疾病。

(二)仪器

同第三章第一节。

(三)材料

每个被试的材料包括三种(图 5-1):

(1)熟悉面孔:1 张,父亲或母亲(任意一方)或其他重要抚养人的照片,重复出现 12 次。

(2)"新朋友"面孔:1 张,陌生的男孩、女孩照片各 1 张,性别与熟悉面孔相同,重复出现 12 次。

(3)陌生人面孔:48 张,不重复的陌生人,男女各半,每张面孔呈现 1 次,每个被试所看到的 48 张陌生面孔是相同的。

熟悉面孔由专业摄影师在摄影室内拍照,面孔均为正面,目光平视。摄影机参数同第三章第一节,图片拍摄尺寸为 3696 像素×2648 像素,其中面孔部分尺寸为 751 像素×861 像素。以 Photoshop 8.0 椭圆工具裁剪面孔,确保额头、眉毛、眼睛、鼻子、嘴巴、下巴均包括于面孔内。屏幕上每张面孔图片大小规格为 180 像素×200 像素。

新朋友面孔、陌生面孔均从网络查找下载中性、正面面孔图片,每张图片最小尺寸为 480 像素×640 像素。所有图片均处理为灰白,全屏大小 960 像素×720 像素,计算机分辨率为 1024 像素×768 像素。

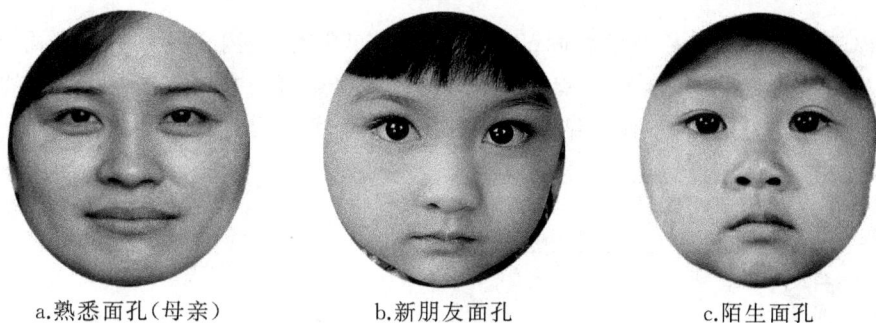

a.熟悉面孔(母亲)　　　b.新朋友面孔　　　c.陌生面孔

图 5-1　不同熟悉度的面孔

　　采用面孔群集(face-in-the-crowd)范式的改进范式。原范式存在一个明显缺陷,即每张面孔图片到中央注视点的距离不同,四角图片的距离明显长于四周图片的距离,这样导致眼动轨迹的长度不同,而影响实验结果的可信度。本研究无需讨论背景大小的影响,故删去矩阵大小变量,改为以中央注视点为中心的正六角形,要呈现的图片置于 6 个顶点上,这样就保证了每张图片到中心的距离相同,消除了该因素的影响。每屏幕呈现 6 张面孔,包括 1 张熟悉面孔、1 张新朋友面孔、4 张陌生面孔。6 张面孔分布于以屏幕中心为圆心的六角形 6 个顶点(图 5-2),熟悉面孔与新朋友面孔在 6 个顶点分别出现 2 次,其位置包括相邻、相隔、相对三种关系,每种位置关系各 4 张,共 12 张图片。实验的开始后和结束前各有 2 张练习图片,不列入统计。

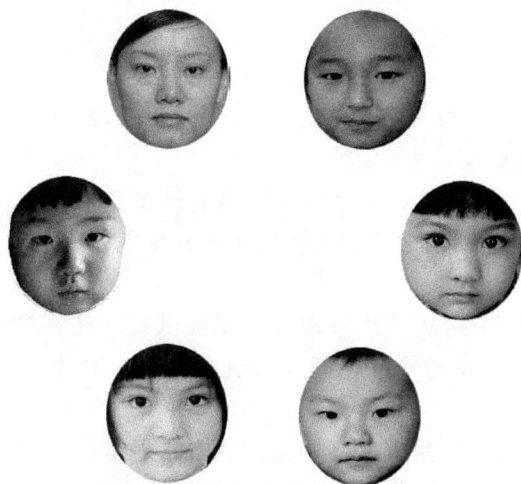

图 5-2　熟悉面孔呈现方式

(四)研究设计

　　采用 2(被试类型:ASD 幼儿、TD 幼儿)×3(熟悉性:熟悉、新朋友、陌生人)两因素混合设计。被试类型为组间变量,熟悉性为组内变量。

（五）实验程序

实验程序与第三章第一节的相同（图 5-3），每帧面孔图片（内含 6 张不同面孔）呈现 5 s，在呈现面孔图片前先呈现 1 s 中央有小动物（作为注视点）的白屏，在开始与结束时分别呈现 2 张面孔图片作为练习，不作为结果分析对象。整个实验用时 2 分钟左右。

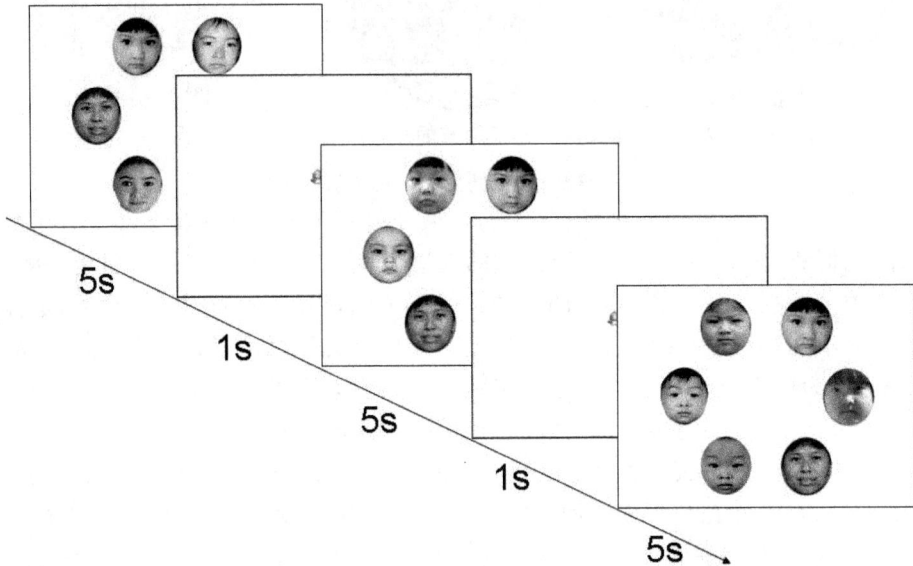

图 5-3   实验执行程序

（六）分析指标

根据已有研究，确定以下分析指标（Riby & Hancock，2009；Devue，Van der Stigchel，Brédart & Theeuwes，2009）：

（1）首次注视前时间（TFF）：从图片呈现开始到被试首次注视到某一类面孔之间的时间。从图片呈现开始至被试首次注视到 4 张陌生面孔中的任何一张之间的时间为陌生面孔的 TFF。

（2）觉察前注视点数（FB）：从图片呈现开始到被试首次注视到某一面孔之间的注视点数量。从图片呈现开始至被试首次注视到 4 张陌生面孔中的任何一张之间的注视点数量，为陌生面孔的 FB。

（3）观看总时间（OL）：图片呈现时间内被试观看兴趣区（某一类型面孔）的总时间，包括注视时间和眼跳时间。陌生面孔的 OL 区分为被试对 4 张陌生面孔的观看时间总和、均值。

（4）注视时间（FD）：被试从首次注视到目光离开面孔的时间。陌生面孔的 FD 区分为被试对 4 张陌生面孔的注视时间总和、均值。

（5）首次注视时间（FFD）：被试首次注视某一面孔的持续时间。被试最先注视到的某一张陌生面孔上的首次注视时间，为陌生面孔的 FFD。

（6）注视点数（FC）：被试从首次注视到目光离开面孔的注视点数量。被试对 4 张陌生面孔的注视点数量总和为陌生面孔的 FC。

以 TFF、FB 为面孔觉察偏向指标,OL、FD、FFD、FC 为面孔加工偏向指标。

三、结果

(一)对不同熟悉度面孔的觉察偏向

两组观看面孔图片的屏幕所用时间总量(OL)差异不显著,$M_{ASD}=4\ 607$ ms,$SD=272$ ms;$M_{TD}=4\ 755$ ms,$SD=173$ ms;$t(20)=1.53$,$p>0.05$。表 5-1、表 5-2 呈现的是两组在觉察、加工面孔的眼动指标,图 5-4、图 5-5 分别是某 ASD 幼儿、某 TD 幼儿眼动扫描轨迹情况。

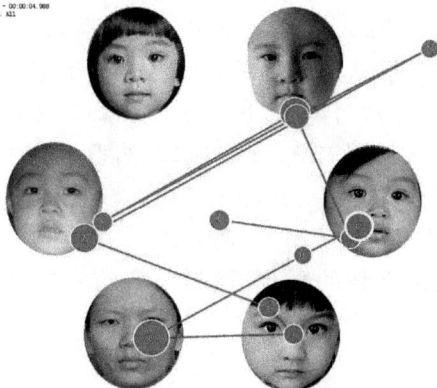

图 5-4 某 ASD 幼儿扫描轨迹举例

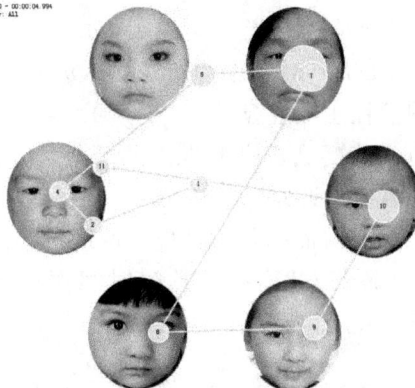

图 5-5 某 TD 幼儿扫描轨迹举例

表 5-1 被试对不同熟悉度面孔的眼动指标(1)

ms

	熟悉面孔				新朋友面孔				陌生面孔			
	ASD($n=11$)		TD($n=11$)		ASD($n=11$)		TD($n=11$)		ASD($n=11$)		TD($n=11$)	
	M	SD	M	SD	M	SD	M	SD	M	SD	M	SD
TFF	2 911	1 078	2 146	451	2 702	604	2 507	545	1 295	448	899	451
OL[a]	1 023	784	1 352	222	551	213	485	161	1 938	696	1 947	617
OL[b]	1 023	784	1 352	222	551	213	485	161	485	174	487	154
FD[c]	865	766	1 177	314	437	183	446	134	1 523	410	1 873	651
FD[d]	865	766	1 177	314	437	183	446	134	381	102	468	163
FFD	249	142	394	82	209	70	243	75	287	113	311	93

注:a 指 4 张陌生面孔的观看时间的总和,b 指 4 张陌生面孔的观看时间的均值,c 指 4 张陌生面孔注视时间的总和,d 指 4 张陌生面孔注视时间的均值。

表 5-2　被试对不同熟悉度面孔的眼动指标(2)

个

	熟悉面孔				新朋友面孔				陌生面孔			
	ASD($n=11$)		TD($n=11$)		ASD($n=11$)		TD($n=11$)		ASD($n=11$)		TD($n=11$)	
	M	SD	M	SD	M	SD	M	SD	M	SD	M	SD
FB	9.27	3.69	8.33	2.13	8.71	3.08	9.93	2.86	2.76	1.11	2.70	1.00
FC[e]	1.90	1.50	1.31	0.58	1.13	0.39	1.24	0.40	4.14	1.26	5.39	1.59
FC[f]	1.90	1.50	1.31	0.58	1.13	0.39	1.24	0.40	1.04	0.32	1.35	0.40

注：e 指 4 张陌生面孔的注视点数总和，f 指 4 张陌生面孔的注视点数均值。

重复测量方差分析显示，对于面孔觉察时间（TFF），被试类型主效应显著，$F(1,20)=6.91$，$MSE=487\,939$，$p<0.01$，$\eta^2=0.257$，自闭症组觉察面孔的时间显著长于正常组。面孔熟悉性主效应显著，$F(2,40)=43.53$，$MSE=364\,327$，$p<0.001$，$\eta^2=0.685$，对陌生面孔的觉察速度显著快于熟悉面孔（$p<0.001$）、新朋友面孔（$p<0.001$），对熟悉面孔的觉察速度与新朋友无异（$p>0.05$）。交互作用不显著，$F(2,40)=1.26$，$p>0.05$，$\eta^2=0.059$。图 5-6 所示为历次面孔刺激呈现时两组觉察到"新朋友"面孔所用时间，随着出现次数增加，正常幼儿对"新朋友"面孔的觉察时间逐渐延长，表现出兴趣的衰减，而自闭症幼儿则没有这种趋势。

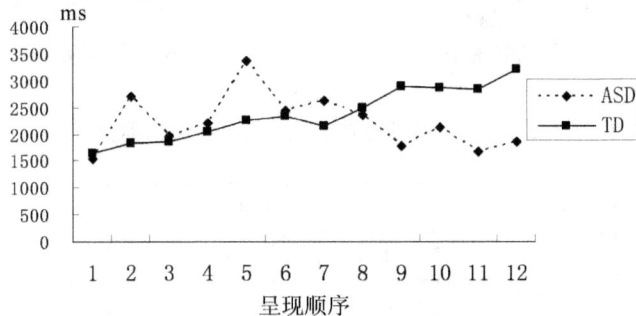

图 5-6　对"新朋友"面孔的觉察时间

对于觉察到面孔前的注视点数（FB），被试类型主效应不显著，$F(1,20)=0.01$，$MSE=9.44$，$p>0.05$，$\eta^2<0.001$，自闭症组与正常组觉察到同类面孔前的注视点数没有显著差异。面孔熟悉性主效应显著，$F(2,40)=61.57$，$MSE=4.80$，$p<0.001$，$\eta^2=0.755$，两组觉察到陌生面孔前的注视点显著少于熟悉面孔（$p<0.001$）、新朋友面孔（$p<0.001$），而对觉察到熟悉面孔前的注视点数与新朋友无异（$p>0.05$）。交互作用不显著，$F(2,40)=1.36$，$p>0.05$，$\eta^2=0.064$。

（二）对不同熟悉度面孔的加工偏向

以 4 张陌生面孔观看时间总和为该类面孔的观看时间（OL[a]），重复测量方差分析显示，被试类型主效应不显著，$F(1,20)=0.93$，$MSE=145\,270$，$p>0.05$，$\eta^2=0.044$，即自闭症组观看面孔的时间与正常组差异不显著；面孔熟悉度主效应显著，$F(2,40)=34.12$，$MSE=$

327 589，$p<0.001$，$\eta^2=0.630$，对 4 张陌生面孔的总观看时间显著多于对熟悉面孔（$p<0.01$）和新朋友面孔（$p<0.001$）的观看时间，对熟悉面孔的观看时间也显著多于新朋友面孔的注视时间（$p<0.001$）。被试类型和面孔类型之间交互作用不显著，$F(2,40)=0.74$，$p>0.05$，$\eta^2=0.036$。

以 4 张陌生面孔观看时间的均值为该类面孔的观看时间（OL^b），被试类型主效应不显著，$F(1,20)=1.45$，$MSE=88\ 933$，$p>0.05$，$\eta^2=0.067$，即自闭症组观看面孔的时间与正常组差异不显著；面孔熟悉度主效应显著，$F(2,40)=22.61$，$MSE=152\ 862$，$p<0.001$，$\eta^2=0.531$，对熟悉面孔的观看时间显著多于对陌生面孔（$p<0.01$）和新朋友面孔（$p<0.001$）的观看时间，对陌生面孔的平均观看时间与对新朋友面孔无异（$p>0.05$）。被试类型和面孔类型之间交互作用不显著，$F(2,40)=1.61$，$p>0.05$，$\eta^2=0.074$。

以对 4 张陌生面孔注视时间总和为该类面孔注视时间（FD^c），被试类型主效应显著，$F(1,20)=4.51$，$MSE=183\ 349$，$p<0.05$，$\eta^2=0.184$，自闭症组对面孔的注视时间显著少于正常组；面孔熟悉性主效应显著，$F(2,40)=36.17$，$MSE=240\ 569$，$p<0.001$，$\eta^2=0.644$，对陌生面孔的注视时间显著多于对熟悉面孔（$p<0.01$）和对新朋友面孔（$p<0.001$）的注视时间，对熟悉面孔的注视时间也显著多于对新朋友面孔的注视时间（$p<0.01$）。被试类型和面孔类型之间交互作用不显著，$F(2,40)=0.80$，$p>0.05$，$\eta^2=0.039$。

以 4 张陌生面孔观看时间的均值为该类面孔的注视时间（FD^d），被试类型主效应不显著，$F(1,20)=2.80$，$MSE=109\ 734$，$p>0.05$，$\eta^2=0.123$，自闭症组对面孔的注视时间与正常组差异不显著；面孔熟悉性主效应显著，$F(2,40)=18.29$，$MSE=138\ 738$，$p<0.001$，$\eta^2=0.478$，对熟悉面孔的注视时间显著多于对陌生面孔（$p<0.001$）和新朋友面孔（$p<0.001$）的注视时间，对陌生面孔的注视时间与对新朋友面孔的注视时间无显著差异（$p>0.05$）。被试类型和面孔类型之间交互作用不显著，$F(2,40)=0.99$，$p>0.05$，$\eta^2=0.047$。

首次注视面孔时间（FFD）的被试类型主效应显著，$F(1,20)=7.14$，$MSE=10\ 445$，$p<0.05$，$\eta^2=0.263$，自闭症组对面孔的首次注视时间都显著少于正常组；面孔熟悉性主效应显著，$F(2,40)=5.79$，$MSE=9\ 492$，$p<0.01$，$\eta^2=0.224$，对新朋友面孔的首次注视时间显著少于对熟悉面孔（$p<0.01$）和陌生面孔（$p<0.01$）的首次注视时间，对熟悉面孔的首次注视时间与对陌生面孔没有显著差异（$p>0.05$）。被试类型和面孔类型之间交互作用不显著，$F(2,40)=2.59$，$p>0.05$，$\eta^2=0.115$。

以对 4 张陌生面孔注视点数总和为该类面孔注视点数（FC^e），被试间的主效应不显著，$F(1,20)=0.77$，$MSE=1.42$，$p>0.05$，$\eta^2=0.042$，自闭症组对面孔的注视点数与正常组无显著差异；面孔熟悉度的主效应显著，$F(2,40)=84.43$，$MSE=1.05$，$p<0.001$，$\eta^2=0.801$，对陌生面孔的注视点数显著多于熟悉面孔（$p<0.001$）和新朋友面孔（$p<0.001$）的注视点数，对熟悉面孔的注视点数与新朋友面孔没有显著差异（$p>0.05$）；两因素间交互作用显著，$F(2,40)=4.54$，$p<0.05$，$\eta^2=0.185$。简单效应分析发现，两组对熟悉面孔、新朋友面孔的注视点数无显著差异（$p>0.05$），而正常幼儿对陌生面孔的注视点数略多于自闭症组，差异呈边缘显著水平（$p=0.054$）。

以 4 张陌生面孔注视点数的均值为该类面孔的注视点数（FC^f），被试间的主效应不显著，$F(1,20)=0.77$，$MSE=1.42$，$p>0.05$，$\eta^2=0.042$，自闭症组对面孔的注视点数与正常组无显著差异；面孔熟悉度的主效应不显著，$F(2,40)=2.44$，$MSE=0.52$，$p>0.05$，$\eta^2=$

0.109，两组对三类面孔的注视点数无显著差异；两因素间交互作用显著，$F(2,40)=2.41$，$p>0.05$，$\eta^2=0.108$。

四、小结

本实验结果发现，自闭症幼儿对三类面孔的觉察时间均长于正常幼儿，但是，自闭症幼儿与正常组一样对陌生面孔表现出更明显的觉察偏向，而对熟悉面孔与重复暴露的"新朋友"面孔的反应速度却没有差异，说明不论是正常幼儿还是自闭症幼儿，陌生面孔都是一种新异刺激，更易于捕获个体的注意。与以往眼动研究结果相一致的是，不管面孔是否熟悉，自闭症幼儿注视面孔的时间都要比正常幼儿少，对面孔关注度的减少具有普遍性而不受面孔熟悉性的影响。在熟悉度不同的三类面孔刺激的观看时间上，自闭症幼儿与正常幼儿一样，都对熟悉面孔产生更多的兴趣，他们对4张陌生面孔尽管都观看过，但在单张陌生面孔上的观看时间、注视时间均少于熟悉面孔。两组观看"新朋友"面孔的时间均接近于观看陌生面孔。但从图5-6所呈现的趋势可以发现，随着出现次数增加，正常幼儿对"新朋友"面孔的觉察时间逐渐延长，表现出兴趣的衰减，而自闭症幼儿则没有这种趋势。

第二节　ASD儿童对熟悉面孔的加工

一、研究目的

第一节的结果发现，ASD组对不同熟悉度面孔的反应模式与正常幼儿没有差别，面孔的熟悉性影响了个体对其觉察的速度，但依然更吸引个体的兴趣。由于同第一节面孔材料同时呈现6张面孔，有些被试尤其是ASD幼儿可能来不及看完所有的6张面孔，影响对两组间面孔加工特点的分析，为此，将熟悉面孔与陌生面孔单独呈现，通过与正常幼儿比较，探讨ASD幼儿对熟悉面孔加工的视觉加工特征，考察面孔熟悉性是否对自闭症幼儿面孔特征区加工产生影响。

二、方法

（一）被试

同第一节，其中1名ASD幼儿未参加本实验。

（二）仪器

同第一节。

（三）材料

每个被试的材料包括三种（图5-1）：

(1)熟悉面孔:1 张,父亲或母亲(任意一方)或其他重要抚养人的照片,重复出现 12 次。

(2)"新朋友"面孔:1 张,陌生的男孩、女孩照片各 1 张,性别与熟悉面孔相同,重复出现 12 次。

(3)陌生人面孔:12 张,不重复的陌生人,每张面孔呈现 1 次,每个被试所看到的 12 张陌生面孔是相同的。

面孔图片获得方式同第一节,图片处理及编排同第一节。

(四)研究设计

采用 2(被试类型:ASD 幼儿、TD 幼儿)×3(熟悉性:熟悉面孔、新朋友面孔、陌生面孔)两因素混合设计。被试类型为组间变量,熟悉性为组内变量。

(五)实验程序

在本章第一节完成后间隔 3 个月进行,实验程序同第四章第二节,共用时 2 分钟。

(六)兴趣区

同第四章第二节。

(七)分析指标

同第四章第二节。

三、结果

(一)对不同熟悉性面孔的整体觉察与加工

两组观看有图片的屏幕所用时间总量(OL)存在显著差异,$M_{ASD}=2\,602$ ms,$SD=246$ ms;$M_{TD}=2\,850$ ms,$SD=76$ ms;$t(19)=3.20$,$p<0.01$。表 5-3 呈现的是两组对面孔的整体觉察、加工的眼动指标,图 5-7、图 5-8 分别是某 ASD 幼儿、某 TD 幼儿眼动扫描轨迹情况。

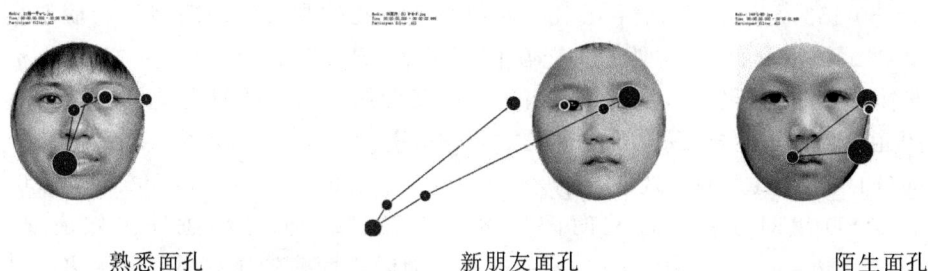

熟悉面孔　　　　　　　　新朋友面孔　　　　　　　陌生面孔

图 5-7 某 ASD 幼儿面孔加工眼动轨迹

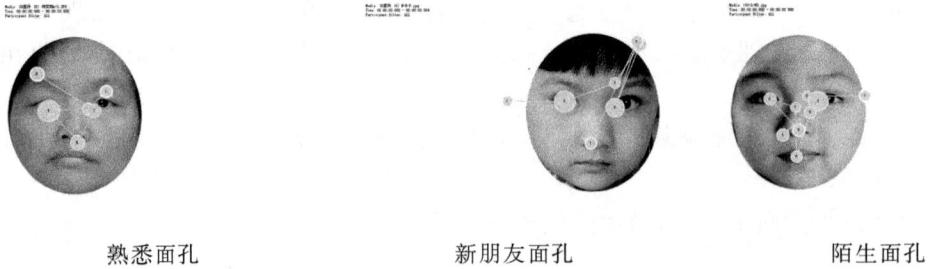

| 熟悉面孔 | 新朋友面孔 | 陌生面孔 |

图 5-8 某 TD 幼儿面孔加工眼动轨迹

表 5-3 被试对不同熟悉性面孔视觉加工指标

	熟悉面孔				新朋友面孔				陌生面孔			
	ASD($n=10$)		TD($n=11$)		ASD($n=10$)		TD($n=11$)		ASD($n=10$)		TD($n=11$)	
	M	SD	M	SD	M	SD	M	SD	M	SD	M	SD
TFF	428	251	272	139	602	383	278	137	380	181	213	95
OL	2 310	355	2 518	213	1 964	435	2 527	251	2 110	482	2 604	180
FD	1 907	523	2 357	258	1 634	557	2 384	232	1 894	455	2 475	170
FFD	335	117	372	81	349	136	525	269	376	211	451	163
FC	5.09	1.61	5.61	0.63	4.27	1.18	5.63	1.23	5.02	1.32	6.16	1.23

重复测量方差分析显示，觉察时间（TFF）被试类型主效应显著，$F(1,19)=9.42$，$MSE=77\ 856$，$p<0.01$，$\eta^2=0.331$，自闭症组觉察面孔的时间显著长于正常组。面孔熟悉度主效应显著，$F(2,38)=3.56$，$MSE=30\ 915$，$p<0.05$，$\eta^2=0.158$，对新朋友面孔的觉察速度显著慢于对陌生面孔的觉察（$p<0.05$），对熟悉面孔的觉察与对新朋友面孔、陌生面孔的觉察速度差异均不显著（$p>0.05$）。交互作用不显著，$F(2,38)=1.50$，$p>0.05$，$\eta^2=0.073$。

观看时间（OL）被试类型主效应显著，$F(1,19)=12.03$，$MSE=232\ 383$，$p<0.01$，$\eta^2=0.388$，即 ASD 组观看面孔的时间显著少于正常组；面孔熟悉性主效应边缘显著，$F(2,38)=3.05$，$MSE=50\ 483$，$p=0.059$，$\eta^2=0.138$，对熟悉性面孔的观看时间略多于新朋友面孔（$p=0.053$）。被试类型和面孔类型之间交互作用显著，$F(2,38)=3.67$，$p<0.05$，$\eta^2=0.162$，进一步简单效应分析发现，自闭症组与正常组观看熟悉面孔的时间差异不显著（$p>0.05$），而自闭症组观看新朋友面孔、陌生面孔时间均显著少于正常组（均为 $p<0.01$）。

注视时间（FD）的被试类型主效应显著，$F(1,19)=15.29$，$MSE=361\ 990$，$p<0.001$，$\eta^2=0.446$，即 ASD 组对面孔的注视时间显著少于正常组；面孔熟悉性主效应显著，$F(2,38)=3.74$，$MSE=45\ 440$，$p<0.05$，$\eta^2=0.165$，对陌生面孔的注视时间显著多于新朋友面孔（$p<0.01$）。被试类型和面孔类型之间交互作用不显著，$F(2,38)=2.60$，$p>0.05$，$\eta^2=0.120$。

首次注视面孔时间（FFD）被试类型主效应不显著，$F(1,19)=3.20$，$MSE=45\ 215$，$p>$

$0.05, \eta^2 = 0.144$，自闭症组对情绪面孔的首次注视时间与正常组差异不显著；面孔熟悉性主效应不显著，$F(2,38) = 1.66, MSE = 23\ 207, p > 0.05, \eta^2 = 0.080$，对三类面孔的首次注视时间差异不显著。两因素交互作用不显著，$F(2,38) = 1.17, p > 0.05, \eta^2 = 0.058$。

注视次数（FC）的被试类型主效应显著，$F(1,19) = 4.88, MSE = 1.64, p < 0.05, \eta^2 = 0.204$，自闭症组在面孔的注视点数显著少于正常组；面孔熟悉性主效应显著，$F(2,38) = 3.53, MSE = 0.62, p < 0.05, \eta^2 = 0.157$，对熟悉面孔、陌生面孔的注视点显著多于新朋友面孔（$p < 0.05$）。两因素间交互作用不显著，$F(2,38) = 1.60, p > 0.05, \eta^2 = 0.078$。

（二）对不同熟悉性面孔的视觉注意分配

将面孔区分为两个兴趣区，其中，由眼睛和嘴巴区域组合为面孔特征区，其余部分为非特征区。以被试对面孔特征区、非特征区的观看时间（OL）、注视时间（FD）、注视点数（FC）为面孔特征区加工的眼动指标，考察两组面孔加工的注意分配特点，结果见表 5-4。

表 5-4　被试对不同熟悉性面孔特征区与非特征区的视觉注意分配

		ASD($n=10$)						TD($n=11$)					
		熟悉面孔		新朋友面孔		陌生面孔		熟悉面孔		新朋友面孔		陌生面孔	
		M	SD	M	SD	M	SD	M	SD	M	SD	M	SD
OL	特征区	1 316	518	1 342	556	1 473	486	1 744	332	1 810	350	2 067	345
	非特征区	994	525	622	279	636	269	774	352	717	306	537	244
FD	特征区	1 199	443	1 148	586	1 290	439	1 638	319	1 709	280	1 953	292
	非特征区	708	309	486	260	604	258	719	358	675	314	522	241
FC	特征区	3.02	1.21	2.81	1.07	3.42	1.05	3.81	0.77	3.93	0.84	4.77	1.23
	非特征区	2.07	0.95	1.45	0.50	1.60	0.66	1.81	0.67	1.70	0.75	1.39	0.42

重复测量方差分析显示，对面孔观看时间（OL）被试类型主效应显著，$F(1,19) = 12.03, MSE = 116\ 192, p < 0.01, \eta^2 = 0.388$，自闭症组对面孔的观看时间显著少于正常组；兴趣区主效应显著，$F(1,19) = 48.37, MSE = 540\ 473, p < 0.001, \eta^2 = 0.718$，观看面孔特征区的时间显著长于非特征区；熟悉性主效应边缘显著，$F(2,38) = 3.05, MSE = 25\ 242, p = 0.059, \eta^2 = 0.138$，对陌生面孔的观看时间略长于熟悉面孔（$p = 0.053$）。被试类型和兴趣区间交互作用显著，$F(1,19) = 4.75, p < 0.05, \eta^2 = 0.200$，进一步简单效应分析发现，正常组对面孔特征区的观看时间显著长于自闭症组（$p < 0.01$），而两组对面孔非特征区的观看时间差异不显著（$p > 0.05$）；被试类型和熟悉性之间交互作用显著，$F(2,38) = 3.67, p < 0.05, \eta^2 = 0.162$，自闭症组与正常组观看熟悉面孔的时间差异不显著（$p > 0.05$），而自闭症组观看新朋友面孔、陌生面孔时间均显著少于正常组（均为 $p < 0.01$）；兴趣区和熟悉性交互作用显著，$F(2,38) = 7.15, MSE = 105\ 703, p < 0.01, \eta^2 = 0.273$，进一步的简单效应分析显示，观看陌生面孔特征区的时间显著多于另外两类面孔（$p < 0.01$），而观看熟悉面孔非特征区的时间显著多于另两类面孔（$p < 0.01$）；三因素交互作用不显著，$F(2,38) = 0.74, p > 0.05, \eta^2 = 0.038$。

注视时间（FD）被试类型主效应显著，$F(1,19)=15.29$，$MSE=180\ 995$，$p<0.001$，$\eta^2=0.446$，自闭症组对面孔的注视时间显著少于正常组；兴趣区主效应显著，$F(1,19)=61.52$，$MSE=371\ 700$，$p<0.001$，$\eta^2=0.764$，注视面孔特征区的时间显著长于非特征区；熟悉性主效应显著，$F(2,38)=3.74$，$MSE=22\ 720$，$p<0.05$，$\eta^2=0.165$，对陌生面孔的注视时间显著多于新朋友面孔（$p<0.01$）。被试类型和兴趣区间交互作用显著，$F(1,19)=5.38$，$p<0.05$，$\eta^2=0.221$，进一步简单效应分析发现，正常组对面孔特征区的注视时间显著长于自闭症组（$p<0.01$），而两组对面孔非特征区的注视时间差异不显著（$p>0.05$）；被试类型和熟悉性之间交互作用不显著，$F(2,38)=2.60$，$p>0.05$，$\eta^2=0.120$；兴趣区和熟悉性交互作用显著，$F(2,38)=5.03$，$MSE=66\ 041$，$p<0.05$，$\eta^2=0.209$，进一步的简单效应分析显示，对陌生面孔特征区的注视时间显著多于另外两类面孔（$p<0.01$），对熟悉面孔非特征区的注视时间显著多于陌生面孔（$p<0.05$），而与新朋友面孔差异不显著（$p>0.05$）；三因素交互作用不显著，$F(2,38)=1.61$，$p>0.05$，$\eta^2=0.078$。

注视次数（FC）的被试类型主效应显著，$F(1,19)=4.88$，$MSE=1.64$，$p<0.05$，$\eta^2=0.204$，自闭症组对面孔的注视点数显著少于正常组；兴趣区主效应显著，$F(1,19)=71.50$，$MSE=1.68$，$p<0.001$，$\eta^2=0.790$，在面孔特征区的注视点数显著多于非特征区；面孔熟悉性主效应显著，$F(2,38)=3.53$，$MSE=0.31$，$p<0.05$，$\eta^2=0.157$，对陌生面孔的注视点数显著多于新朋友面孔。兴趣区与被试类型交互作用显著，$F(1,19)=6.30$，$p<0.05$，$\eta^2=0.249$；简单效应分析发现，自闭症组对新朋友的注视点数最多，陌生面孔注视点最少，而正常组则是对新朋友注视点最少；熟悉性与被试类型交互作用不显著，$F(2,38)=1.60$，$p>0.05$，$\eta^2=0.078$；兴趣区与熟悉性间交互作用显著，$F(2,38)=10.14$，$MSE=0.31$，$p<0.001$，$\eta^2=0.348$，简单效应分析发现，对陌生面孔特征区的注视点多于新朋友面孔；三因素间交互作用不显著，$F(2,38)=0.98$，$p>0.05$，$\eta^2=0.049$。

（三）对不同熟悉性面孔眼睛与嘴巴的视觉注意分配

表 5-5 呈现的是两组被试对面孔特征区眼睛区域和嘴巴区域的观看时间（OL）、注视时间（FD）、注视点数（FC）。

表 5-5　被试对不同熟悉性面孔眼睛与嘴巴的视觉注意分配

| | | ASD（$n=10$） | | | | | | TD（$n=11$） | | | | | |
| | | 熟悉面孔 | | 新朋友面孔 | | 陌生面孔 | | 熟悉面孔 | | 新朋友面孔 | | 陌生面孔 | |
		M	SD	M	SD	M	SD	M	SD	M	SD	M	SD
OL	眼睛	1 047	526	1 200	532	1 262	519	1 491	316	1 517	416	1 722	488
	嘴巴	269	217	142	169	211	216	254	190	293	226	344	224
FD	眼睛	965	414	1 058	560	1 135	410	1 394	280	1 426	357	1 620	451
	嘴巴	235	189	90	83	155	159	244	186	283	220	333	223
FC	眼睛	2.38	1.25	2.50	1.06	2.78	1.19	3.32	0.77	3.14	0.67	3.97	1.20
	嘴巴	0.64	0.61	0.32	0.26	0.63	0.57	0.49	0.38	0.79	0.61	0.79	0.60

重复测量方差分析显示,观看时间(OL)被试类型主效应显著,$F(1,19)=8.59$,$MSE=225\,570$,$p<0.01$,$\eta^2=0.311$,自闭症组对面孔特征区的观看时间显著少于正常组;特征区主效应显著,$F(1,19)=100.14$,$MSE=394\,511$,$p<0.001$,$\eta^2=0.841$,观看眼睛的时间显著长于嘴巴;熟悉性主效应显著,$F(2,38)=5.68$,$MSE=29\,864$,$p<0.01$,$\eta^2=0.230$,对陌生面孔的观看时间略长于熟悉面孔($p=0.053$)。被试类型和特征区间交互作用不显著,$F(1,19)=2.00$,$p>0.05$,$\eta^2=0.095$;被试类型和熟悉性之间交互作用不显著,$F(2,38)=0.65$,$p>0.05$,$\eta^2=0.033$;特征区和熟悉性交互作用不显著,$F(2,38)=2.05$,$MSE=55\,754$,$p>0.05$,$\eta^2=0.098$;三因素交互作用不显著,$F(2,38)=1.01$,$p>0.05$,$\eta^2=0.051$。

注视时间(FD)被试类型主效应显著,$F(1,19)=13.11$,$MSE=183\,878$,$p<0.01$,$\eta^2=0.408$,自闭症组对面孔的注视时间显著少于正常组;特征区主效应显著,$F(1,19)=118.08$,$MSE=289\,482$,$p<0.001$,$\eta^2=0.861$,注视眼睛的时间显著长于嘴巴的时间;熟悉性主效应显著,$F(2,38)=4.61$,$MSE=29\,813$,$p<0.05$,$\eta^2=0.195$,对陌生面孔特征区的注视时间显著长于熟悉面孔($p<0.05$)、新朋友面孔($p<0.01$)特征区的注视时间,而后两者则无显著差异($p>0.05$)。被试类型和特征区交互作用不显著,$F(1,19)=2.45$,$p>0.05$,$\eta^2=0.195$;被试类型和熟悉性之间交互作用不显著,$F(2,38)=1.10$,$p>0.05$,$\eta^2=0.055$;特征区和熟悉性交互作用不显著,$F(2,38)=2.14$,$MSE=46\,826$,$p>0.05$,$\eta^2=0.101$;三因素交互作用不显著,$F(2,38)=0.83$,$p>0.05$,$\eta^2=0.042$。

注视次数(FC)被试类型主效应显著,$F(1,19)=7.53$,$MSE=1.23$,$p<0.05$,$\eta^2=0.284$,自闭症组对面孔特征区的注视点数显著少于正常组;特征区主效应显著,$F(1,19)=92.98$,$MSE=1.95$,$p<0.001$,$\eta^2=0.830$,在眼睛的注视点数显著多于嘴巴;面孔熟悉性主效应显著,$F(2,38)=8.72$,$MSE=0.20$,$p<0.001$,$\eta^2=0.315$,对陌生面孔特征区的注视点数显著多于新朋友面孔($p<0.001$)、熟悉面孔($p<0.01$)特征区,而后两者无显著差异($p>0.05$)。特征区与被试类型交互作用不显著,$F(1,19)=2.36$,$p>0.05$,$\eta^2=0.110$;熟悉性与被试类型交互作用不显著,$F(2,38)=1.06$,$p>0.05$,$\eta^2=0.053$;特征区与熟悉性间交互作用不显著,$F(2,38)=2.20$,$MSE=0.25$,$p>0.05$,$\eta^2=0.104$;三因素间交互作用不显著,$F(2,38)=0.98$,$p>0.05$,$\eta^2=0.131$。

(四)对双眼的视觉注意分配

表 5-6 呈现的是两组被试对左眼、右眼的观看时间(OL)、注视时间(FD)、注视点数(FC)。

重复测量方差分析显示,对眼睛的观看时间(OL)被试类型主效应显著,$F(1,19)=7.43$,$MSE=229\,008$,$p<0.05$,$\eta^2=0.281$,自闭症组对眼睛的观看时间显著少于正常组;眼睛方位主效应不显著,$F(1,19)=0.05$,$MSE=144\,372$,$p>0.05$,$\eta^2=0.003$,观看左眼、右眼的时间差异不显著;熟悉性主效应边缘显著,$F(2,38)=3.04$,$MSE=25\,242$,$p=0.060$,$\eta^2=0.138$,对陌生眼睛的观看时间略长于熟悉面孔双眼。被试类型和眼睛方位交互作用显著,$F(1,19)=4.57$,$p<0.05$,$\eta^2=0.194$,进一步简单效应分析发现,自闭症组对观看左眼的时间显著少于正常组($p<0.001$),而对右眼的观看时间则无显著差异($p>0.05$);被试类型和熟悉性之间交互作用不显著,$F(2,38)=0.79$,$p>0.05$,$\eta^2=0.040$;眼睛方位和熟悉性交互作用不显著,$F(2,38)=1.24$,$MSE=41\,242$,$p>0.05$,$\eta^2=0.061$;三因素交互作用不显著,$F(2,38)=0.51,p>0.05,\eta^2=0.026$。

表 5-6 被试对左眼、右眼的视觉注意分配

		ASD($n=10$)						TD($n=11$)					
		熟悉面孔		新朋友面孔		陌生面孔		熟悉面孔		新朋友面孔		陌生面孔	
		M	SD	M	SD	M	SD	M	SD	M	SD	M	SD
OL	左眼	433	322	421	185	537	226	810	193	788	278	925	199
	右眼	511	317	681	480	587	390	624	224	658	343	760	308
FD	左眼	426	249	396	215	540	153	775	206	750	263	878	180
	右眼	462	253	600	431	504	337	571	196	616	319	710	282
FC	左眼	0.96	0.67	1.02	0.50	1.24	0.60	1.73	0.32	1.59	0.50	2.01	0.70
	右眼	1.18	0.66	1.29	0.67	1.30	0.77	1.39	0.46	1.35	0.42	1.82	0.65

注视时间(FD,图 5-9)被试类型主效应显著,$F(1,19)=9.15,MSE=179\ 607,p<0.01,\eta^2=0.325$,自闭症组对眼睛的注视时间显著少于正常组;眼睛方位主效应不显著,$F(1,19)=0.87,MSE=91\ 488,p>0.05,\eta^2=0.044$;熟悉性主效应边缘显著,$F(2,38)=2.89,MSE=36\ 211,p=0.062,\eta^2=0.136$,对熟悉面孔眼睛的注视时间略少于另两类面孔的眼睛。被试类型和眼睛方位交互作用显著,$F(1,19)=4.82,p<0.05,\eta^2=0.202$,进一步简单效应分析发现,正常组对左眼的注视时间显著长于自闭症组($p<0.01$),而两组对右眼的注视时间差异不显著($p>0.05$);被试类型和熟悉性之间交互作用不显著,$F(2,38)=0.55,p>0.05,\eta^2=0.028$;眼睛方位和熟悉性交互作用不显著,$F(2,38)=1.41,MSE=40\ 973,p>0.05,\eta^2=0.069$;三因素交互作用不显著,$F(2,38)=0.68,p>0.05,\eta^2=0.034$。

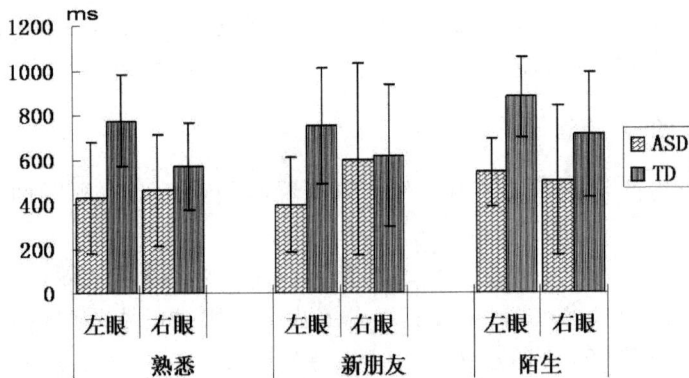

图 5-9 两组对左眼、右眼的注视时间

注视次数(FC)的被试类型主效应显著,$F(1,19)=6.85,MSE=1.06,p<0.05,\eta^2=0.265$,自闭症组对眼睛的注视点数显著少于正常组;眼睛方位主效应不显著,$F(1,19)=0.10,MSE=0.44,p>0.05,\eta^2=0.005$;熟悉性主效应显著,$F(2,38)=6.03,MSE=0.18,p<0.01,\eta^2=0.241$,对陌生眼睛的注视点数显著多于新朋友眼睛、熟悉眼睛。眼睛方位与

被试类型交互作用不显著，$F(1,19)=3.49$，$p>0.05$，$\eta^2=0.155$；熟悉性与被试类型交互作用不显著，$F(2,38)=1.66$，$p>0.05$，$\eta^2=0.080$；眼睛方位与熟悉性间交互作用不显著，$F(2,38)=0.18$，$MSE=0.11$，$p>0.05$，$\eta^2=0.010$；三因素间交互作用不显著，$F(2,38)=0.63$，$p>0.05$，$\eta^2=0.032$。

四、小结

本实验结果发现，与以往研究结果相一致的是，自闭症幼儿观看面孔的时间比正常幼儿少。然而，本实验中，在观看熟悉性不同的三类面孔刺激时间上，自闭症幼儿观看熟悉面孔的时间与正常幼儿差异并不显著，而对陌生面孔包括重复暴露的"新朋友"面孔的视觉注意却显著少于正常幼儿。不论面孔是否熟悉，自闭症组与正常组相比，总体上对面孔的加工都表现出了弱势，对面孔的注视时间都显著少于正常组。与第四章第二节所发现的一样，自闭症幼儿与正常幼儿对面孔加工的差异主要表现在对面孔特征区尤其是对眼睛区域的注意不足。而且，本实验进一步验证了第四章第二节的结果，即自闭症幼儿对眼睛区域注意的减少主要表现在对图片左侧眼睛的注意方面与正常组存在显著差异，而对右侧眼睛的注意则与正常组没有差异。

第三节　ASD 儿童对面孔熟悉性的形成与加工

一、自闭症幼儿对熟悉面孔的感知

认出一张熟悉的面孔对于常人来说是一件很容易的事。对于幼儿而言，父母等重要抚养人与其共同生活多年，自然是其最熟悉的。此外，随着相处时间的延长，个体对某一陌生面孔的多次学习后，也能产生熟悉感（Johnston & Edmonds，2009）。正如前文所述，随着重复暴露次数的增加，幼儿对新异视觉刺激表现出注意偏向或选择性注意（Fantz，1964），这样，面孔的暴露度和熟悉性就可以影响眼动或者对面孔的注意方式（Althoff & Cohen，1999）。

正如前文所述，ASD 者对面孔注意减少，但是他们看熟悉面孔时的神经激活方式正常（Aylward et al.，2004；Pierce et al.，2004）。我们利用眼动追踪技术，结果发现不论是在多重竞争条件下，还是在单独呈现面孔刺激而无竞争时，自闭症幼儿与正常组一样对陌生面孔表现出更明显的觉察偏向，而对熟悉面孔与重复暴露的"新朋友"面孔的反应速度却没有差异，他们对三类面孔的觉察时间均长于正常幼儿，这与我们的假设不一致。这说明不论是正常幼儿还是自闭症幼儿，陌生面孔都是一种新异刺激，更易于捕获个体的注意。以往研究认为，正常人看陌生面孔比看熟悉面孔时有更多的注视，而 ASD 者的注视却不受面孔熟悉度的影响（Wilson et al.，2007）。然而，本实验中，在熟悉度不同的三类面孔刺激的观看时间上，自闭症幼儿与正常幼儿一样，都对熟悉面孔投入了更多的注视，且自闭症组对熟悉面孔的观看时间与正常幼儿差异并不显著，而且，在单独呈现一张面孔条件下，自闭症组对面孔的首次注视时间与正常组没有差异。最近的一项 ERP 研究发现（Webb et al.，2010），相对于重复呈现的陌生人面孔（如本研究中的"新朋友"面孔），重复呈现的熟悉面孔：(1)在 ASD 组的 P2 点和对照组的 P1/P2 点都诱发了较小的正波；(2)都诱发了较大的 N250 波幅；(3)在 ASD 组和对照组诱发的 N400 波幅没有显著差异。而且，Pierce 等人发现，ASD 者感知个人熟悉面孔时梭状回激活正常（Pierce et al.，2004；Pierce & Redcay，2008）。显然，正常的 N250 反应与 ASD 者对熟悉面孔的感知有关（Webb et al.，2010）。这说明，自闭症幼儿对面孔加工的早期成分与正常组无异，他们对面孔构型等基本信息的感知并无受损。

与以往眼动研究结果相一致的是，不管面孔是否熟悉，自闭症幼儿注视面孔的时间都要比正常幼儿少，对面孔关注度的减少具有普遍性而不受面孔熟悉性的影响。这与 Sterling 等人（2008）研究结果一致，验证了我们的假设。

二、自闭症幼儿对熟悉面孔注意分配方式

虽然以往研究发现，自闭症者在面孔加工时更多注视嘴巴或者面孔的非特征区域，但本研究对不同熟悉性面孔区域的分析显示，自闭症组与正常幼儿一样，不论是熟悉面孔还是新朋友面孔或陌生面孔，他们都将大量注意投入到眼睛与嘴巴构成的面孔特征区，且大部分注意投入在眼睛区域，对眼睛的注视次数、注视时间都显著高于看嘴巴的。这种注意分配方式是符合 ASD 者情况的，尽管与正常组相比 ASD 对眼睛的注意有所减少，且与以往的研究有所不同。这种差异可能是不同研究所用面孔刺激的差异导致的。在 Klin 等人（2002）的研究中，被试观看的是电影中演员互动谈话的动态图片；而在 Spezio 等人（2007a）的研究中，被试看的是情绪性面孔图片。在这两个任务中，都强调面孔是如何"用来"提供社会性和情绪性信息的，因而，对嘴巴区域的注视时间较长可能缘于该区域可以提供口头的和表达性信息（Sterling et al.，2008）。本研究中，呈现给被试中性面孔的静态图片类似于用在 fMRI 和 ERP 实验中的图片，不要求被试对相关面孔刺激做出解释或评判。只要求他们看面孔（给每个人的指导语），面孔刺激中的嘴巴区域没有活动，没有明显的口头和表达性信息，因而，两组被试看眼睛的时间比看嘴巴的时间都长。

三、面孔熟悉感的建立

本章研究结果显示，自闭症幼儿与正常组一样，对陌生面孔的特征区（眼睛、嘴巴）观看时间显著多于重复暴露的陌生面孔或熟悉面孔，而对熟悉面孔非特征区的观看时间显著多于对陌生面孔，似乎面孔越熟悉，对其特征区的关注就越弱，而对非特征区的关注就越多些。这一结果与 Sterling 等人（2008）的结果一致。他们认为，这种结果可能是因为越不熟悉的面孔，个体用来观看构成面孔整体的特征的时间就越多，尤其是对眼睛和嘴巴这些能够提供重要身份信息和社交信息的区域。随着熟悉与暴露程度的增加，个体面孔加工效率越高，或者了解面孔核心特征区信息已不再需要更多的时间了（Sterling et al.，2008；Heisz & Shore，2008）。自闭症幼儿在熟悉与不熟悉面孔的核心特征所用时间较少，可能反映了梭状回激活和注视模式间存在联系。

两组观看"新朋友"面孔的时间均接近于观看陌生面孔，这表明，在实验情境下，新朋友

面孔的重复暴露并不能导致两组幼儿对其形成与注意父母面孔相似的熟悉感。但从图 5-6 所呈现的趋势可以发现，随着出现次数增加，正常幼儿对"新朋友"面孔的觉察时间逐渐延长，表现出兴趣的衰减，而自闭症幼儿则没有这种趋势。本研究中，观看时间与注视时间的表现模式差异，也表明自闭症幼儿在面孔上的眼跳时间多于正常幼儿，不易形成对面孔的深层加工，这可能也反映了他们社交能力形成的困难。

我们也发现，不论社交关联度强弱，对熟悉面孔、重复暴露的新面孔的视觉注视模式相似。这表明，与原本不熟悉的面孔经过重复接触而促进熟悉感的发展，是形成社会关系的重要一步（Sterling et al.，2008）。这为自闭症临床康复及日常训练提供了一个富有意义的启示，那就是，通过创造更具生态效度的活动方式（如自然的社交活动），增加面孔暴露机会，可能会对自闭症者非言语交流、对话和情感交流等社交互动方面产生积极的影响。此外，还可以为 ASD 者提供简单社交刺激而非复杂的社交互动，更有利于为他们提供社交加工支持。

总之，自闭症幼儿对不同熟悉度的面孔刺激注意偏向模式与正常儿童一致。自闭症幼儿对面孔刺激，不论是陌生的、很熟悉的还是刚熟悉的，其注视都表现出异常，表现为对眼睛尤其是左侧眼睛的注视时间少于正常人。此外，与正常人相比，ASD 者在看重复暴露的新熟悉面孔与陌生面孔时的注视模式没有区别，也可能说明 ASD 儿童与他人的熟悉感难以建立。

第六章

ASD 儿童对自我面孔的
识别与加工

　　只有人类、黑猩猩、猩猩能够从镜子中识别自己，因而视觉的自我识别就可认为是自我身份的认同，因此，这种行为能力可看作自我概念的基础。正常幼儿在 2 岁左右就能够从镜子中认出自己。这种识别自己面孔的能力是自我意识形成的标志（Gallup，1998）。研究表明，大部分自闭症儿童表现出某些方面自我识别能力（Lind & Bowler，2009），但年幼的自闭症儿童在这方面则表现出发展迟滞。ASD 者能意识到自己的身体自我，对他们的指代（agency）有自我意识，因此，尽管 ASD 者自我意识某些方面存在异常，但至少有些方面是完整的（Lind & Bowler，2009）。

　　自我面孔是个体独特的自我特征，具有重要的生态意义、进化意义和社交意义（Sugiura et al.，2011），最能吸引自己的注意（Brédart，Delchambre & Laureys，2006）。成人对自己的面孔和他人面孔的行为反应有所区别，从一些干扰面孔中搜索自己面孔或陌生面孔时，不论面孔是以正面、四分之三、侧面像、直立或倒立呈现，成人对自己面孔的反应都快于对陌生人的面孔（Keenan，Wheeler，Gallup & Pascual-Leone，2000）。这种不论视角变化的面孔识别中的自我优势，反映了由于对熟悉面孔过量学习而具有稳固的表征。Keenan 等人（2000）让被试识别自己面孔、熟悉面孔（同事）、陌生面孔，发现当面孔刺激以正立或倒立呈现时，被试对自我面孔的反应时短于对陌生面孔和熟悉面孔。Ma 和 Han（2010）研究结果支持了自我面孔识别的优势。ERP 研究发现，尽管对自我面孔与熟悉面孔的早期面孔特异波 N170 没有差异，但在刺激呈现后 220～700 ms 时自我面孔诱发了额中部脑区正性活动的增强，说明对自我面孔与熟悉面孔的认知评估是不一样的，相较于熟悉面孔，自我面孔的优势不能简单地用面孔的熟悉度差异来解释（Ma & Han，2010）。然而，也有研究发现，正常人在观看面孔图片时，自我面孔并非最快被发现的，但是最吸引自己注意的，在自我面孔的注视时间最长（Devue et al.，2009）。第五章结果发现，自闭症儿童与正常儿童一样，熟悉面孔并非最快被发现，却是最吸引注意的，这与 Devue 等人（2009）所发现的自我面孔反应倾向是相似的。自我面孔是最熟悉的面孔，自闭症儿童在观看自我面孔时其反应模式是否也与常人一样？

　　有研究者认为，ASD 儿童的社交缺陷部分源自他们区分自我与他人的异常（Ornitz & Ritvo，1968），他们在自我面孔识别任务中也表现了这种异常。前文已述，研究者们开展了大量有关自闭症者面孔加工缺陷和能力的研究，但很少探讨自闭症者自我面孔加工的特点。

　　本章研究首先利用镜像自我识别测试（mirror self-recognition test，MSR）考察低龄自闭症儿童是否具有视觉自我的识别能力，进而借助眼睛追踪技术，探讨自闭症幼儿对自我面孔是否存在注意偏向,并探讨自闭症幼儿自我面孔加工的特点。

第一节　ASD 儿童视觉自我识别

一、研究目的

视觉自我识别意味着自我身份认同,是自我概念形成的基础。镜像自我识别测试(MSR)可用作评估儿童是否能识别视觉自我以及是否具有自我意识的行为标志(Reddy,Williams,Costantini & Lan,2010)。正常幼儿在 2 岁左右就能够从镜子中认出自己。ASD儿童症状中包含有人称代词使用混乱现象,这可能提示他们自我意识发展迟滞,为此,采用镜子自我识别测试,了解 ASD 幼儿对生理自我的意识发展水平。

二、方法

(一)被试

从厦门市特殊教育机构招募 ASD 幼儿 10 名,其中 2 名男孩因极其好动而无法完成观察任务,有效被试 8 名,其中男孩 7 名,女孩 1 名,年龄介于 35～43 个月($M=38.88,SD=3.09$)。入选标准、排除标准同第三章第一节。全部视力或矫正视力正常。

(二)设施与仪器

1.高清摄像机 1 部,参数如下:

型号:松下 HDC-TM60。焦距:3.02～75.5 mm,微距(全范围 AF)。光圈值:F1.8～F3.3。动态影像:35.7～893 mm(16∶9);静态图片:35.7～893 mm(16∶9)。有效像素:动态影像2110 k(16∶9),静态图片 2110 k(16∶9);视频:[50i]自动慢速快门开启 1/25～1/8000 s,视频闪光灯 1/25～1/500 s;[50i]自动慢速快门关闭 1/50～1/8000 s,视频闪光灯 1/50～1/500 s;图片:1/2～1/2000 s,视频闪光灯:1/2～1/500 s。

2.镜子一面,规格为 180 cm×100 cm。

(三)实验程序

观察活动在自闭症儿童训练机构一间独立的小教室内进行,光线明亮,安静,房间内置放镜子 1 面,用单色不透明帘布遮盖镜子,无任何其他与实验无关的物品。每位被试接受观察约 20 分钟。整个观察过程主试(研究生)、训练师一直在教室内。

1.准备适应阶段

(1)用布盖住镜子,被试自由玩耍 5 分钟,以熟悉环境。

(2)主试用涂有红色口红的手指假装帮被试擦脸,悄悄在被试额头涂上红点(大小约为1.5 cm×1.5 cm)。然后主试、训练师跟孩子玩耍 5 分钟,保证被试适应额头红点,不对红点做出反应。

2.观察阶段

（1）让孩子正面坐在遮盖了布帘的镜子前面的椅子上，可以自由活动，训练师坐在镜子侧后方，时间为 5 分钟。当被试离开椅子，训练师就召唤孩子回来。期间镜子一直被遮蔽着。用深色布帘遮蔽摄像机，隐秘进行拍摄。

（2）掀开布帘，使被试正面对着镜子，确保被试观看镜子时间超过 30 s。孩子一旦分心离开镜子，训练师就召回被试，并提醒孩子看前面。时间大约 5 分钟。

观察过程中，主试、训练师坐在镜子侧后方保证不在镜子中成像。主试坐在镜子的侧后方专心观察，保证自身不在镜子中成像。

（四）行为记录和指标

1.行为记录

（1）分心行为：不朝向镜子，朝向其他位置时做出的行为。

（2）照镜子行为：朝向镜子时做出下列行为。

①自我面孔识别行为：朝向镜子触摸额头红点。

②面孔模仿行为：朝向镜子，同时挤眼睛、眯眼睛、努鼻子、撅嘴巴、亲吻、有节奏地张合嘴巴、微笑等。

③躯体模仿行为：朝向镜子，同时做出有节奏的身体运动，如摇动手臂、扭动身体等。

④指向自身行为：包括看着镜子触摸额头红点、躯体其他部位。

⑤指向镜子的行为：包括看着镜子触摸镜像中的红点、躯体部分或其他部分，亲吻镜子等。

2.时间区间

已有研究显示，婴儿发现自我面孔平均用时 10.83 s（Courage，Edison & Howe，2004）。参照已有相关研究（Nielsen & Dissanayake，2004），截取被试有效观看镜子 30 s，记录该时间区间被试的行为。

3.行为指标

行为指标：触摸次数、时间长短。

行为记录使用 0、1 记分，出现此行为记为 1 分，未出现记为 0 分。面孔模仿行为、躯体模仿行为、自我识别行为只进行有无判断，指向自我行为、指向镜子行为既计算行为出现次数，也计算持续时间，时间为各次行为时间的总和，单位为秒。

4.评分者信度

选择 5 名心理学研究生为行为评分者，他们均不了解实验目的和被试年龄。由主试向 5 名评分者统一详细讲述各个行为的定义并举例说明。要求每位评分者细心观看每段视频，并记录各个行为上的得分。表 6-1 呈现的是 5 名评分者对某一被试行为进行评分的结果。

自我认知行为评分者信度为 1.00，分心行为时间评分者信度为 0.96，模仿行为评分者信度为 0.99；指向自我行为的次数评分者信度为 0.97，其时间评分者信度为 0.94；指向镜子行为的次数评分者信度为 0.95，其时间评分者信度为 0.93。

表 6-1　对照镜子行为的评分者评分示例

评分者	面孔模仿	躯体模仿	自我识别行为		指向自我行为		指向镜子行为	
			①阶段	②阶段	时间	次数	时间	次数
M	0	1	0	1	6	4	1	1
N	0	1	0	1	6	4	0	0
P	0	1	0	1	6	5	1	1
Q	0	1	0	1	6	4	1	1
R	0	1	0	1	6	4	1	1

三、结果

（一）自闭症幼儿的镜子自我识别测试结果

从表 6-2 呈现的 8 名自闭症幼儿在镜子测试时的行为次数及其持续时间，可以直观地发现，在观察过程中，所有被试均表现出明显的模仿行为，其中 5 名表现出面孔模仿，4 名表现出身体模仿，1 名被试两种模仿都表现。

年龄最小的 A、B 两名幼儿都未曾触摸额头红点以自身身体其他部分，而是指向镜像，触摸镜子中的身体及面孔部分；而刚好 3 周岁的 C 被试，在观看镜子时既不触摸自身也不触摸镜子，观看镜子中自己面孔进行模仿，这 3 位被试没有通过镜子测试。而其他 5 名大于 3 岁的幼儿都能够通过镜子测试，行为指向自身额头及身体其他部分，但同时也仍然存在着指向镜子的行为。

表 6-2　被试镜子测试行为

被试	年龄	性别	面孔模仿	躯体模仿	自我识别行为		指向自我行为		指向镜子行为	
					①阶段	②阶段	时间(s)	次数	时间(s)	次数
A	2岁11月	男	0	1	0.0	0.0	0.0	0.0	2.4	2.0
B	2岁11月	女	0	1	0.0	0.0	0.0	0.0	28.8	6.0
C	3岁0月	男	1	0	0.0	0.0	0.0	0.0	0.0	0.0
D	3岁4月	男	1	0	0.0	1.0	4.2	5.0	0.0	0.0
E	3岁4月	男	1	1	0.0	1.0	7.8	8.2	1.0	1.0
F	3岁5月	男	0	1	0.0	1.0	6.0	4.2	0.8	0.8
G	3岁5月	男	1	0	0.0	1.0	6.8	3.0	6.8	3.0
H	3岁7月	男	1	0	0.0	1.0	17.4	16.2	0.0	0.0

（二）自闭症幼儿镜子自我识别测试与年龄的相关

为了了解幼儿实足年龄与自我生理意识之间的关系，采用 Pearson 积差相关分析，结果见表 6-3,指向自身的行为与实足年龄呈显著正相关,年龄越大,越多指向自身的行为,但指向镜子的行为与实足年龄相关不显著。

表 6-3 实足年龄与行为指向相关分析

	指向镜子时间	指向镜子次数	指向自身时间	指向自身次数
年龄	−0.450	−0.390	0.884**	0.770*

注:* $p<0.05$,** $p<0.01$。

四、小结

在本研究中,实足年龄接近 3 周岁的 2 名自闭症幼儿却仍然未能通过镜子测试,行为指向镜子而非自身;3 周岁之后,随着年龄的增长,指向自身的行为显著增加,意味着他们具备了生理自我意识,但仍然发现较多的指向镜子的行为。本研究结果表明,自闭症幼儿的自我意识发展迟缓,从 3 周岁开始能够识别视觉的自我,且其自我意识处于发展过程中。

第二节 ASD 儿童对自我面孔的注意偏向

一、研究目的

第一节实验结果发现,在镜像自我识别测试(MSR)中,ASD 幼儿在 3 周岁之后,随着年龄的增长,指向自身的行为显著增加,能够识别视觉自我。但无法知道 ASD 儿童观看对象究竟选择的是镜子中的哪些部分,其注意偏好于哪些部分,对自我识别是否依赖于自我面孔信息,这需要借助更精密的观测工具予以探究。自我面孔是个体独特的自我特征,具有重要的生态意义、进化意义和社交意义(Sugiura et al.,2011),最能吸引自己的注意,具有识别优势(Ma & Han,2010)。但也有研究发现,正常人在观看面孔图片时,自我面孔并非是最快被发现的,却是最吸引自己注意的,在自我面孔的注视时间最长(Devue et al.,2009)。那么,在多重竞争条件下,自我面孔对自闭症幼儿是否也有识别优势? 在观看自我面孔与他人面孔时的反应模式是否也与常人一样?

二、方法

(一)被试

从厦门市特殊教育机构招募自闭症(ASD)幼儿 15 名,4 名男孩未能完成观察任务而被剔除,有效被试 11 名,其中男孩 10 名,女孩 1 名,年龄介于 3~6 岁($M=4.14,SD=1.08$)。入选标准、排除标准同第三章第一节。全部视力或矫正视力正常。

从漳州市某幼儿园选择幼儿 11 名为正常组(TD),其中男孩 8 名,女孩 3 名,年龄介于 3

～6 岁($M=4.13,SD=0.67$)。全部视力或矫正视力正常。经与班主任访谈,排除精神疾病史、发展障碍或神经疾病。

（二）仪器

同第三章第一节。

（三）材料

每个被试的材料包括三种(图 6-1):

1.自我面孔:1 张,对面孔进行水平 180°翻转成镜像图片,重复出现 12 次。

2."新朋友"面孔:1 张,陌生的男孩、女孩照片各 1 张,性别与被试相同,重复出现 12 次。

3.陌生人面孔:48 张,不重复的陌生人,男女各半,每张面孔呈现 1 次,每个被试所看到的 48 张陌生面孔是相同的。

自我面孔由专业摄影师在摄影室内拍照,面孔均为正面,目光平视。摄影机参数同第三章第一节,图片拍摄尺寸为 3696 像素×2648 像素,其中面孔部分尺寸为 751 像素×861 像素。以 Photoshop 8.0 椭圆工具裁剪面孔,确保额头、眉毛、眼睛、鼻子、嘴巴、下巴均包括于面孔内。屏幕上每张面孔图片大小规格为 180 像素×200 像素。

新朋友面孔、陌生面孔均从网络查找下载中性、正面面孔图片,每张图片最小尺寸为480 像素×640 像素。所有图片均处理为灰白,全屏大小为 960 像素×720 像素,计算机分辨率为 1024 像素×768 像素。

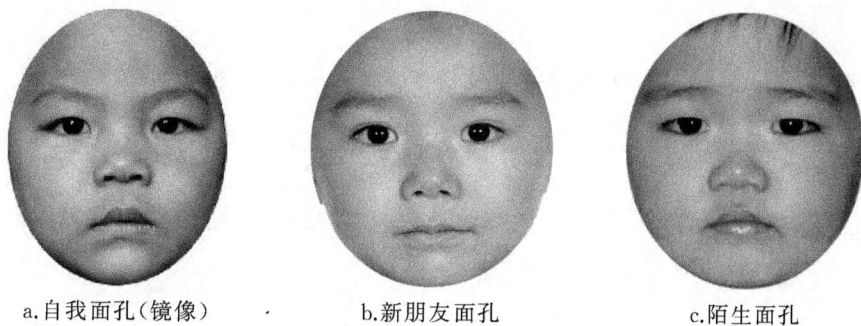

a.自我面孔(镜像)　　　b.新朋友面孔　　　c.陌生面孔

图 6-1　自我与他人面孔

采用面孔群集(face-in-the-crowd)范式的改进范式。每屏幕呈现 6 张面孔,包括 1 张自我面孔、1 张新朋友面孔、4 张陌生面孔。6 张面孔分布于以屏幕中心为圆心的六角形 6 个顶点(图 6-2),自我面孔与新朋友面孔在 6 个顶点分别出现 2 次,位置包括相邻、相隔、相对三种关系,每种位置关系各 4 张,共有 12 张图片。实验的开始后和结束前各有 2 张练习图片,不列入统计。

（四）研究设计

采用 2(被试类型:ASD 幼儿、TD 幼儿)×3(面孔类型:自我、新朋友、陌生人)两因素混合设计。被试类型为组间变量,面孔类型为组内变量。

（五）实验程序

同第五章第一节，共用时 2 分钟。

（六）分析指标

同第五章第一节。

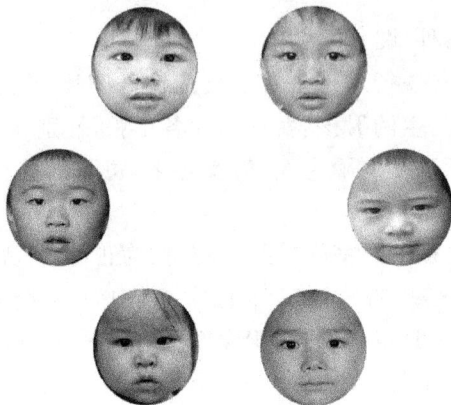

图 6-2 自我面孔呈现方式

三、结果

（一）对自我-他人面孔的觉察偏向

两组观看有图片的屏幕所用时间总量（OL）均存在显著差异，$M_{ASD} = 3\,687$ ms，$SD = 842$ ms；$M_{TD} = 4\,653$ ms，$SD = 230$ ms；$t(20) = 3.67$，$p < 0.05$。表 6-4、表 6-5 呈现的是两组在觉察、加工面孔的眼动指标，图 6-3、图 6-4 分别是某 ASD 儿童、某 TD 儿童眼动扫描轨迹情况。

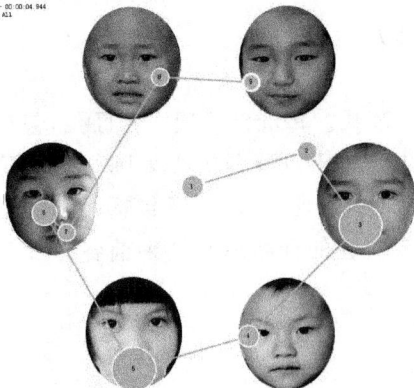

图 6-3　某 ASD 儿童扫描轨迹举例

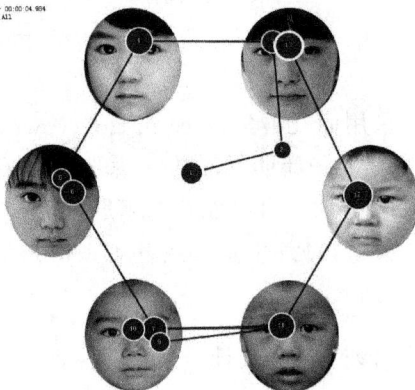

图 6-4　某 TD 儿童扫描轨迹举例

表 6-4 对自我-他人面孔的眼动指标(1)

ms

	自我面孔				新朋友面孔				陌生面孔			
	ASD($n=11$)		TD($n=11$)		ASD($n=11$)		TD($n=11$)		ASD($n=11$)		TD($n=11$)	
	M	SD	M	SD	M	SD	M	SD	M	SD	M	SD
TFF	3 565	698	2 879	869	3 276	466	2 972	609	1 032	367	885	213
OL[a]	517	403	947	497	575	222	532	187	2 309	429	2 442	528
OL[b]	517	403	947	497	575	222	532	187	577	107	611	132
FD[c]	505	392	856	471	455	155	495	180	2 000	512	2 327	556
FD[d]	505	392	856	471	455	155	495	180	500	128	582	139
FFD	232	138	337	134	230	104	265	78	367	144	363	84

注:a 指 4 张陌生面孔的观看时间的总和,b 指 4 张陌生面孔的观看时间的均值,c 指 4 张陌生面孔注视时间的总和,d 指 4 张陌生面孔注视时间的均值。

表 6-5 对自我-他人面孔的眼动指标(2)

个

	熟悉面孔				新朋友面孔				陌生面孔			
	ASD($n=11$)		TD($n=11$)		ASD($n=11$)		TD($n=11$)		ASD($n=11$)		TD($n=11$)	
	M	SD	M	SD	M	SD	M	SD	M	SD	M	SD
FB	11.27	3.00	10.29	3.49	10.55	4.31	10.23	4.15	2.49	0.90	3.09	1.05
FC[e]	1.07	0.64	1.81	0.99	1.16	0.35	1.32	0.58	4.76	1.21	5.72	1.11
FC[f]	1.07	0.64	1.81	0.99	1.16	0.35	1.32	0.58	1.19	0.30	1.43	0.28

注:e 指 4 张陌生面孔的注视点数总和,f 指 4 张陌生面孔的注视点数均值。

重复测量方差分析显示,对于面孔觉察时间(TFF),被试类型主效应显著,$F(1,19)=5.48$,$MSE=411\ 771$,$p<0.05$,$\eta^2=0.224$,自闭症组觉察面孔的时间显著长于正常组。面孔类型主效应显著,$F(2,38)=114$,$MSE=301\ 075$,$p<0.001$,$\eta^2=0.857$,对陌生面孔的觉察速度显著快于对自我面孔($p<0.001$)、新朋友面孔($p<0.001$),而觉察自我面孔与新朋友面孔没有显著差异($p>0.05$)。交互作用不显著,$F(2,38)=1.33$,$p>0.05$,$\eta^2=0.066$。

对于觉察到面孔前的注视点数(FB),被试类型主效应不显著,$F(1,19)=0.05$,$MSE=18.25$,$p>0.05$,$\eta^2=0.002$,自闭症组与正常组觉察到同类面孔前的注视点数没有显著差异。面孔类型主效应显著,$F(2,38)=75.47$,$MSE=5.63$,$p<0.001$,$\eta^2=0.799$,两组觉察到陌生面孔前的注视点数显著少于自我面孔($p<0.001$)、新朋友面孔($p<0.001$),而觉察到自我面孔前的注视点数与新朋友面孔没有显著差异($p>0.05$)。交互作用不显著,$F(2,38)=0.59$,$p>0.05$,$\eta^2=0.030$。

(二)对自我-他人面孔的加工偏向

以对 4 张陌生面孔观看时间总和为该类面孔观看时间(OL[a]),重复测量方差分析显示,被试类型主效应显著,$F(1,19)=7.48$,$MSE=120\ 261$,$p<0.05$,$\eta^2=0.282$,自闭症组对面孔的注视时间显著少于正常组;面孔类型主效应显著,$F(2,38)=102.15$,$MSE=206\ 745$,$p<0.001$,$\eta^2=0.843$,对陌生面孔的观看时间显著多于对自我面孔($p<0.001$)和新朋友面孔($p<0.001$)的时间,对自我面孔的观看时间与新朋友面孔差异不显著($p>0.05$)。被试类型和面孔类型之间交互作用不显著,$F(2,38)=0.82$,$p>0.05$,$\eta^2=0.041$。

以 4 张陌生面孔观看时间的均值为该类面孔的观看时间(OL[b]),被试类型主效应显著,$F(1,19)=7.48$,$MSE=120\ 261$,$p<0.05$,$\eta^2=0.282$,自闭症组对面孔的注视时间显著少于正常组;面孔类型主效应不显著,$F(2,38)=1.86$,$MSE=98\ 783$,$p>0.05$,$\eta^2=0.089$。被试类型和面孔类型之间交互作用显著,$F(2,38)=3.41$,$p<0.05$,$\eta^2=0.152$,简单效应分析发现,正常幼儿对自我面孔的观看时间显著多于新朋友、陌生面孔($p<0.05$),而自闭症幼儿对三类面孔的观看时间没有显著差异($p>0.05$)。

以对 4 张陌生面孔注视时间总和为该类面孔注视时间(FD[c]),重复测量方差分析显示,被试类型主效应显著,$F(1,19)=7.48$,$MSE=120\ 261$,$p<0.05$,$\eta^2=0.282$,自闭症组对面孔的注视时间显著少于正常组;面孔类型主效应显著,$F(2,38)=92.55$,$MSE=192\ 104$,$p<0.001$,$\eta^2=0.830$,对陌生面孔的注视时间显著多于对自我面孔($p<0.01$)和新朋友面孔($p<0.001$)的注视时间,对自我面孔的注视时间也略多于新朋友面孔,但差异不显著($p>0.05$)。被试类型和面孔类型之间交互作用不显著,$F(2,38)=0.82$,$p>0.05$,$\eta^2=0.041$。

以 4 张陌生面孔观看时间的均值为该类面孔的注视时间(FD[d]),被试类型主效应显著,$F(1,19)=5.90$,$MSE=66\ 138$,$p>0.05$,$\eta^2=0.237$,自闭症组对面孔的注视时间显著少于正常组;面孔类型主效应不显著,$F(2,38)=2.72$,$MSE=84\ 757$,$p>0.05$,$\eta^2=0.125$,对三类面孔注视时间差异不显著。被试类型和面孔类型之间交互作用不显著,$F(2,38)=1.77$,$p>0.05$,$\eta^2=0.085$。

以对 4 张陌生面孔注视点数总和为该类面孔注视点数(FC[e]),被试类型主效应显著,$F(1,19)=4.90$,$MSE=1.22$,$p<0.05$,$\eta^2=0.205$,自闭症组对面孔的注视点数显著少于正常组;面孔类型主效应显著,$F(2,38)=199.81$,$MSE=0.53$,$p<0.001$,$\eta^2=0.913$,对陌生面孔的注视点数显著多于自我面孔($p<0.001$)和新朋友面孔($p<0.001$)的注视点数,对自我面孔的注视点数与新朋友面孔没有显著差异($p>0.05$);两因素间交互作用不显著,$F(2,38)=1.66$,$p<0.05$,$\eta^2=0.080$。

以 4 张陌生面孔注视点数的均值为该类面孔的注视点数(FC[f]),被试类型主效应边缘显著,$F(1,19)=4.20$,$MSE=0.54$,$p=0.055$,$\eta^2=0.181$,自闭症组对面孔的注视点数少于正常组;面孔类型主效应不显著,$F(2,38)=0.88$,$MSE=0.25$,$p>0.05$,$\eta^2=0.044$,三类面孔上的注视点数无显著差异;两因素间交互作用不显著,$F(2,40)=2.09$,$p>0.05$,$\eta^2=0.099$。

首次注视面孔时间(FFD)的被试类型主效应不显著,$F(1,19)=2.21$,$MSE=14\ 765$,$p>0.05$,$\eta^2=0.104$,自闭症组对面孔的首次注视时间与正常组无显著差异;面孔类型主效应显著,$F(2,38)=5.92$,$MSE=12\ 710$,$p<0.01$,$\eta^2=0.238$,对陌生面孔的首次注视时间显著长于对新朋友面孔的时间($p<0.01$),但与对自我面孔的首次注视时间无显著差异。被试类型和面孔类型之间交互作用不显著,$F(2,38)=1.26$,$p>0.05$,$\eta^2=0.062$。

四、小结

本节实验结果发现,自闭症幼儿与正常幼儿一样,最快觉察到的是陌生面孔,而不是自我面孔。在多重竞争条件下,两组被试都将大量的时间投入到对 4 张陌生面孔的观看上。从单张面孔图片的观看时间上看,自我面孔更能吸引住正常幼儿的注意,而自闭症幼儿在自我面孔上所用时间与其在"新朋友"、陌生面孔上的注意投入没有差异,他们没有正常幼儿那样表现出对自我面孔的兴趣;自闭症幼儿对新朋友的面孔、陌生面孔的观看时间、注视时间与正常儿童没有差异,但在自我面孔方面则显著少于正常幼儿。这也可能说明他们不能像正常幼儿那样对自我与他人进行清晰的区别。同第五章第一节关于熟悉面孔注意偏向研究,发现自闭症幼儿与正常幼儿一样都对熟悉面孔产生更多的兴趣。那么,在注意偏向中,对于正常幼儿来说,自我可能是更熟悉的面孔,而自闭症幼儿则没有表现出这样的反应。

第三节　ASD 儿童对自我-他人面孔的加工

一、研究目的

第二节实验结果发现,ASD 幼儿与正常幼儿一样,最快觉察到的是陌生面孔,而不是自我面孔。自我面孔更能吸引住正常幼儿的注意,而 ASD 幼儿却未表现出对自我面孔更多的兴趣。由于第二节面孔材料同时呈现 6 张面孔,有些被试尤其是 ASD 幼儿可能来不及看完所有的 6 张面孔,影响对两组间面孔加工特点的分析,为此,将自我面孔与陌生面孔单独呈现,通过与正常幼儿比较,探讨 ASD 幼儿对自我面孔加工的视觉加工特征。

二、方法

(一)被试

从厦门市某特殊教育机构招募 ASD 幼儿 11 名,2 名男孩未能完成观察任务而被剔除,有效被试 9 名,全部是男孩,年龄介于 3.0～5.6 岁($M=4.03$, $SD=0.99$)。入选标准、排除标准同第三章第一节。全部视力或矫正视力正常。

从漳州市某幼儿园选择幼儿 11 名为正常组(TD),1 名女孩未能完成观察任务而被剔除,有效被试 10 名,其中男孩 8 名,女孩 2 名,年龄介于 3.25～4.83 岁($M=4.03$, $SD=0.53$)。全部视力或矫正视力正常。经与班主任访谈,排除精神疾病史、发展障碍或神经疾病。

(二)仪器

同第三章第一节。

（三）材料

每个被试的材料包括三种（如图 6-1）：

（1）自我面孔：1 张，对面孔进行水平 180°翻转成镜像图片，重复出现 12 次。

（2）"新朋友"面孔：1 张，陌生的男孩、女孩照片各 1 张，性别与自我面孔相同，重复出现 12 次。

（3）陌生人面孔：12 张，不重复的陌生人，男女各半，每张面孔呈现 1 次，每个被试所看到的 12 张陌生面孔是相同的。

面孔图片获得方式同本章第二节，图片处理及编排同本章第二节。

（四）研究设计

采用 2（被试类型：ASD 幼儿、TD 幼儿）×3（面孔类型：自我面孔、新朋友面孔、陌生面孔）两因素混合设计。被试类型为组间变量，面孔类型为组内变量。

（五）实验程序

本章第二节实验完成后间隔 3 个月进行，实验程序同第四章第二节，共用时 2 分钟。

（六）兴趣区

同第五章第二节。

（七）分析指标

同第五章第二节。

三、结果

（一）对自我-他人面孔的整体觉察与加工

两组观看有图片的屏幕所用时间总量（OL）存在显著差异，$M_{ASD}=2\ 483\ ms, SD=211\ ms; M_{TD}=2\ 773\ ms, SD=150\ ms; t(17)=3.49, p<0.01$，自闭症组观看屏幕时间显著少于正常组。表 6-6 呈现的是两组对面孔的整体觉察、加工的眼动指标，图 6-5、图 6-6 分别是某 ASD 幼儿、某 TD 幼儿眼动扫描轨迹情况。

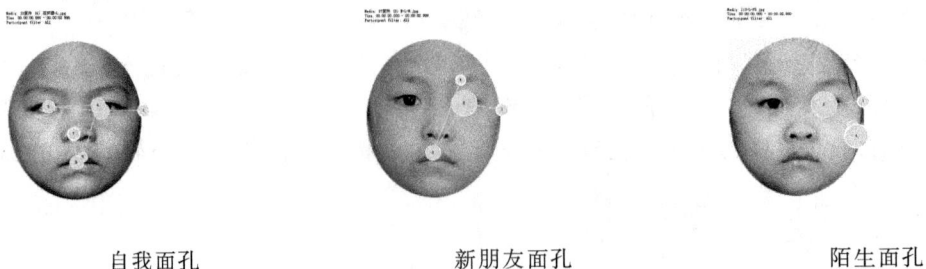

| 自我面孔 | 新朋友面孔 | 陌生面孔 |

图 6-5　某 ASD 幼儿自我-他人面孔加工眼动轨迹

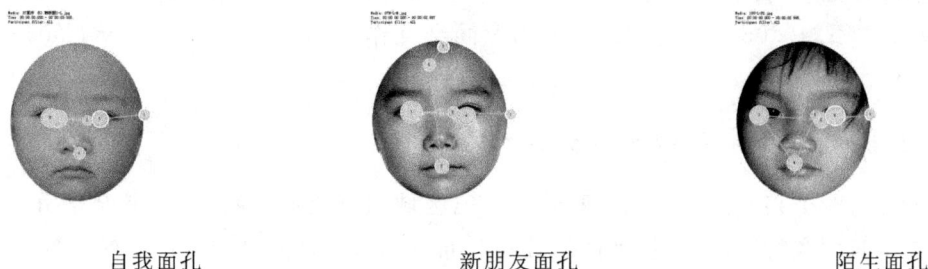

自我面孔　　　　　　　　新朋友面孔　　　　　　　　陌生面孔

图 6-6　某 TD 幼儿自我-他人面孔加工眼动轨迹

表 6-6　被试对自我-他人面孔视觉加工指标

	自我面孔				新朋友面孔				陌生面孔			
	ASD($n=9$)		TD($n=10$)		ASD($n=9$)		TD($n=10$)		ASD($n=9$)		TD($n=10$)	
	M	SD	M	SD	M	SD	M	SD	M	SD	M	SD
TFF	528	710	266	132	402	255	240	88	652	481	216	78
OL	2 029	695	2 413	292	2 067	457	2 522	149	1 986	596	2 660	143
FD	1 664	628	2 307	310	1 749	400	2 387	160	1 646	660	2 537	221
FFD	243	199	425	136	397	179	488	144	308	178	372	84
FC	4.94	1.43	5.51	0.73	5.19	0.44	5.64	1.16	5.00	1.69	6.53	1.06

重复测量方差分析显示,觉察时间(TFF)被试类型主效应显著,$F(1,17)=4.99,MSE=233\ 763,p<0.05,\eta^2=0.227$,自闭症组觉察面孔的时间显著长于正常组。面孔类型主效应不显著,$F(2,34)=0.79,MSE=79\ 859,p>0.05,\eta^2=0.044$,对不同类型面孔的觉察时间没有显著差异。交互作用不显著,$F(2,34)=1.14,p>0.05,\eta^2=0.063$。

观看时间(OL)被试类型主效应显著,$F(1,17)=9.65,MSE=374\ 547,p<0.01,\eta^2=0.362$,即 ASD 组观看面孔的时间显著少于正常组;面孔类型主效应不显著,$F(2,34)=0.57,MSE=92\ 680,p>0.05,\eta^2=0.032$,对自我面孔的观看时间与其他两类面孔差异不显著。被试类型和面孔类型之间交互作用不显著,$F(2,34)=1.17,p>0.05,\eta^2=0.064$。

注视时间(FD)被试类型主效应显著,$F(1,17)=23.24,MSE=320\ 533,p<0.001,\eta^2=0.578$,即 ASD 组对面孔的注视时间显著少于正常组;面孔类型主效应不显著,$F(2,34)=0.500,MSE=117\ 775,p>0.05,\eta^2=0.029$,对不同类型面孔的注视时间差异不显著。被试类型和面孔类型之间交互作用不显著,$F(2,34)=0.84,p>0.05,\eta^2=0.047$。

首次注视面孔时间(FFD)的被试类型主效应显著,$F(1,17)=7.00,MSE=25\ 535,p<0.05,\eta^2=0.292$,自闭症组对面孔的首次注视时间显著少于正常组;面孔类型主效应边缘显著,$F(2,34)=2.92,MSE=23\ 893,p=0.067,\eta^2=0.147$,对新朋友面孔的首次注视时间长于自我面孔($p=0.061$)、陌生面孔($p<0.05$)。两因素交互作用不显著,$F(2,34)=0.75,p>0.05,\eta^2=0.042$。

注视次数(FC)被试类型主效应显著,$F(1,17)=5.39,MSE=1.92,p<0.05,\eta^2=$

0.241，自闭症组在面孔的注视点数显著少于正常组；面孔类型主效应不显著，$F(2,34)=1.34$，$MSE=1.04$，$p>0.05$，$\eta^2=0.073$。两因素间交互作用不显著，$F(2,34)=1.60$，$p>0.05$，$\eta^2=0.086$。

（二）对自我-他人面孔的视觉注意分配

将面孔区分为两个兴趣区，其中，由眼睛和嘴巴区域组合为面孔特征区，其余部分为非特征区。以被试对面孔特征区、非特征区的观看时间（OL）、注视时间（FD）、注视点数（FC）为面孔特征区加工的眼动指标，考察两组面孔加工的注意分配特点，结果见表 6-7。

表 6-7　被试对自我-他人面孔特征区与非特征区的视觉注意分配

		ASD($n=9$)						TD($n=10$)					
		自我面孔		新朋友面孔		陌生面孔		自我面孔		新朋友面孔		陌生面孔	
		M	SD	M	SD	M	SD	M	SD	M	SD	M	SD
OL	特征区	1 606	387	1 492	381	1 667	544	1 826	341	2 089	271	2 129	302
	非特征区	423	601	575	280	319	818	586	330	433	222	531	243
FD	特征区	1 303	391	1 295	333	1 338	425	1 737	328	1 981	256	2 028	310
	非特征区	361	534	454	227	308	616	570	316	406	177	509	246
FC	特征区	3.48	1.34	3.35	0.80	3.46	1.33	3.99	0.75	4.35	0.93	5.00	0.78
	非特征区	1.46	0.88	1.84	0.86	1.54	0.82	1.52	0.64	1.30	0.61	1.53	0.66

重复测量方差分析显示，对面孔观看时间（OL）被试类型主效应显著，$F(1,17)=9.65$，$MSE=187\ 274$，$p<0.01$，$\eta^2=0.362$，自闭症组对面孔的观看时间显著少于正常组；兴趣区主效应显著，$F(1,17)=98.28$，$MSE=506\ 811$，$p<0.001$，$\eta^2=0.853$，观看面孔特征区的时间显著长于非特征区；面孔类型主效应不显著，$F(2,34)=0.57$，$MSE=46\ 340$，$p>0.05$，$\eta^2=0.032$。被试类型和兴趣区间交互作用不显著，$F(1,17)=1.70$，$p>0.05$，$\eta^2=0.091$；被试类型和熟悉性之间交互作用不显著，$F(2,34)=1.17$，$p>0.05$，$\eta^2=0.064$；兴趣区和熟悉性交互作用不显著，$F(2,34)=1.24$，$MSE=105\ 703$，$p>0.05$，$\eta^2=0.068$；三因素交互作用不显著，$F(2,34)=2.12$，$p>0.05$，$\eta^2=0.111$。

注视时间（FD）被试类型主效应显著，$F(1,17)=23.24$，$MSE=160\ 267$，$p<0.001$，$\eta^2=0.578$，自闭症组对面孔的注视时间显著少于正常组；兴趣区主效应显著，$F(1,17)=114.99$，$MSE=343\ 570$，$p<0.001$，$\eta^2=0.871$，注视面孔特征区的时间显著长于非特征区；面孔类型主效应不显著，$F(2,34)=0.50$，$MSE=58\ 887$，$p>0.05$，$\eta^2=0.029$，对三类面孔的注视时间差异不显著。被试类型和兴趣区之间交互作用显著，$F(1,17)=4.80$，$p<0.05$，$\eta^2=0.220$，进一步简单效应分析发现，正常组对面孔特征区的注视时间显著长于自闭症组（$p<0.01$），而两组对面孔非特征区的注视时间差异不显著（$p>0.05$）；被试类型和面孔类型之间交互作用不显著，$F(2,34)=0.84$，$p>0.05$，$\eta^2=0.047$；兴趣区和熟悉性交互作用不显著，$F(2,34)=1.44$，$MSE=84\ 006$，$p>0.05$，$\eta^2=0.078$；三因素交互作用不显著，$F(2,34)=1.83$，$p>0.05$，$\eta^2=0.097$。

注视次数(FC)被试类型主效应显著,$F(1,17)=5.39,MSE=0.96,p<0.05,\eta^2=0.241$,自闭症组对面孔的注视点数显著少于正常组;兴趣区主效应显著,$F(1,17)=94.45,MSE=1.74,p<0.001,\eta^2=0.847$,在面孔特征区的注视点数显著多于非特征区;面孔类型主效应不显著,$F(2,34)=1.34,MSE=0.52,p>0.05,\eta^2=0.073$,在三类面孔上的注视点数差异不显著。兴趣区与被试类型交互作用显著,$F(1,17)=5.67,p<0.05,\eta^2=0.250$,简单效应分析发现,自闭症组对自我面孔、新朋友面孔的注视点数与正常组差异不显著($p>0.05$),但对陌生面孔的注视点数显著少于正常组($p<0.05$)。面孔类型与被试类型交互作用不显著,$F(2,34)=1.60,p>0.05,\eta^2=0.086$;兴趣区与面孔类型间交互作用不显著,$F(2,34)=1.19,MSE=0.50,p>0.05,\eta^2=0.065$;三因素间交互作用不显著,$F(2,34)=1.87,p>0.05,\eta^2=0.099$。

(三)对自我-他人面孔眼睛与嘴巴的视觉注意分配

表6-8呈现的是两组被试对面孔特征区眼睛区域和嘴巴区域的观看时间(OL)、注视时间(FD)、注视点数(FC)。

表 6-8　被试对自我-他人面孔眼睛与嘴巴的视觉注意分配

| | | ASD($n=9$) | | | | | | TD($n=10$) | | | | | |
| | | 自我面孔 | | 新朋友面孔 | | 陌生面孔 | | 自我面孔 | | 新朋友面孔 | | 陌生面孔 | |
		M	SD	M	SD	M	SD	M	SD	M	SD	M	SD
OL	眼睛	1 164	504	1 250	510	1 226	519	1 374	326	1 730	379	1 741	327
	嘴巴	443	365	242	172	441	413	452	263	359	288	388	212
FD	眼睛	956	356	1 060	432	1 002	432	1 296	313	1 628	344	1 648	346
	嘴巴	347	333	235	170	337	351	440	251	352	279	380	206
FC	眼睛	2.62	0.86	2.73	1.03	2.65	1.26	3.00	0.43	3.55	0.88	4.08	0.89
	嘴巴	0.87	0.75	0.62	0.44	0.81	0.67	1.00	0.52	0.79	0.65	0.92	0.63

重复测量方差分析显示,观看时间(OL)被试类型主效应显著,$F(1,17)=8.18,MSE=157\,951,p<0.05,\eta^2=0.325$,自闭症组对面孔特征区的观看时间显著少于正常组;特征区主效应显著,$F(1,17)=58.86,MSE=508\,941,p<0.001,\eta^2=0.776$,观看眼睛的时间显著长于嘴巴;面孔类型主效应不显著,$F(2,34)=2.87,MSE=27\,646,p>0.05,\eta^2=0.144$。被试类型和特征区间交互作用不显著,$F(1,17)=1.99,p>0.05,\eta^2=0.105$;被试类型和面孔类型之间交互作用边缘显著,$F(2,34)=3.13,p=0.056,\eta^2=0.156$,简单效应分析发现,自闭症组对自我面孔特征区的观看时间与正常组差异不显著($p>0.05$),但观看新朋友面孔、陌生面孔的时间都显著少于正常组($p<0.05$);特征区和面孔类型交互作用显著,$F(2,34)=6.87,MSE=48\,560,p<0.01,\eta^2=0.288$,简单效应分析发现,对三类面孔嘴巴区域的观看时间差异不显著($p>0.05$),但观看新朋友面孔、陌生面孔眼睛区域的时间显著长于自我面孔($p<0.01$);三因素交互作用不显著,$F(2,34)=1.67,p>0.05,\eta^2=0.089$。

注视时间(FD)被试类型主效应显著,$F(1,17)=22.17,MSE=116\,496,p<0.001,\eta^2$

$=0.566$，自闭症组对面孔特征区的注视时间显著少于正常组；特征区主效应显著，$F(1,17)$ $=61.79$，$MSE=386\ 384$，$p<0.001$，$\eta^2=0.784$，注视眼睛的时间显著长于嘴巴的时间；面孔类型主效应不显著，$F(2,34)=2.27$，$MSE=29\ 555$，$p<0.01$，$\eta^2=0.118$。被试类型和特征区交互作用边缘显著，$F(1,17)=3.46$，$p=0.080$，$\eta^2=0.169$，进一步简单效应分析发现，正常组对眼睛的注视时间显著长于自闭症组（$p<0.01$），而两组对嘴巴的注视时间差异不显著（$p>0.05$）；被试类型和面孔类型之间交互作用不显著，$F(2,34)=1.72$，$p>0.05$，η^2 $=0.092$；特征区和面孔类型交互作用显著，$F(2,34)=7.09$，$MSE=36\ 086$，$p<0.01$，$\eta^2=$ 0.294，进一步简单效应分析发现，对三类面孔的嘴巴区域注视时间差异不显著，但对新朋友、陌生人的眼睛区域注视时间显著多于自我眼睛（$p<0.01$）；三因素交互作用不显著，$F(2,34)=2.10$，$p>0.05$，$\eta^2=0.110$。

注视次数（FC）被试类型主效应显著，$F(1,17)=8.43$，$MSE=0.87$，$p<0.01$，$\eta^2=$ 0.331，自闭症组对面孔特征区的注视点数显著少于正常组；特征区主效应显著，$F(1,17)=$ 101.34，$MSE=1.44$，$p<0.001$，$\eta^2=0.856$，在眼睛的注视点数显著多于嘴巴；面孔类型主效应不显著，$F(2,34)=1.91$，$MSE=0.33$，$p<0.001$，$\eta^2=0.101$，对三类面孔特征区的注视点数差异不显著。特征区与被试类型交互作用不显著，$F(1,17)=2.68$，$p>0.05$，$\eta^2=$ 0.136；面孔类型与被试类型交互作用显著，$F(2,34)=1.89$，$p>0.05$，$\eta^2=0.100$；特征区与面孔类型间交互作用不显著，$F(2,34)=3.20$，$MSE=0.35$，$p=0.053$，$\eta^2=0.158$；三因素间交互作用不显著，$F(2,34)=2.00$，$p>0.05$，$\eta^2=0.105$。

（四）对双眼的视觉注意分配

表 6-9 呈现的是两组被试对左眼、右眼的观看时间（OL）、注视时间（FD）、注视点数（FC）。

表 6-9　被试对左眼、右眼的视觉注意分配

		ASD（$n=9$）						TD（$n=10$）					
		自我面孔		新朋友面孔		陌生面孔		自我面孔		新朋友面孔		陌生面孔	
		M	SD	M	SD	M	SD	M	SD	M	SD	M	SD
OL	左眼	507	396	547	331	525	349	642	298	749	241	848	267
	右眼	781	732	913	708	838	785	626	350	900	442	817	237
FD	左眼	394	294	451	257	392	213	610	291	704	240	804	264
	右眼	714	738	829	730	793	786	586	329	845	401	769	238
FC	左眼	0.97	0.57	1.12	0.62	0.98	0.66	1.41	0.42	1.59	0.75	1.98	0.68
	右眼	1.35	0.31	1.56	0.49	1.39	0.70	1.26	0.41	1.77	0.62	1.87	0.44

2（被试类型）×2（眼睛方位）×3（熟悉性）重复测量方差分析显示，对眼睛的观看时间（OL）被试类型主效应不显著，$F(1,17)=0.46$，$MSE=377\ 007$，$p>0.05$，$\eta^2=0.026$，自闭症组对眼睛的观看时间与正常组差异不显著；眼睛方位主效应不显著，$F(1,17)=1.14$，$MSE=775\ 799$，$p>0.05$，$\eta^2=0.063$，观看左眼、右眼的时间差异不显著；面孔类型主效应显著，$F(2,34)=10.96$，$MSE=19\ 212$，$p<0.001$，$\eta^2=0.392$（观看新朋友、陌生眼睛的时间

略长于自我面孔)。被试类型和眼睛方位交互作用不显著,$F(1,17)=0.74,p>0.05,\eta^2=0.041$;被试类型和面孔类型之间交互作用显著,$F(2,34)=3.29,p<0.05,\eta^2=0.162$,进一步简单效应分析发现,自闭症组观看三类面孔眼睛的时间没有显著差异,而正常组观看自我面孔眼睛区域的时间显著少于新朋友($p<0.001$)、陌生眼睛($p<0.001$)的时间;眼睛方位和面孔类型交互作用不显著,$F(2,34)=1.15,MSE=42\ 015,p>0.05,\eta^2=0.063$;三因素交互作用不显著,$F(2,34)=0.24,p>0.05,\eta^2=0.014$。

注视时间(FD,图6-7)被试类型主效应不显著,$F(1,17)=1.12,MSE=391\ 451,p>0.05,\eta^2=0.062$,自闭症组对双眼的注视时间与正常组差异不显著;眼睛方位主效应不显著,$F(1,17)=1.62,MSE=680\ 616,p>0.05,\eta^2=0.087$;面孔类型主效应显著,$F(2,34)=10.24,MSE=18\ 843,p<0.001,\eta^2=0.376$,对自我眼睛的注视时间少于新朋友眼睛($p<0.01$)、陌生眼睛($p<0.01$)。被试类型和眼睛方位交互作用不显著,$F(1,17)=1.20,p>0.05,\eta^2=0.066$;被试类型和面孔类型之间交互作用边缘显著,$F(2,34)=2.87,p=0.07,\eta^2=0.144$,简单效应分析发现,自闭症组对三类面孔的双眼注视时间差异不显著($p>0.05$),而正常组注视自我双眼的时间显著少于新朋友($p<0.001$)、陌生面孔($p<0.001$)的双眼;眼睛方位和面孔类型交互作用不显著,$F(2,34)=0.95,MSE=33\ 272,p>0.05,\eta^2=0.053$;三因素交互作用不显著,$F(2,38)=0.71,p>0.05,\eta^2=0.040$。

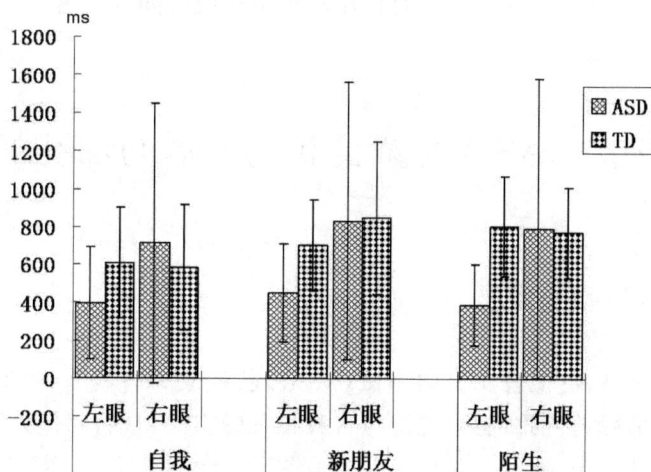

图 6-7 两组对左眼、右眼的注视时间

注视次数(FC)被试类型主效应显著,$F(1,17)=10.23,MSE=0.49,p<0.01,\eta^2=0.376$,自闭症组对眼睛的注视点数显著少于正常组;眼睛方位主效应不显著,$F(1,17)=1.26,MSE=0.80,p>0.05,\eta^2=0.069$;面孔类型主效应显著,$F(2,34)=5.47,MSE=0.19,p<0.01,\eta^2=0.243$。眼睛方位与被试类型交互作用不显著,$F(1,17)=1.70,p>0.05,\eta^2=0.091$;面孔类型与被试类型交互作用显著,$F(2,34)=4.16,p<0.05,\eta^2=0.197$;眼睛方位与熟悉性间交互作用不显著,$F(2,34)=0.73,MSE=0.14,p>0.05,\eta^2=0.041$;三因素间交互作用不显著,$F(2,34)=0.37,p>0.05,\eta^2=0.021$。

四、小结

与以往有关自闭症面孔加工的研究结果相似，本实验结果发现，不论是自我面孔还是他人面孔，自闭症幼儿对面孔的观看时间、注视时间比正常幼儿少，觉察面孔的时间比正常幼儿长。在多个面孔群集中，他人面孔最先被注意到，自我面孔注视时间最长，然而，当自我面孔与他人面孔单独呈现时，这种注意偏向不存在。正常组对三种面孔加工时，对他人面孔投入的注视时间是最多的，而自我面孔的注视时间则最少，达到边缘显著水平（$p=0.057$），对重复出现的他人与单独出现的他人面孔的视觉加工方式是一样的，从眼动特征可见，正常幼儿对自我与他人面孔有不同的加工方式；然而，自闭症组对三类面孔的视觉加工各项指标都非常接近，未对他人面孔表现出关注。对面孔特征区、眼睛区域的进一步分析也表现出如上趋势。两组对三类面孔视觉反应方式的不同，也说明了自闭症者不能像正常幼儿那样区分自我与他人。

与第四章第二节、第五章第二节实验结果一致的是，自闭症幼儿对非特征区的注意与正常幼儿无异，而在面孔特征区的加工时间显著少于正常幼儿，主要表现在眼睛区域的注意投入少于正常幼儿。对双眼进一步分析发现，自闭症组对自我的双眼注视时间与正常组差异不显著，而重复呈现或单次呈现的他人面孔左侧眼睛注视时间均显著少于正常组，而右侧眼睛的注意则很正常。

第四节　ASD 儿童自我的发展与面孔加工

一、ASD 幼儿自我识别的发展

在发展心理学领域，镜像自我识别测试（MSR）已经成为自我身份识别的代名词，以此来评估儿童能否识别视觉自我，能否进行与自我相关的空间识别，并作为评估其是否具有自我意识的行为标志（Reddy et al.，2010）。以往研究已经多次验证，正常儿童在 18～24 个月表现出触摸红点的行为，从镜子中认出自己（周念丽，方俊明，2004；Nielsen & Dissanayake，2004；Williams，2010）。ASD 儿童能够在合适的发展年龄通过镜子测试。在本研究中，实足年龄接近 3 周岁的 2 名 ASD 幼儿却仍然未能通过镜子测试，行为指向镜子而非自身；3 周岁之后，随着年龄的增长，指向自身的行为显著增加，意味着他们具备了生理自我意识，但仍然发现较多的指向镜子的行为。至今为止，只有少量关于 ASD 儿童 MSR 的研究，在这些研究中，平均 74% 的 ASD 儿童能够成功识别得出镜像中自我形象（Williams，2010）。按照 Lewis（2003）的观点，镜像自我意识必须以心理自我意识为基础，因此，镜像自我意识是自我意识发展的一个水平，包括明确的意识和自我参照行为，它基于对自己心理状态的意识，从而能够记起自我以及自己所知道的东西。从心理理论发展缺陷观来看，镜像自我识别缺陷的结果表明，ASD 儿童对自我心理状态的意识不足，可能导致了他们生理自我意识相应减弱（Williams，2010）。

我们的研究发现,只有满 3 周岁之后的 ASD 儿童才表现出自我面孔识别。相比正常儿童,ASD 儿童自我面孔识别能力明显迟滞,验证了本研究的假设。这说明 ASD 儿童具备自我面孔识别的能力,只是在发展上更加缓慢。ASD 者具有视觉自我认知能力,说明 ASD 者并非没有自我,而只是在某些方面缺损或者发展迟滞(Lind & Bowler,2009a)。对 ASD 者视觉自我认知能力发展迟缓的解释,一方面可能说明了 ASD 者的自我受损;另一方面,也可能是注意力的分散性和自发表情模仿的困难影响了 ASD 儿童通过镜子测试(Dawson et al.,2004)。

我们的研究发现,ASD 幼儿的自我面孔识别能力与年龄显著正相关,随着年龄增长,ASD 儿童的自我识别能力也在增强。这与正常儿童发展的方向是一致的。虽然 ASD 儿童在出生 18~24 个月时未表现出自我面孔识别,甚至满 3 周岁时仍然不具备这一能力,但其发展的趋势仍然存在。我们的结果显示,3 岁前的 ASD 儿童并未表现出自我面孔识别能力,在 3 岁之后逐渐显示出这种能力。这意味着 3 岁可能是 ASD 儿童自我面孔识别的关键点,而且,其自我面孔识别的能力只是发展迟滞,而发展过程与正常儿童类似,这需要进一步研究探索。

已有研究认为,ASD 者的自我意识受损,视自己为他人,这可能导致其成长过程中无法形成高度组织性的自我概念(Toichi et al.,2002)。在本研究的镜像自我识别测试中,所有 ASD 幼儿均表现出非常明显的模仿行为,要么是精细的表情模仿,要么是身体动作的模仿。3 岁以上 ASD 幼儿大部分表现出面孔模仿,对自我面孔具有强烈兴趣,但是对自我面孔的模仿可能仅仅是将镜子中的映像作为一个他人来模仿。

二、ASD 幼儿自我与他人的分化

自我与他人是一对相互作用的概念,其中一方面出现发展障碍,在另一方面必然也相应会有问题。自我与他人的分化(self-other differentiation)在个体社会能力发展中发挥着重要的作用,然而,ASD 在这方面却表现出了困难。ASD 儿童在适当的年龄阶段能够通过镜像自我识别测试(MSR),具有了一定的自我概念(Lind & Bowler,2009b),但他们表现出严重的社交障碍,无法与他人建立关系。从发展年龄上看,正常儿童在 18~24 个月时就能顺利通过镜像自我识别测试,然而,ASD 者却要在心理年龄达到 18 个月时才能通过,在本研究中实足年龄 3 周岁以上自闭症儿童才开始表现出自我识别能力。而且,正如 Loveland(1993)所指出的,我们仍然不能因为自闭症儿童能够通过 MSR 就归纳出他们的自我感知没有问题这一结论,相反,她认为,MSR 更可能仅仅是对 Neisser(1993)提出的"生态自我"(ecological self)的预设和说明,即"处在这里的自我"(self who is located here)而不是"人际的自我"(interpersonal self)或者说存在于与他人关系中的自我(self who exists in relation to persons),且自我也包括在人际中。ASD 的核心症状也源自他们缺乏对自我与他人共性的基本鉴别(Gopnik & Meltzoff,1994)。

正如前文所述,自我面孔是个体独特的自我特征,自我面孔识别(self-face recognition)属于作为知觉的自我。个体对自己面孔的认知是自我发展的重要基础,也是建立社会关系的基石。自我面孔识别反映了人们通过自我与他人的区分识别出自我面孔的过程,不能识别出自己的人在推断他人想法上也表现出困难(Northoff et al.,2006)。正常人在观看面孔图片时，自我面孔并非是最快被发现的，但是最吸引自己注意的，在自我面孔的注视时间最长（Devue et al.，2009）。本研究结果与此一致，正常幼儿最早发现的是他人面孔，但对自我面孔的注视时间最长。在面孔群集范式下，ASD 幼儿与正常组一样，最快觉察到的是陌生面孔，而不是自我面孔。然而，与研究假设不一致的是，ASD 幼儿在自我面孔上所用时间与其在"新朋友"、陌生面孔上的注意投入没有差异，他们没有像正常幼儿那样表现出对自我面孔的兴趣；当自我面孔与他人面孔单独呈现时，正常组对他人面孔投入的注视时间是最多的，而自我面孔的注视时间则最少，对他人面孔的重复出现与单独出现，其视觉加工方式是一样的，从眼动特征可见正常幼儿对自我与他人面孔有不同的加工方式；然而，这种条件下，ASD 组对自我与他人面孔的视觉加工各项指标都非常接近，对面孔的反应模式异于常人。这也可能说明他们不能像正常儿童那样对自我与他人进行清晰的区别。

总之，3 周岁以后的 ASD 儿童能够识别视觉自我，意味着具有了生理自我意识，其自我识别能力发展迟滞，但也在逐渐发展中。不论是自我面孔还是他人面孔，他人面孔不论是重复出现还是偶尔出现一次，ASD 幼儿对面孔的注视时间都不如正常幼儿多。ASD 幼儿没有表现出正常幼儿所具有的对自我-他人面孔的区别反应方式，表现出自我-他人分化的不足。ASD 幼儿对面孔特征区的注视时间及对双眼加工均显著少于正常儿童，但对自我的双眼注视时间与正常组差异不显著。

第七章

ASD 儿童对面孔情绪的识别与加工

研究者们假设认为,ASD者的人际交往能力受损是由于他们不能理解他人的意图、思想和情绪,因此,在识别他人非言语的情绪表达方面存在困难,而正常人能够快速准确地感知到(Tracy & Robins,2008)。与此假设一致的是,ASD儿童和成人在情绪识别方面比正常人差(Ashwin,Chapman,Colle & Baron-Cohen,2006;Rump,Giovannelli,Minshew & Strauss,2009)。但也有研究认为,ASD儿童和成人能够准确识别情绪表情,至少能识别那些基本情绪,如愤怒、恐惧、恶心、愉快等,在识别的准确性上与正常人没有差异,在给予被试足够长的时间以做出反应情况下至少能与常人一样准确识别(Rump et al.,2009;Tracy et al.,2011)。至于复杂情绪,结果依然不清晰,有研究发现,ASD者在识别非言语表达的诸如尴尬、可信赖等复杂情绪方面比常人不准确(Heerey et al.,2003)。

为了整合这些不一致的结果,研究者们提出假设,认为ASD者具有识别简单情绪的能力,但要比正常人付出更多的努力,更仔细地加工,包括相对更关注面孔的具体部分如嘴巴,而不能获得更多的面孔整体意义(Behrmann et al.,2006;Neumann et al.,2006)。

这种认知方式对细节分别进行感知加工,而非将部分作为整体有关联的部分,也就是所谓的弱中央统合(WCC)。Baron-Cohen(2003)将此倾向看作是一个社会和语言的症候,称之为"系统化"(systematizing),在这种加工方式下,个体关注于社交和沟通系统中的细节,从而有意识地了解并执行规则。在情绪识别中,也就需要分别对表情的细节予以注意,然后努力发现这些细节之间的联系,进而对所看到的情绪进行推断(Ashwin et al.,2007)。

尽管系统化使ASD者在某些时间足够的实验情境下能够准确识别情绪,但阻碍了他们在自然场景下对情绪的识别,自然场景中表情通常只是短暂呈现,而且有许多分心物干扰观察者的注意。

Rump等人(2009)发现,当以动态图片短时间呈现表情时,与正常人相比,ASD儿童和成人情绪识别较差。神经成像研究也支持了这一结果,在情绪识别时,ASD者与意向分配有关的脑区(如楔前叶)表现出更大的激活,并且关注无关的面孔特征,而正常人激活的则是与情绪有关的脑区如杏仁核(Santos,Rondan,Rosset,Da Fonseca & Deruelle,2008)。

如果系统化所认为的ASD者情绪识别存在缺陷是正确的,那么,当要求ASD者使用快速有效的认知加工而不能产生系统化时,就能观察到他们情绪识别方面的受损情况,相反,即使只是短暂呈现并要快速做出反应,正常人也能够准确识别情绪表情。这表明,对于大部分人来说,情绪识别是一种高效率的加工,即使是复杂的"自我意识"的尴尬、骄傲、害羞等情绪(Tracy & Robins,2008)。本章研究采用幼儿注意习惯化-去习惯化范式,试图探讨自闭症幼儿对基本情绪表情(愉快、恐惧、中性)识别是否受损。

视觉系统对不同情绪有不同敏感性,视觉搜索也因情绪表情的不同而不同(Frischen, Eastwood & Smilek,2008)。正常人对潜在的威胁性面孔扫描时间更长,更多注视正性情绪面孔的嘴部,更多注视负性情绪面孔的眼部,7 个月大的孩子就表现出这种效应(Green, Williams & Davidson,2003;de Wit et al.,2008)。因为这些区域最能展示该类情绪的特征信息,愉快面孔主要表现在嘴巴部位,恐惧的信息主要通过眼睛、嘴巴部位联合表现,正性情绪面孔的嘴角往后收紧而恐惧时下眼睑紧张。从神经生物学的进化论来看,这反映了人们对威胁性情境(社交中)的高度警觉(Williams,Moss,Brasdshaw & Mattingley,2005)。也有许多研究认为,愉快面孔更快被知觉到(Calvo & Nummenmaa,2008),那么,ASD 儿童是否也具有对人类面孔尤其是恐惧面孔注意偏向,对不同情绪面孔视觉加工的注意分配具有哪些特点?

第一节　ASD 儿童对情绪面孔的识别

一、研究目的

能否准确识别情绪能力反映了儿童情绪知觉图式的概化水平(Gross,2004),这些图式促进了儿童对他人情绪状态识别,并做出适当的反应,关系到个体社会交往、沟通的成败(Hoehl,Wiese & Striano,2008)。有关 ASD 者面孔情绪识别能力是否受损,仍然存在争议。本实验采用视觉注意习惯化-去习惯化研究范式,了解自闭症幼儿面孔表情识别能力。

二、方法

(一)被试

从厦门市某特殊教育机构招募 ASD 幼儿 20 名,其中 5 名未能完成观察任务而被剔除,有效被试 15 名,其中男孩 14 名,女孩 1 名,年龄介于 3~6 岁($M=4.13,SD=1.20$)。入选标准、排除标准同第三章第一节。全部视力或矫正视力正常。

从厦门市某幼儿园选择幼儿 20 名为正常组(TD),其中 4 名未能完成观察任务而被剔除,有效被试 16 名,其中男孩 15 名,女孩 1 名,年龄介于 3~6 岁($M=4.12,SD=1.09$)。全部视力或矫正视力正常。排除标准同第三章第一节。

(二)仪器

同第三章第一节。

(三)材料

6 张情绪面孔图片,中性、恐惧、愉快面孔各 2 张,男女各半。面孔大小规格至少 480 像素×640 像素(图 7-1),制成视频后,屏幕呈现的面孔大小规格为 160 像素×187 像素。

中性面孔由专业摄影师到幼儿园选取 4～5 岁幼儿进行拍照,摄影机参数:型号NIKON D7000,焦距 52 mm,35 毫米胶片焦距 78 mm,最大光圈值 4.6,曝光时间 1/125 s,图片拍摄尺寸为 3696 像素×2648 像素。因幼儿园儿童对情绪面孔理解力局限,且考虑研究的伦理道德,儿童恐惧面孔图片为小学四年级学生模拟恐惧面孔,并经专业人员利用 Photoshop 8.0 处理加工而成。愉快面孔从网络上查找获得。所有面孔均为正面,目光平视。

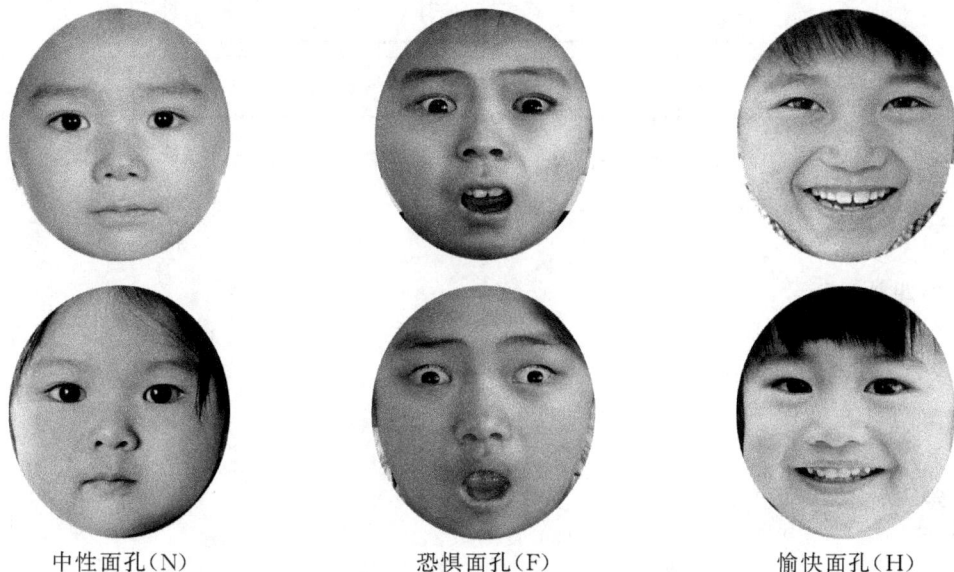

中性面孔(N)   恐惧面孔(F)   愉快面孔(H)

图 7-1   情绪面孔图片

动态视频制成方法及运行方式同第四章第二节,面孔情绪类型变换组合见表 7-1,视频运行过程如图 7-2 所示。

表 7-1   面孔情绪类型变换组合

习惯化刺激类型	去习惯化测验刺激类型	
N	F	H
F	N	H
H	N	F

(四)研究设计

采用 2(被试类型:ASD 幼儿、TD 幼儿)×3(情绪类型:中性、愉快、恐惧)两因素混合设计。被试类型为组间变量,情绪类型为组内变量。

(五)实验程序

同第四章第二节。

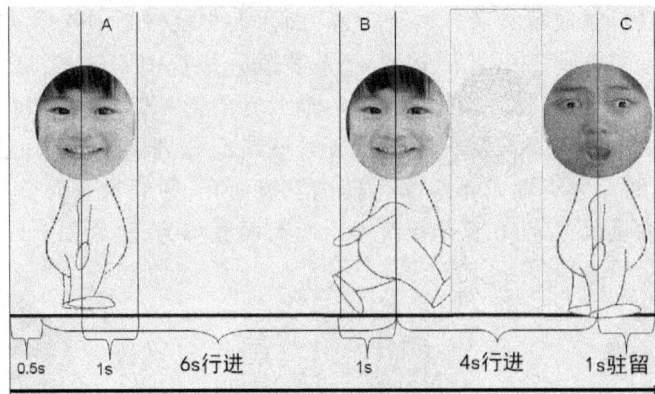

图 7-2　视频进程示意图

（六）兴趣区

同第四章第二节。

（七）分析指标

同第四章第二节。

三、结果

（一）ASD 幼儿对情绪面孔的视觉习惯化过程

表 7-2 呈现的是两组被试在刺激呈现开始 2 秒（A 段）、即将进入挡板前 2 秒（B 段）平均每秒内对面孔的观看时间（OL）。N-H、N-F 两种刺激类型在进入挡板前呈现的都是中性面孔，H-N、H-F 在进入挡板前呈现的是愉快面孔，F-H、F-N 在进入挡板前呈现的也是愉快面孔。

表 7-2　不同刺激呈现时间节点的观看时间

ms

	ASD($n=15$)					TD($n=16$)				
	A		B		t	A		B		t
	M	SD	M	SD		M	SD	M	SD	
N-H	518	217	277	247	4.71***	590	129	352	189	5.40***
N-F	527	149	274	151	5.53***	523	188	309	161	3.90***
H-F	534	227	413	247	2.67*	550	165	395	157	3.05**
H-N	564	167	288	263	3.91***	480	125	293	224	3.78***
F-H	636	175	330	292	5.40***	643	145	311	146	6.45***
F-N	681	148	347	270	4.97***	645	169	480	242	3.01**

注：* $p<0.05$，** $p<0.01$，*** $p<0.001$。

配对样本 t 检验,结果显示(表 7-2),两组被试对三类情绪面孔刺激都表现出了显著的习惯化过程。独立样本 t 检验结果(表 7-3)显示,两组的习惯化速率没有显著差异。

表 7-3　两组对不同刺激呈现的习惯化速率比较

%

刺激类型	ASD($n=15$)		TD($n=16$)		t
	M	SD	M	SD	
N-H	46.95	47.18	39.55	30.76	0.55
N-F	44.64	30.97	34.00	40.19	0.89
H-F	22.41	45.58	21.45	41.21	0.07
H-N	47.28	52.91	37.06	45.72	0.63
F-H	50.70	37.90	50.69	24.98	<0.001
F-N	47.28	39.88	22.49	41.47	1.88

(二)ASD 幼儿对面孔情绪的识别

表 7-4 呈现的是对习惯化刺激达到习惯化水平时连续 2 秒呈现期间(B 段)被试平均每秒对面孔的观看时间,和去习惯化刺激头 1 秒呈现时间内的观看时间。

表 7-4　不同刺激呈现的去习惯化比较

ms

	ASD($n=15$)					TD($n=16$)				
	B		C		t	B		C		t
	M	SD	M	SD		M	SD	M	SD	
N-H	277	247	619	291	6.57***	352	189	554	229	3.13**
N-F	274	151	667	267	5.78***	309	161	561	290	3.68***
H-F	413	247	652	311	3.72**	395	157	696	298	4.61***
H-N	288	263	481	346	2.26*	293	224	462	371	2.99**
F-H	330	292	750	312	5.23***	311	146	653	268	8.04***
F-N	347	270	601	277	3.24**	480	242	628	322	2.01*

注: * $p<0.05$, ** $p<0.01$, *** $p<0.001$。

采用配对样本 t 检验,结果显示(表 7-4),两组被试对各类刺激的变化发生了去习惯化现象,说明他们能很好地区分前后呈现的面孔情绪。独立样本 t 检验结果(表 7-5)发现,两组去习惯化速率没有显著差异。三种情绪面孔刺激不同呈现次序下均发生去习惯化现象,表明没有顺序效应。

表 7-5　两组对不同刺激去习惯化速率比较

%

刺激类型	ASD($n=15$)		TD($n=16$)		t
	M	SD	M	SD	
N-H	186.81	211.37	108.51	146.02	1.25
N-F	74.23	152.94	59.57	120.76	0.31
H-F	90.19	159.67	106.40	116.26	0.36
H-N	56.34	166.48	44.61	117.54	0.23
F-H	187.23	312.74	335.11	1091.00	0.54
F-N	129.99	249.49	80.49	224.56	0.62

四、小结

本实验结果发现，ASD 幼儿与正常幼儿一样，对以视频形式连续呈现的愉快、中性、恐惧三种基本情绪面孔都产生了习惯化现象。在习惯化形成之后，去习惯化刺激呈现时，ASD 幼儿与正常幼儿一样对该刺激的观看时间得到了恢复，说明 ASD 幼儿与正常幼儿一样能够区分这三种情绪，能识别面孔基本情绪。

第二节　ASD 儿童对面孔群集中情绪面孔的注意偏向

一、研究目的

本章第一节发现，ASD 幼儿识别基本情绪能力未受损，这与以往大量研究所认为 ASD 者不能识别情绪的观点有所不同。但 Tracy 等人（2011）的研究也发现，即使短暂快速呈现情绪面孔，ASD 者识别面孔情绪的准确率与正常儿童一样，当要求被试尽可能快速反应时，ASD 者的反应速度与正常组一样快，而且在识别如自豪、轻蔑等复杂的社交情绪方面也与正常组同样快速和准确。此外，ASD 组与正常组一样，表现出识别越快准确性越高的倾向。Rump 等人（2009）的研究也发现，ASD 者情绪识别并未受损。这就向以往研究所得观点，即 ASD 者在情绪识别时要投入大量的时间和认知负荷繁重的系统化加工提出了挑战。本章第一节实验采用的习惯化-去习惯化范式，情绪面孔的变化间隙很短暂，与日常生活中快速变化的面孔情绪相似，而 ASD 者与常人一样能区分面孔的情绪，那么，以往研究中所认为的 ASD 者社会认知缺陷可能不是源自其面孔情绪识别方面的根本性受损，而是源自更高层次的认知加工困难——对面孔情绪内涵的理解（Tracy et al.，2011）。本实验让被试观看包含有情绪面孔与非面孔刺激的图片，以考察在面孔群集范式下，ASD 儿童对不同情绪面孔的注意偏向模式是否与正常幼儿一样。

二、方法

(一)被试

从厦门市某特殊教育机构招募 ASD 幼儿 20 名,其中 5 名未能完成观察任务而被剔除,有效被试 15 名,其中男孩 14 名,女孩 1 名,年龄介于 3~6 岁($M=4.03,SD=1.20$)。入选标准、排除标准同第三章第一节。全部视力或矫正视力正常。

从厦门市某幼儿园选择幼儿 20 名为正常组(TD),其中 4 名未能完成观察任务而被剔除,有效被试 16 名,其中男孩 15 名,女孩 1 名,年龄介于 3~6 岁($M=4.12,SD=1.09$)。全部视力或矫正视力正常。经与班主任访谈,排除精神疾病史、发展障碍或神经疾病。

(二)仪器

同第三章第一节。

(三)材料

36 张情绪面孔图片,其中中性、恐惧、愉快面孔各 12 张,男女各半。36 张非面孔图片。情绪面孔获得方式同第四章第二节,非面孔图片从网络下载球形或圆形物体图片,确保原图片大小规格为 480 像素×640 像素以上。以 Photoshop 8.0 椭圆工具裁剪面孔、球体,确保额头、眉毛、眼睛、鼻子、嘴巴、下巴均包括于面孔内,球形物体以其轮廓为界进行裁切。所有图片均处理为灰白,屏幕上每张面孔、球体图片大小规格为 180 像素×200 像素。全屏大小960 像素×720 像素,计算机分辨率为 1024 像素×768 像素。

采用面孔群集(Face-in-the-Crowd)范式的改进范式。每屏幕呈现 3 张不同情绪面孔和3 张非面孔图片,包括 1 张中性面孔、1 张恐惧面孔、1 张愉快面孔、3 张非面孔球体。6 张图片分布于以屏幕中心为圆心的正六边形 6 个顶点(图 7-3),3 类面孔位置均为相隔关系,在 6

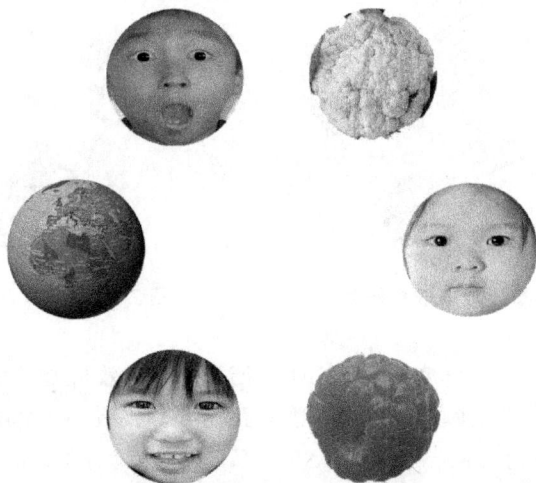

图 7-3　情绪面孔注意偏向图片

个顶点分别出现 2 次,共有 12 张图片。

(四)研究设计

采用 2(被试类型:ASD 幼儿、TD 幼儿)×3(情绪类型:中性面孔、恐惧面孔、愉快面孔)两因素混合设计。被试类型为组间变量,情绪类型为组内变量。

(五)实验程序

同第五章第一节,共用时 2 分钟左右。

(六)兴趣区

同第五章第一节。

(七)分析指标

同第五章第一节。

三、结果

(一)对面孔的注意偏向

两组观看有图片的屏幕所用时间总量差异不显著,$M_{ASD}=4\ 734\ ms$,$SD=311\ ms$;$M_{TD}=4\ 901\ ms$,$SD=169\ ms$;$t(29)=1.84$,$p>0.05$。表 7-6、表 7-7 呈现的是两组在觉察、加工面孔与非面孔的眼动指标,图 7-4、图 7-5 分别是某 ASD 儿童、某 TD 儿童眼动扫描轨迹。

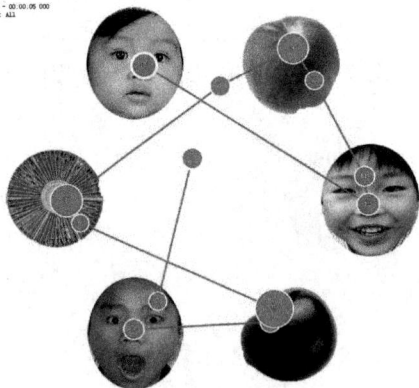

图 7-4　某 ASD 儿童扫描轨迹举例

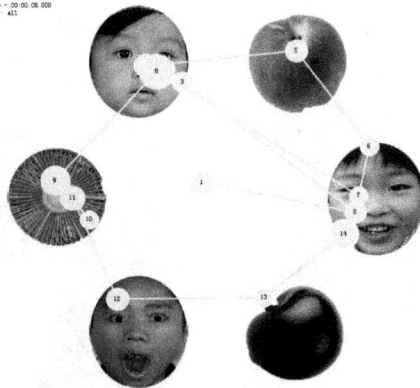

图 7-5　某 TD 儿童扫描轨迹举例

重复测量方差分析显示,觉察时间(TFF)被试类型主效应显著,$F(1,29)=6.53$,$MSE=278\ 769$,$p<0.05$,$\eta^2=0.184$,自闭症组觉察面孔或非面孔的时间显著长于正常组。刺激物类型主效应不显著,$F(1,29)=0.64$,$MSE=775\ 616$,$p>0.05$,$\eta^2=0.022$,对面孔的觉察速度略快于非面孔,但差异并不显著。交互作用不显著,$F(1,29)=0.034$,$p>0.05$,$\eta^2=0.001$。

表 7-6　被试对面孔与非面孔的眼动指标(1)

ms

	面　孔				非面孔			
	ASD($n=15$)		TD($n=16$)		ASD($n=15$)		TD($n=16$)	
	M	SD	M	SD	M	SD	M	SD
TFF	1 374	788	990	518	1 512	730	1 211	832
FD	1 737	935	1 951	782	1 657	961	2 147	794
FFD	321	86	282	65	356	166	377	154
OL	1 913	965	2 082	802	1 748	985	2 226	826

表 7-7　被试对面孔与非面孔的眼动指标(2)

个

	面　孔				非面孔			
	ASD($n=15$)		TD($n=16$)		ASD($n=15$)		TD($n=16$)	
	M	SD	M	SD	M	SD	M	SD
FB	3.93	2.30	3.53	1.56	5.19	3.02	4.75	3.12
FC	43.02	21.41	61.45	19.39	39.40	21.52	62.75	25.70

觉察到兴趣区的注视点数(FB)被试类型主效应不显著,$F(1,29)=1.05$,$MSE=2.55$,$p>0.05$,$\eta^2=0.035$,自闭症组与正常组觉察到面孔和非面孔前的注视点数没有显著差异。刺激物类型主效应不显著,$F(1,29)=2.22$,$MSE=10.68$,$p>0.05$,$\eta^2=0.071$,两组觉察到面孔前的注视点略少于非面孔,但差异并不显著。交互作用不显著,$F(1,29)<0.001$,$p>0.05$,$\eta^2<0.001$。

重复测量方差分析显示,注视时间(FD)的被试类型主效应显著,$F(1,29)=7.95$,$MSE=241\ 037$,$p<0.01$,$\eta^2=0.215$,自闭症组对面孔的注视时间显著少于正常组;刺激物类型主效应不显著,$F(1,29)=0.04$,$MSE=1\ 269\ 117$,$p>0.05$,$\eta^2=0.001$,对面孔的注视时间与非面孔的注视时间差异不显著。被试类型和面孔类型之间交互作用不显著,$F(1,29)=0.23$,$p>0.05$,$\eta^2=0.008$。

注视次数(FC)的被试类型主效应显著,$F(1,29)=23.54$,$MSE=287.15$,$p<0.05$,$\eta^2=0.448$,自闭症组对面孔和非面孔的注视次数都显著少于正常组;刺激物类型主效应不显著,$F(1,29)=0.03$,$MSE=694$,$p>0.05$,$\eta^2=0.001$,两组对面孔的注视点数与对非面孔的注视点数无异;两因素间交互作用不显著,$F(1,29)=0.135$,$p>0.05$,$\eta^2=0.005$。

首次注视面孔时间(FFD)的被试类型主效应不显著,$F(1,29)=0.06$,$MSE=20\ 079$,$p>0.05$,$\eta^2=0.002$,自闭症组对面孔和非面孔的首次注视时间都与正常组差异不显著;刺激物类型主效应显著,$F(1,29)=5.85$,$MSE=11\ 250$,$p<0.05$,$\eta^2=0.168$,对面孔的首次注视时间少于对非面孔的注视时间。被试类型和面孔类型之间交互作用不显著,$F(1,29)=1.24$,$p>0.05$,$\eta^2=0.041$。

观看时间(OL)的被试类型主效应显著,$F(1,29)=9.28$,$MSE=175\ 116$,$p<0.01$,$\eta^2=0.242$,即 ASD 组观看面孔和非面孔的时间显著少于正常组;刺激物类型主效应不显著,$F(1,29)=0.001$,$MSE=1\ 428\ 963$,$p>0.05$,$\eta^2<0.001$,即观看面孔的时间与非面孔无

异;交互作用不显著,$F(1,32)=0.26$,$p>0.05$,$\eta^2=0.009$。

不论是正常儿童还是自闭症儿童,并未对面孔表现出明显的注意偏向。

(二)对不同情绪面孔的注意偏向

表7-8、表7-9呈现的是两组对三类情绪面孔觉察与加工的眼动指标。重复测量方差分析显示,觉察时间(TFF)被试类型主效应不显著,$F(1,29)=2.77$,$MSE=1\,116\,478$,$p>0.05$,$\eta^2=0.087$,自闭症组觉察不同情绪面孔的时间略长于正常组,但差异不显著。情绪类型主效应显著,$F(2,58)=6.99$,$MSE=347\,382$,$p<0.01$,$\eta^2=0.194$,对恐惧面孔的觉察显著快于中性面孔($p<0.001$)和愉快面孔($p=0.05$),对愉快面孔的觉察略快于中性面孔,但差异不显著($p>0.05$)。交互作用不显著,$F(2,58)=0.87$,$p>0.05$,$\eta^2=0.029$。

表7-8 被试对不同情绪面孔的眼动指标(1)

ms

| | 中性面孔 | | | | 恐惧面孔 | | | | 愉快面孔 | | | |
| | ASD($n=15$) | | TD($n=16$) | | ASD($n=15$) | | TD($n=16$) | | ASD($n=15$) | | TD($n=16$) | |
	M	SD	M	SD	M	SD	M	SD	M	SD	M	SD
TFF	3 180	677	2 966	880	2 808	974	2 219	551	2 912	972	2 620	479
OL	397	165	445	308	883	654	969	548	633	433	669	311
FD	359	146	422	296	797	587	916	526	580	399	613	297
FFD	216	77	194	89	278	140	247	77	219	117	245	70

表7-9 被试对不同情绪面孔的眼动指标(2)

个

| | 中性面孔 | | | | 恐惧面孔 | | | | 愉快面孔 | | | |
| | ASD($n=15$) | | TD($n=16$) | | ASD($n=15$) | | TD($n=16$) | | ASD($n=15$) | | TD($n=16$) | |
	M	SD	M	SD	M	SD	M	SD	M	SD	M	SD
FB	10.67	3.16	12.30	3.98	9.46	3.50	9.02	1.91	9.28	2.60	10.72	2.83
FC	0.97	0.35	1.20	0.68	1.64	0.83	2.30	1.05	1.41	0.97	1.54	0.77

觉察到兴趣区的注视点数(FB)被试类型主效应不显著,$F(1,29)=1.05$,$MSE=2.55$,$p>0.05$,$\eta^2=0.035$,自闭症组与正常组觉察到不同情绪面孔前的注视点数没有显著差异。情绪类型主效应显著,$F(2,58)=6.88$,$MSE=5.89$,$p<0.01$,$\eta^2=0.192$,两组觉察到中性面孔前的注视点显著多于恐惧面孔($p<0.01$)、愉快面孔($p<0.05$),但觉察到恐惧面孔和愉快面孔前的注视点数没有显著差异($p>0.05$)。交互作用不显著,$F(2,58)=1.74$,$p>0.05$,$\eta^2<0.057$。

(三)对不同情绪面孔的注意保持

重复测量方差分析显示,观看时间(OL)的被试类型主效应不显著,$F(1,29)=0.28$,$MSE=261\,011$,$p>0.05$,$\eta^2=0.010$,即 ASD 组观看情绪面孔的时间与正常组差异不显著;情绪类型主效应显著,$F(2,58)=13.08$,$MSE=151\,796$,$p<0.001$,$\eta^2=0.311$,对恐惧

面孔的观看时间显著长于中性面孔（$p<0.001$）、愉快面孔（$p<0.05$），对愉快面孔的观看时间显著长于中性面孔（$p<0.01$）。被试类型和面孔类型之间交互作用不显著，$F(2,58)=0.04$，$p>0.05$，$\eta^2=0.001$。

注视时间（FD）的被试类型主效应不显著，$F(1,29)=0.48$，$MSE=246\,147$，$p>0.05$，$\eta^2=0.016$，自闭症组对面孔的注视时间与正常组差异不显著；情绪类型主效应显著，$F(2,58)=14.03$，$MSE=120\,501$，$p<0.001$，$\eta^2=0.326$，对恐惧面孔的注视时间显著长于中性面孔（$p<0.001$）、愉快面孔（$p<0.001$），对愉快面孔的注视时间显著长于中性面孔（$p<0.01$）。被试类型和面孔类型之间交互作用不显著，$F(2,58)=0.12$，$p>0.05$，$\eta^2=0.004$。

注视次数（FC）的被试类型主效应不显著，$F(1,29)=3.61$，$MSE=0.93$，$p>0.05$，$\eta^2=0.111$，自闭症组对情绪面孔的注视次数略少于正常组，但差异不显著；情绪类型主效应显著，$F(2,58)=14.14$，$MSE=0.43$，$p<0.001$，$\eta^2=0.328$，两组对恐惧面孔的注视点显著多于中性面孔（$p<0.001$）、愉快面孔（$p<0.05$），对愉快面孔的注视点显著多于中性面孔（$p<0.001$）。两因素间交互作用不显著，$F(2,58)=1.04$，$p>0.05$，$\eta^2=0.035$。

首次注视面孔时间（FFD）的被试类型主效应不显著，$F(1,29)=0.12$，$MSE=16\,072$，$p>0.05$，$\eta^2=0.004$，自闭症组对情绪面孔的首次注视时间都与正常组无显著差异；情绪类型主效应显著，$F(2,58)=4.13$，$MSE=6\,277$，$p<0.05$，$\eta^2=0.125$，对恐惧面孔的首次注视时间显著多于对中性面孔的注视时间（$p<0.05$），但与对愉快面孔的注视没有显著差异（$p>0.05$），对愉快面孔的首次注视时间与对中性面孔的注视时间也没有显著差异（$p<0.05$）。被试类型和面孔类型之间交互作用不显著，$F(2,58)=1.16$，$p>0.05$，$\eta^2=0.038$。

四、小结

本实验结果发现，在没有背景且面孔群集（face-in-the-crowd）范式存在多重竞争情况下，ASD 儿童与正常儿童一样，都对恐惧面孔表现出明显的注意偏向，对恐惧面孔的觉察时间最短，注视及观看时间最长。与第五章第一节、第六章第一节相同，本实验材料同时呈现 6 个刺激，包括 3 张面孔和 3 张非面孔，被试在每张面孔或非面孔上的注视点数都较少，因而不能对情绪面孔精细加工情况予以分析，那么，当单独呈现情绪面孔时，ASD 幼儿对不同情绪面孔特征区的精细加工策略是否存在异常，需要进一步探讨。

第三节　ASD 儿童对情绪面孔的加工

一、研究目的

本章第二节实验发现，ASD 幼儿与正常幼儿一样，都对恐惧面孔表现出明显的注意偏向，对恐惧面孔的觉察时间最短，注视及观看时间最长。由于同时呈现 6 张面孔或非面孔刺激，有些被试尤其是 ASD 幼儿可能来不及看完，影响对两组间面孔加工特点的分析，为此，将情绪面孔单独呈现，通过与正常幼儿比较，探讨 ASD 幼儿对情绪面孔加工的视觉加工特征。

二、方法

（一）被试

从厦门某特殊教育机构招募 ASD 幼儿 20 名，其中 4 名未能完成观察任务而被剔除，有效被试 16 名，全部为男孩，年龄介于 2.9～6.0 岁（$M=4.15, SD=1.03$）。入选标准、排除标准同第三章第一节。全部视力或矫正视力正常。

从厦门某幼儿园选择幼儿 20 名为正常组（TD），其中 2 名男孩观看过程中注意力不集中未完成观看，2 名男孩观看过程中因害怕观看恐惧面孔用手遮住双眼，有效被试 16 名，其中男孩 14 名，女孩 2 名，年龄介于 3～6.5 岁（$M=4.79, SD=1.25$）。全部视力或矫正视力正常。经与班主任访谈，排除精神疾病史、发展障碍或神经疾病。

（二）仪器

同第三章第一节。

（三）材料

24 张情绪面孔图片，其中中性、恐惧、愉快三种情绪面孔各 8 张，男女各半，均为正面，目光直视（图 7-6）。情绪面孔获得方式同第三章第三节，确保原图片大小规格为 480 像素×640 像素以上。

以 Photoshop 8.0 椭圆工具裁剪面孔，确保额头、眉毛、眼睛、鼻子、嘴巴、下巴均包括于面孔内。所有面孔图片均处理为灰白，屏幕上每张面孔图片大小规格为 411 像素×493 像素。三类情绪面孔随机呈现于屏幕的左半部分或右半部分，面孔轮廓距离屏幕最近边框为 27 像素，距离上下边框各 116 像素。全屏大小 960 像素×720 像素，计算机分辨率为 1024 像素×768 像素。所有被试使用同一组材料。

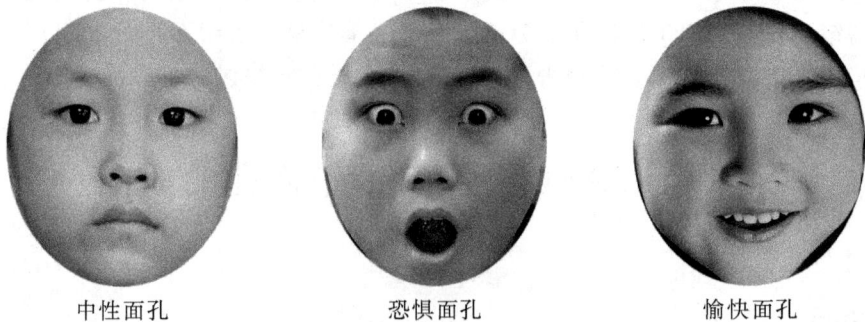

中性面孔 　　　　 恐惧面孔 　　　　 愉快面孔

图 7-6　情绪面孔示例

（四）研究设计

采用 2（被试类型：ASD 幼儿、TD 幼儿）×3（情绪类型：中性面孔、恐惧面孔、愉快面孔）两因素混合设计。被试类型为组间变量，情绪类型为组内变量。

（五）实验程序

同第四章第二节，共用时 2 分钟。

（六）兴趣区

同第四章第二节。

（七）分析指标

同第三章第一节。

三、结果

（一）对情绪面孔的整体觉察与加工

两组观看有图片的屏幕所用时间总量（OL）差异不显著，$M_{ASD}=2\,832$ ms，$SD=98$ ms；$M_{TD}=2\,882$ ms，$SD=144$ ms；$t(30)=1.16$，$p>0.05$。表 7-10、表 7-11 呈现的是两组对情绪面孔的整体觉察、加工的眼动指标，图 7-7、图 7-8 分别呈现 ASD 儿童、TD 儿童注视热点，图 7-9、图 7-10 分别是某 ASD 儿童、某 TD 儿童眼动扫描轨迹情况。

表 7-10 被试对不同情绪面孔的觉察与注视时间

ms

| | 中性面孔 | | | | 恐惧面孔 | | | | 愉快面孔 | | | |
| | ASD($n=16$) | | TD($n=16$) | | ASD($n=16$) | | TD($n=16$) | | ASD($n=16$) | | TD($n=16$) | |
	M	SD	M	SD	M	SD	M	SD	M	SD	M	SD
TFF	395	357	222	131	313	184	213	72	316	210	203	127
OL	2 450	384	2 501	375	2 547	251	2 709	141	2 404	398	2 620	267
FD	2 035	439	2 305	462	2 204	410	2 524	306	2 033	522	2 396	376
FFD	310	105	348	130	308	145	343	251	289	96	299	102

表 7-11 被试对不同情绪面孔的觉察与注视点数量

个

| | 中性面孔 | | | | 恐惧面孔 | | | | 愉快面孔 | | | |
| | ASD($n=16$) | | TD($n=16$) | | ASD($n=16$) | | TD($n=16$) | | ASD($n=16$) | | TD($n=16$) | |
	M	SD	M	SD	M	SD	M	SD	M	SD	M	SD
FB	1.29	0.51	1.40	0.26	1.39	0.56	1.24	0.33	1.27	0.57	1.24	0.35
FC	5.51	1.53	6.15	1.25	5.73	1.49	6.23	1.39	5.57	1.30	6.30	1.42

重复测量方差分析显示，觉察时间（TFF）被试类型主效应显著，$F(1,30)=5.08$，$MSE=77\,976$，$p<0.05$，$\eta^2=0.145$，自闭症组觉察不同情绪面孔的时间显著长于正常组。情绪类型主效应不显著，$F(2,60)=1.09$，$MSE=22\,058$，$p>0.05$，$\eta^2=0.035$，觉察三类情绪面孔时间差异不显著。交互作用不显著，$F(2,60)=0.56$，$p>0.05$，$\eta^2=0.018$。

觉察到兴趣区的注视点数(FB)被试类型主效应不显著,$F(1,30)=0.04$,$MSE=0.31$,$p>0.05$,$\eta^2=0.001$,两组觉察到情绪面孔前的注视点数没有显著差异。情绪类型主效应不显著,$F(2,60)=0.45$,$MSE=0.15$,$p>0.05$,$\eta^2=0.015$,两组觉察到三种情绪面孔前的注视点没有显著差异。交互作用不显著,$F(2,60)=0.90$,$p>0.05$,$\eta^2=0.029$。

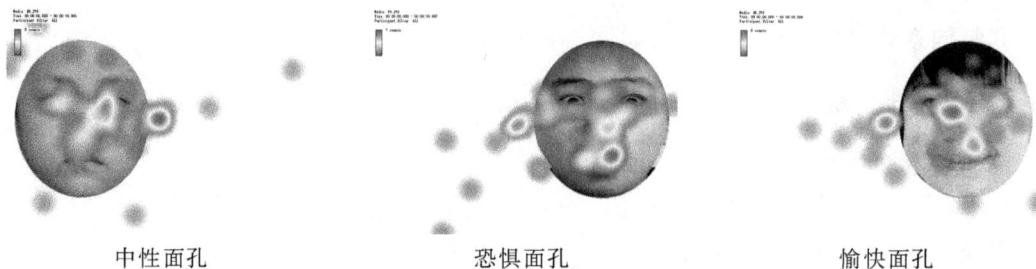

中性面孔　　　　　　　　恐惧面孔　　　　　　　　愉快面孔

图 7-7　ASD 组对情绪面孔的注视热点

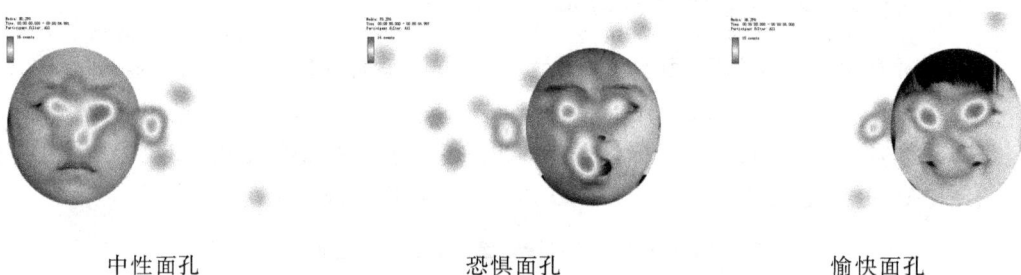

中性面孔　　　　　　　　恐惧面孔　　　　　　　　愉快面孔

图 7-8　TD 组对面孔的注视热点

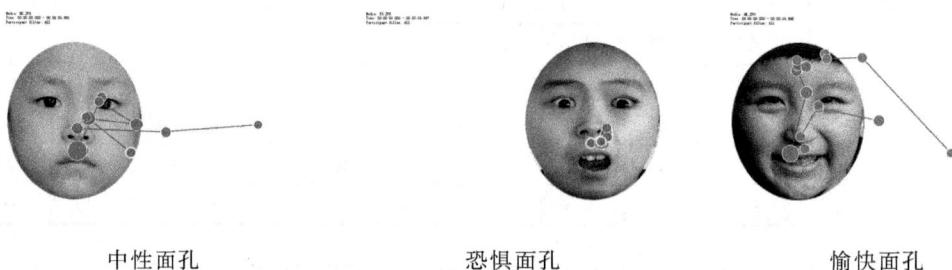

中性面孔　　　　　　　　恐惧面孔　　　　　　　　愉快面孔

图 7-9　某 ASD 幼儿扫描轨迹举例

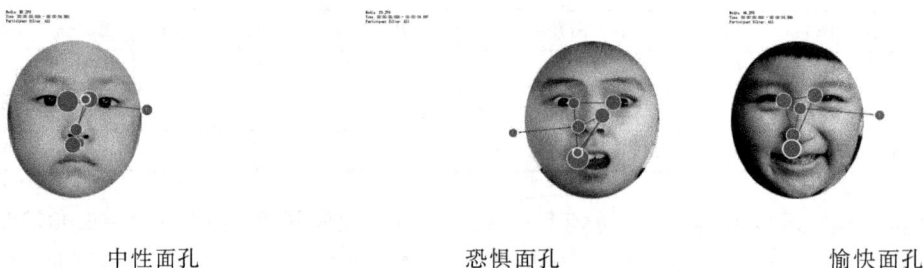

中性面孔　　　　　　　　恐惧面孔　　　　　　　　愉快面孔

图 7-10　某 TD 幼儿扫描轨迹举例

重复测量方差分析显示,观看时间(OL)被试类型主效应不显著,$F(1,30)=2.29,MSE=213\ 624,p>0.01,\eta^2=0.071$;情绪类型主效应显著,$F(2,60)=4.66,MSE=43\ 379,p<0.05,\eta^2=0.134$,对恐惧面孔的观看时间显著长于观看中性面孔($p<0.01$)、愉快面孔的时间($p<0.05$),观看愉快面孔时间与中性面孔差异不显著($p>0.05$)。被试类型和面孔类型之间交互作用不显著,$F(2,60)=1.31,p>0.05,\eta^2=0.042$。

注视时间(FD)被试类型主效应显著,$F(1,30)=5.77,MSE=419\ 491,p<0.05,\eta^2=0.161$,自闭症组对情绪面孔的注视时间显著少于正常组;情绪类型主效应显著,$F(2,60)=5.45,MSE=60\ 717,p<0.01,\eta^2=0.154$,对恐惧面孔的注视时间显著长于中性面孔($p<0.01$)、愉快面孔($p<0.05$),对愉快面孔与中性面孔的注视时间差异不显著($p>0.05$)。被试类型和面孔类型之间交互作用不显著,$F(2,60)=0.28,p>0.05,\eta^2=0.009$。

注视次数(FC)被试类型主效应不显著,$F(1,30)=2.00,MSE=4.63,p>0.05,\eta^2=0.063$,自闭症组对情绪面孔的注视点数与正常组差异不显著;情绪类型主效应不显著,$F(2,60)=0.29,MSE=0.63,p>0.05,\eta^2=0.009$,在三种情绪面孔上的注视点数无显著差异。两因素间交互作用不显著,$F(2,60)=0.16,p>0.05,\eta^2=0.005$。

首次注视面孔时间(FFD)被试类型主效应不显著,$F(1,30)=0.54,MSE=32\ 770,p>0.05,\eta^2=0.018$,两组对情绪面孔的首次注视时间无显著差异;情绪类型主效应不显著,$F(2,60)=0.72,MSE=16\ 507,p>0.05,\eta^2=0.023$,对三种情绪面孔的首次注视时间差异不显著。两因素交互作用不显著,$F(2,60)=0.11,p>0.05,\eta^2=0.004$。

(二)对情绪面孔注意分配方式

将面孔区分为两个兴趣区,其中,由眼睛和嘴巴区域组合为面孔特征区,其余部分为非特征区。以被试对面孔特征区、非特征区的观看时间(OL)、注视时间(FD)、注视点数(FC)为面孔特征区加工的眼动指标,考察两组面孔加工的注意分配方式,结果见表7-12。

重复测量方差分析显示,对面孔特征区观看时间(OL)被试类型主效应不显著,$F(1,30)=2.29,MSE=106\ 812,p<0.05,\eta^2=0.071$,两组观看情绪面孔的时间无显著差异;兴趣区主效应显著,$F(1,30)=316.32,MSE=338\ 587,p<0.001,\eta^2=0.913$,观看面孔特征区的时间显著长于非特征区;情绪性主效应显著,$F(2,60)=4.66,MSE=21\ 690,p<0.05,\eta^2=0.134$。被试类型和兴趣区间交互作用不显著,$F(1,30)=1.99,p>0.05,\eta^2=0.062$;被试类型和情绪性之间交互作用不显著,$F(2,60)=1.31,p>0.05,\eta^2=0.042$;兴趣区和情绪性交互作用显著,$F(2,60)=7.00,MSE=149\ 876,p<0.01,\eta^2=0.189$,进一步简单效应分析发现,对中性面孔特征区观看时间显著少于恐惧面孔($p<0.001$)、愉快面孔($p<0.01$),而观看中性面孔非特征区的时间却显著长于另两种面孔非特征区的时间(均 $p<0.05$);三因素交互作用不显著,$F(2,34)=0.12,p>0.05,\eta^2=0.004$。

注视时间(FD)被试类型主效应显著,$F(1,30)=5.77,MSE=209\ 745,p<0.05,\eta^2=0.161$,两组注视情绪面孔的时间无显著差异;兴趣区主效应显著,$F(1,30)=275.23,MSE=310\ 345,p<0.001,\eta^2=0.902$,注视面孔特征区的时间显著长于非特征区;情绪性主效应显著,$F(2,60)=5.42,MSE=79\ 246,p<0.01,\eta^2=0.153$。被试类型和兴趣区间交互作用显著,$F(1,30)=4.71,p<0.05,\eta^2=0.136$,进一步简单效应分析发现,自闭症组注视特征区时间显著少于正常组($p<0.05$),而非特征区的注视时间差异不显著($p>0.05$);被试类

表 7-12 被试对情绪面孔特征区的加工

| | | ASD($n=16$) | | | | | | TD($n=16$) | | | | | |
| | | 中性面孔 | | 恐惧面孔 | | 愉快面孔 | | 中性面孔 | | 恐惧面孔 | | 愉快面孔 | |
		M	SD	M	SD	M	SD	M	SD	M	SD	M	SD
OL	特征区	1 760	548	2 092	342	1 911	505	1 943	507	2 275	214	2 115	351
	非特征区	690	372	455	272	493	237	558	331	434	225	505	221
FD	特征区	1 468	527	1 779	434	1 628	565	1 814	515	2 100	318	1 961	384
	非特征区	566	356	424	249	406	157	490	210	424	212	435	185
FC	特征区	3.74	1.63	4.22	1.31	4.09	1.30	4.65	1.36	4.90	1.30	4.84	1.23
	非特征区	1.78	0.87	1.50	0.70	1.48	0.52	1.50	0.54	1.33	0.45	1.46	0.55

型和情绪性之间交互作用不显著,$F(2,60)=0.18,p>0.05,\eta^2=0.006$;兴趣区和情绪性交互作用显著,$F(2,60)=5.78,MSE=69\ 509,p<0.01,\eta^2=0.162$,进一步简单效应分析发现,对中性面孔特征区注视时间显著少于恐惧面孔($p<0.001$)、愉快面孔($p<0.01$),而注视中性面孔非特征区的时间却显著长于另两种面孔非特征区的时间(均 $p<0.05$);三因素交互作用不显著,$F(2,34)=0.12,p>0.05,\eta^2=0.004$。

注视次数(FC)被试类型主效应不显著,$F(1,30)=2.00,MSE=2.31,p>0.05,\eta^2=0.063$,两组在情绪面孔上的注视点数无显著差异;兴趣区主效应显著,$F(1,30)=165.63,MSE=2.44,p<0.001,\eta^2=0.847$,面孔特征区的注视点数显著长于非特征区;情绪性主效应不显著,$F(2,60)=0.29,MSE=0.32,p>0.01,\eta^2=0.009$。被试类型和兴趣区间交互作用显著,$F(1,30)=4.34,p<0.05,\eta^2=0.126$,进一步简单效应分析发现,自闭症组在特征区注视点数显著少于正常组($p<0.05$),而非特征区的注视点数差异不显著($p>0.05$);被试类型和情绪性之间交互作用不显著,$F(2,60)=0.16,p>0.05,\eta^2=0.005$;兴趣区和情绪性交互作用不显著,$F(2,60)=2.30,MSE=0.66,p>0.05,\eta^2=0.071$;三因素交互作用不显著,$F(2,34)=0.30,p>0.05,\eta^2=0.010$。

(三)对情绪面孔眼睛与嘴巴注意分配

表 7-13 呈现的是被试对眼睛和嘴巴区域的观看时间(OL)、注视时间(FD)、注视点数(FC)指标。

表 7-13 被试对情绪面孔眼睛与嘴巴的加工

| | | ASD($n=16$) | | | | | | TD($n=16$) | | | | | |
| | | 中性面孔 | | 恐惧面孔 | | 愉快面孔 | | 中性面孔 | | 恐惧面孔 | | 愉快面孔 | |
		M	SD	M	SD	M	SD	M	SD	M	SD	M	SD
OL	眼睛	1 306	666	1 038	623	1 036	548	1 570	524	1 170	334	1 151	359
	嘴巴	454	339	1 054	584	875	517	373	266	1 104	375	964	307

续表

| | | ASD($n=16$) | | | | | | TD($n=16$) | | | | | |
| | | 中性面孔 | | 恐惧面孔 | | 愉快面孔 | | 中性面孔 | | 恐惧面孔 | | 愉快面孔 | |
		M	SD	M	SD	M	SD	M	SD	M	SD	M	SD
FD	眼睛	1 106	600	833	545	871	525	1 462	509	1 072	322	1 077	363
	嘴巴	362	307	946	529	757	495	353	248	1 027	390	883	295
FC	眼睛	2.96	1.76	2.60	1.58	2.31	1.28	3.79	1.31	3.03	1.17	2.91	1.08
	嘴巴	0.78	0.51	1.63	0.83	1.78	0.99	0.85	0.55	1.88	0.61	1.93	0.55

重复测量方差分析显示,观看时间(OL)被试类型主效应显著,$F(1,30)=2.61$,$MSE=166\ 156$,$p>0.05$,$\eta^2=0.080$,两组对特征区的观看时间差异不显著;特征区主效应显著,$F(1,30)=9.14$,$MSE=873\ 249$,$p<0.01$,$\eta^2=0.233$,观看眼睛的时间显著长于嘴巴;情绪类型主效应显著,$F(2,60)=8.10$,$MSE=54\ 267$,$p<0.001$,$\eta^2=0.213$,对恐惧面孔特征区的观看时间显著长于中性面孔($p<0.001$)、愉快面孔($p<0.05$),观看愉快面孔特征区的时间显著长于中性面孔($p<0.01$)。被试类型和面孔特征区间交互作用不显著,$F(1,30)=0.32$,$p>0.05$,$\eta^2=0.010$;被试类型和情绪类型之间交互作用不显著,$F(2,60)=0.01$,$p>0.05$,$\eta^2<0.001$;面孔特征区和情绪类型之间交互作用显著,$F(2,60)=49.03$,$MSE=94\ 943$,$p<0.001$,$\eta^2=0.620$,进一步的简单效应分析显示,对中性眼睛的观看时间多于恐惧眼睛($p<0.001$)、愉快眼睛($p<0.001$),而后两者嘴巴区域的观看时间均显著多于中性面孔的嘴巴($p<0.001$);三因素交互作用不显著,$F(2,60)=1.23$,$p>0.05$,$\eta^2=0.039$。

注视时间(FD)被试类型主效应显著,$F(1,30)=6.22$,$MSE=214\ 421$,$p<0.001$,$\eta^2=0.172$,自闭症组对面孔特征区的注视时间显著少于正常组;面孔特征区主效应显著,$F(1,30)=8.35$,$MSE=700\ 168$,$p<0.01$,$\eta^2=0.218$,注视眼睛的时间显著多于嘴巴;情绪类型主效应显著,$F(2,60)=6.44$,$MSE=55\ 214$,$p<0.01$,$\eta^2=0.177$,对恐惧面孔特征区的注视时间显著长于中性面孔($p<0.001$)、愉快面孔($p<0.05$),对愉快面孔特征区注视时间显著长于中性面孔($p<0.05$)。被试类型和面孔特征区交互作用不显著,$F(1,30)=0.69$,$p>0.05$,$\eta^2=0.023$;被试类型和情绪类型之交互作用不显著,$F(2,60)=0.01$,$p>0.05$,$\eta^2<0.001$;面孔特征区和情绪类型之间交互作用显著,$F(2,60)=55.70$,$MSE=74\ 471$,$p<0.001$,$\eta^2=0.650$,进一步的简单效应分析显示,对中性眼睛的注视时间多于恐惧眼睛($p<0.001$)、愉快眼睛($p<0.001$),而后两者嘴巴区域的注视时间均显著多于中性面孔的嘴巴($p<0.001$);三因素交互作用不显著,$F(2,60)=1.17$,$p>0.05$,$\eta^2=0.037$。

注视点数(FC)被试类型主效应边缘显著,$F(1,30)=3.62$,$MSE=2.02$,$p=0.067$,$\eta^2=0.108$,自闭症组在特征区的注视点数略少于正常组;面孔特征区主效应显著,$F(1,30)=27.43$,$MSE=3.73$,$p<0.001$,$\eta^2=0.478$,眼睛区的注视点数显著多于嘴巴区;情绪类型主效应不显著,$F(2,60)=1.56$,$MSE=0.38$,$p>0.05$,$\eta^2=0.049$,对三类情绪面孔特征区的注视点数差异不显著。被试类型和面孔特征区间交互作用不显著,$F(1,30)=0.70$,$p>0.05$,$\eta^2=0.023$;被试类型和情绪类型之间交互作用不显著,$F(2,60)=0.15$,$p>0.05$,$\eta^2=0.005$;面孔特征区和情绪类型之间交互作用显著,$F(2,60)=43.31$,$MSE=0.34$,$p<$

$0.001,\eta^2=0.591$，进一步的简单效应分析显示，在中性眼睛的注视点数多于恐惧眼睛（$p<0.001$）、愉快眼睛（$p<0.001$），而后两者嘴巴区域的注视点数均显著多于中性面孔的嘴巴（$p<0.001$）；三因素交互作用不显著，$F(2,60)=0.97,p>0.05,\eta^2=0.031$。

（四）对情绪面孔双眼的视觉注意分配

表 7-14 呈现的是两组被试对左眼、右眼的观看时间（OL）、注视时间（FD）、注视点数（FC）。

表 7-14　被试对左眼、右眼的视觉注意分配

| | | ASD($n=16$) | | | | | | TD($n=16$) | | | | | |
| | | 中性面孔 | | 恐惧面孔 | | 愉快面孔 | | 中性面孔 | | 恐惧面孔 | | 愉快面孔 | |
		M	SD	M	SD	M	SD	M	SD	M	SD	M	SD
OL	左眼	470	348	359	322	343	255	603	309	557	301	520	295
	右眼	785	412	484	551	476	386	889	401	551	323	563	336
FD	左眼	371	303	291	212	277	217	553	229	436	231	418	262
	右眼	510	355	385	446	397	347	716	393	480	296	483	321
FC	左眼	1.07	0.93	1.44	0.85	0.96	0.74	1.89	1.01	2.05	0.79	1.56	0.79
	右眼	0.82	0.59	0.99	0.85	1.14	0.90	1.39	0.75	1.37	0.80	1.54	1.10

重复测量方差分析显示，对双眼的观看时间（OL）被试类型主效应不显著，$F(1,30)=2.42,MSE=322\,282,p>0.05,\eta^2=0.075$，两组对眼睛的观看时间差异不显著；眼睛方位主效应边缘显著，$F(1,30)=4.02,MSE=267\,515,p=0.054,\eta^2=0.118$，观看左眼的时间略少于观看右眼的时间；情绪性主效应显著，$F(2,60)=24.04,MSE=37\,448,p<0.001,\eta^2=0.445$，观看中性眼睛的时间长于恐惧眼睛（$p<0.001$）、愉快眼睛（$p<0.001$）。被试类型和眼睛方位交互作用不显著，$F(1,30)=3.13,p>0.05,\eta^2=0.010$；被试类型和情绪性之间交互作用不显著，$F(2,60)=0.03,p>0.05,\eta^2=0.001$；眼睛方位和情绪性交互作用显著，$F(2,60)=4.78,MSE=58\,341,p<0.05,\eta^2=0.137$，简单效应分析发现，观看恐惧、愉快的左眼时间与右眼的时间差异不显著（$p>0.05$），而对中性面孔右眼的观看时间显著长于左眼（$p<0.001$）；三因素交互作用不显著，$F(2,60)=0.18,p>0.05,\eta^2=0.006$。

对双眼注视时间（FD，图 7-11）被试类型主效应显著，$F(1,30)=6.23,MSE=157\,146,p<0.05,\eta^2=0.172$，自闭症组对眼睛的注视时间显著少于正常组；眼睛方位主效应边缘显著，$F(1,30)=4.15,MSE=125\,465,p=0.051,\eta^2=0.122$，对左眼的注视时间显著少于右眼；情绪性主效应显著，$F(2,60)=5.40,MSE=79\,197,p<0.01,\eta^2=0.153$，对中性眼睛的注视时间长于恐惧眼睛（$p<0.001$）、愉快眼睛（$p<0.001$）。被试类型和眼睛方位交互作用不显著，$F(1,30)=0.07,p>0.05,\eta^2=0.002$；被试类型和情绪性之间交互作用不显著，$F(2,60)=0.40,p>0.05,\eta^2=0.013$；眼睛方位和情绪性交互作用不显著，$F(2,60)=0.43,MSE=66\,452,p>0.05,\eta^2=0.014$；三因素交互作用不显著，$F(2,60)=0.12,p>0.05,\eta^2=0.004$。

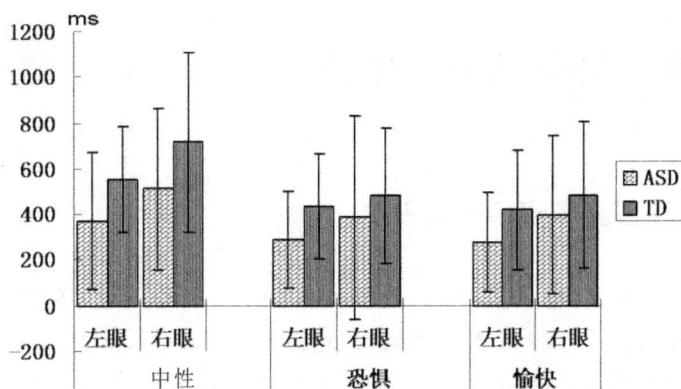

图 7-11　两组对左眼、右眼的注视时间（FD）

对双眼注视点数（FC）被试类型主效应显著，$F(1,30)=7.15$，$MSE=2.11$，$p<0.05$，η^2 $=0.192$，自闭症组对双眼的注视点数显著少于正常组；眼睛方位主效应不显著，$F(1,30)=$ 0.78，$MSE=1.16$，$p>0.05$，$\eta^2=0.025$，在左眼、右眼的注视点数差异不显著；情绪性主效应显著，$F(2,60)=10.62$，$MSE=0.31$，$p<0.001$，$\eta^2=0.262$，对中性眼睛的注视点数多于恐惧眼睛（$p<0.001$）、愉快眼睛（$p<0.001$）。被试类型和眼睛方位交互作用不显著，$F(1,30)=0.43$，$p>0.05$，$\eta^2=0.014$；被试类型和情绪性之间交互作用不显著，$F(2,60)=$ 0.90，$p>0.05$，$\eta^2=0.029$；眼睛方位和情绪性交互作用不显著，$F(2,60)=2.60$，$MSE=$ 0.22，$p>0.05$，$\eta^2=0.080$；三因素交互作用不显著，$F(2,60)=0.01$，$p>0.05$，$\eta^2<0.001$。

四、小结

本实验结果发现，不论是对中性面孔还是恐惧面孔、愉快面孔，ASD 对面孔的觉察速度慢于正常幼儿，对面孔、特征区、眼睛、嘴巴的观看时间、注视时间、注视点数等指标都显著少于正常幼儿。但是，自闭症组对三类情绪面孔的反应倾向与正常组一样，对恐惧面孔表现出了明显的注意偏向，其对不同情绪面孔特征区的注意分配方式与正常儿童相似，即对眼睛的注视时间显著长于嘴巴。两组对积极情绪、消极情绪面孔加工都表现出区别性的轨迹模式，即增加对这两类情绪面孔的嘴巴区域的注意，减少了对眼睛区域的注意。在本实验中性面孔注意的分配上也存在自闭症组在左眼注视时间少于正常组的现象，但是在恐惧面孔和愉快面孔左右双眼注意的分配上却与正常组差异不显著。总之，在本实验中，自闭症幼儿对三种情绪面孔的知觉慢于正常幼儿，对面孔特征区的加工弱于正常幼儿，但其对面孔的注意分配及对不同情绪面孔的反应模式与对照组相似。

第四节　ASD 儿童对情绪面孔的偏向注意与加工

一、ASD 幼儿对面部基本表情的感知能力

长期以来，研究者们普遍认为，ASD 的核心症状是社交障碍，而读懂他人面部表情在社交中具有极其重要的意义，因而，认为 ASD 者对情绪的感知存在缺陷。在 Kanner(1943)最初对自闭症儿童特征的描述中，也指出自闭症儿童对他人的情绪表情不敏感。神经影像学研究结果发现，正常人觉察到威胁刺激如恐惧表情时杏仁核被激活(Ashwin et al.,2007；Fox et al.,2001)，其他负性或威胁性情绪如愤怒和悲伤也会激活杏仁核(Adolphs et al.,2001)，然而，相对于正常人，ASD 者的杏仁核激活体积缩小，激活强度减弱。但也有研究发现，即使是对被试的言语智力也进行了匹配的情况下，也并未发现自闭症者对情绪面孔的注意受损。我们前期研究发现，7~10 岁 ASD 儿童对情绪面孔的觉察与加工模式与对照组相似，两组被试对恐惧面孔的注视时间最长，当面孔得以突显时，对三种情绪面孔的觉察时间无显著差异，在乱序背景下，对恐惧情绪面孔的觉察最快(陈顺森，白学军，沈德立，闫国利，张灵聪，2011)。

在已有的研究中，研究者们对自闭症儿童或成人面孔表情识别能力进行了多方面的探讨，仍然未能清晰地勾勒出该群体这方面能力的发展过程，对自闭症者情绪表情识别是否确实存在缺陷仍然不甚清晰。有许多研究认为自闭症者在情绪识别方面比正常人差，在识别他人非言语的情绪表达方面存在困难，对情绪表情的识别不如正常发展儿童那么熟练，正常人随着年龄增长，情绪识别能力也随之发展，而自闭症者情绪识别困难则表现出跨年龄的稳定性(Tracy & Robins,2008；Rump et al.,2009)，他们不能较好地从他人的面部获得社交线索，不能理解他人的情绪状态，造成了 ASD 者基本的社交缺陷(Gross,2004)。从心理理论视角来理解 ASD 者社会功能的受损，可以认为，ASD 者在识别和理解他人心境、情绪状态方面存在困难，从而导致他们不能很好地参与到人际间的相互交流沟通，维持良好的人际关系(Weinger & Depue,2011)。Rump 等人(2009)发现，儿童在识别不同情绪时的熟练程度不一。愉快是自闭症儿童与正常儿童最容易识别的情绪表情，因为愉快是婴儿最早学会区分的情绪表情(Bornstein & Arterberry,2003)，可以通过嘴部运动首先被识别出来。他们发现，自闭症儿童在识别愤怒和恐惧情绪方面突显出困难。这两种情绪要求被试整合嘴巴、眼睛、前额的信息，而自闭症儿童情绪识别依赖于特征区局部信息而不能进行整体加工，因而表现出了困难(Rump et al.,2009)。

也有研究认为，在给予被试足够长的时间以做出反应情况下，ASD 儿童和成人至少能与常人一样能够准确识别情绪表情，至少能识别那些基本情绪，如愤怒、恐惧、恶心、愉快等，在识别的准确性上与正常人没有差异(Rump et al.,2009；Tracy et al.,2011)。我们的研究发现，自闭症幼儿能够识别基本情绪，他们对不同情绪面孔的注意偏向与正常幼儿相似，对不同情绪面孔特征区的加工也能像正常幼儿那样区别性地分配注意，这验证了研究假设，说明自闭症幼儿对基本情绪的识别、注意没有质的受损，而是时间量上的反应延迟与注意维持

的不足。以往研究发现自闭症者情绪识别能力受损,这可能与任务有关,这些研究任务通常要求被试对情绪面孔进行分类或匹配,或者对刺激做出行为反应,然而,自闭症者对规则理解的困难可能导致他们不能准确完成任务。本研究的被试均为典型低功能自闭症,采用注意习惯化-去习惯化研究范式,不要求被试做出行动反应,而采用眼动追踪技术获得被试观看情绪面孔的眼动指标,减少了规则理解上的困难,直接反映了被试是否能区分去习惯化前后所观察到的情绪面孔刺激。

二、恐惧面孔的特殊性

人类天生具有识别和理解基本情绪表情的能力,正常发展的个体在其生命早期就能自发地注意他人的情绪表情并加以区别对待(Begeer et al.,2008)。不能自发地注意他人情绪表情的儿童将无法获得推断他人愿望和信念的关键信息,从而阻碍对他人行动的理解(Begeer et al.,2008)。以往研究认为,在正常人群中,恐惧面孔、愤怒面孔等威胁刺激优先被觉察到(Calvo & Nummenmaa,2008)。也有研究认为,在视觉搜索任务中,对愉快面孔的识别速度是最快的,且准确性最高(Farran,Branson & King,2011),因为愉快是婴儿最早学会区分的表情,可以通过嘴部运动首先被识别出来。但是,从神经生物学的进化论来看,恐惧面孔对人类适应性生存的重要价值更为突出,因为它往往暗示着周围环境中潜在威胁,对恐惧等威胁性刺激的迅速觉察能够快速激活个体的防御机制,因此,大脑对恐惧表情尤为敏感(杨洁敏,袁加锦,李红,2009)。不论所采用的研究范式,大量的ERP研究都一致证明了在早期的P1以及对面孔敏感的N170成分上,恐惧面孔都比正性或是中性面孔诱发了更大的波幅(Leppänen,Hietanen & Koskinen,2008)。这反映了人们对威胁性情境(社交)中的高度警觉。

Farran等人(2011)研究发现,高功能自闭症者、阿斯伯格综合征者对恐惧、愤怒、悲伤面孔的反应速度慢于对照组,但是他们对愉快、厌恶、惊讶面孔的反应与对照组无异。在本研究中,我们试图探讨自闭症幼儿与正常儿童对不同情绪面孔是否存在不同的注意偏向,对正性情绪面孔和负性情绪面孔的扫描模式是否有所区别。结果发现,当以多重竞争方式呈现情绪面孔时,不论是正常儿童还是自闭症儿童,都对恐惧面孔表现出了注意偏向,即对恐惧面孔的觉察时间最短,这验证了研究假设。但是,当单独呈现静态面孔时,不论是自闭症组还是正常组,对恐惧面孔的觉察与其他情绪面孔无异。不论是恐惧面孔、愉快面孔还是中性面孔,自闭症幼儿觉察面孔的时间都长于正常幼儿,在面孔及其特征区上的注意维持都短于正常幼儿,这表明,自闭症幼儿对负性情绪也具有相应的感知能力,其面孔觉察困难具有跨情绪的稳定性,这与de Wit等人(2008)的研究结果相似。他们发现,ASD儿童与正常儿童一样,看消极情绪面孔(恐惧、愤怒)眼睛的时间多于看积极情绪(愉快、中性)面孔的。从进化角度看,这说明了自闭症者具有对威胁性刺激快速识别的能力(Fox et al.,2000)。

三、自闭症幼儿对情绪面孔的加工受损

大量研究认为ASD者面孔表情加工异常,由于面部表情在社交沟通的重要意义,因而,面孔加工技能的受损被认为是ASD者社交能力弱势的重要原因。

Rutherford 和 Towns（2008）将面孔情绪区别为简单情绪（如愉快、愤怒等）和复杂情绪（如骄傲、自信等），结果发现，自闭症组对简单情绪面孔的加工模式以及对眼睛、嘴巴的观看时间与正常组没有显著差异，他们也更偏向于观看眼睛而非嘴巴；但是，在对复杂情绪面孔的加工方面，自闭症组对眼睛的观看时间显著少于正常组被试。他们的这一结果与 Baron-Cohen 等人所发现的结果一致，他们认为 ASD 者能够利用眼部区域的信息进行简单情绪的识别，却不能利用眼部信息对复杂情绪进行准确识别（Baron-Cohen et al.，1997）。因而，自闭症者简单情绪的加工可能不同于复杂情绪。然而，本研究发现，自闭症幼儿仍然表现出对简单情绪面孔加工的弱势，即对恐惧、愉快、中性等三类情绪面孔的觉察显著慢于正常幼儿，观看各类情绪面孔及其特征区的时间也显著少于正常幼儿。对于研究中自闭症者未表现出对简单情绪面孔加工困难这一结果，Rutherford 和 Towns（2008）认为这可能是熟悉性导致的。认为，不论是正常儿童还是自闭症者对简单情绪可能都更熟悉些，在日常社交过程中经常接触到这些简单情绪，更容易获得对这些情绪的理解（Rutherford & Towns，2008），也可能是在 ASD 社交技能训练中，由于这些简单情绪更容易学习从而更经常被提及，这可能是一种效应而非该群体在这方面表现的改善。但是，本研究以简洁的方式呈现简单情绪面孔，自闭症幼儿也均来自自闭症培训学校，受到培训机构及家长的社交技能训练，常被引导注意他人面孔情绪，然而，他们依然对情绪面孔表现出了加工困难。

四、自闭症幼儿对情绪面孔的注意分配模式

一些经典研究认为，当人们对情绪面孔进行加工时会将视线投放在最能表现该情绪信息的面孔部位。观察者在情绪觉察时，首先使用面孔的下半部分或者说嘴部区域信息，在确认面孔情绪时，对面孔下半部分的依赖要多于上半部分。识别不同的情绪面孔相应的最重要特征区也不同，嘴部区域是表达愉快情绪最重要的信息区，而对于恐惧和惊讶，眼睛则是最重要的区域（Rutherford & Towns，2008）。Boucher 和 Ekman（1975）将面孔划分为三个主要部分，最上部分包括额头和眉毛，中间部分包括眼睛和面颊骨，下端是鼻子、嘴巴和下巴，这三部分展现的表情对于识别面孔的情绪都很重要。不同的情绪在这三个关键部分所表现的形状不同（Boucher & Ekman，1975）。儿童在观看 Ekman 所描述的六种基本情绪面孔的概略式面孔时，其所观看最多的区域是与该情绪最有关系的区域。对潜在的威胁性面孔扫描时间更长，更多注视正性情绪面孔的嘴部，更多注视负性情绪面孔的眼部，7 个月大的孩子就表现出这种效应（de Wit et al.，2008）。因为这些区域最能展示该类情绪的特征信息，愉快、悲伤、惊讶、恶心主要表现在嘴部区域，恐惧的信息主要通过眼睛、嘴巴部位联合表现，正性情绪面孔的嘴角往后收紧，而恐惧时下眼睑紧张（Ekman & Friesen，1975）。采用"气泡"（bubbles）技术来测试被试从图片的哪些方面获得有用的信息，他们发现，人们借助眼睛来区分性别，借助嘴巴区分情绪，结合眼睛与嘴巴的构型信息来区分身份。Spezio 等人（2007a）发现，ASD 者在情绪判断时比对照组更多依赖于嘴部区域，使用眼动追踪技术发现 ASD 者比对照组更多观看嘴巴，较少观看右眼。相比之下，Rutherford 等人的研究却没有发现明显的证据表明 ASD 者加工面孔时偏向于使用嘴部区域的信息（Rutherford et al.，2007）。我们的研究结果发现，虽然自闭症幼儿注视面孔及其特征区的时间少于正常儿童，但这些自闭症幼儿与正常幼儿一样，对中性面孔的眼睛注视时间最长，而对恐惧面孔、愉快

面孔的注视眼睛时间却较短,而且对恐惧面孔、愉快面孔嘴巴的注视时间也显著长于中性面孔的嘴巴,他们对不同情绪面孔的视觉注意分配模式与正常幼儿一样,能够区别对待不同情绪的面孔。这一结果符合面孔情绪的表现特点,即识别不同情绪面孔其相应的最重要面孔特征区也不同,如嘴部区域是表达愉快情绪最重要的信息区(Rutherford & Towns,2008)。

我们这些结果与近期的研究结果相同(Merin et al.,2007),de Wit 等人(2008)发现,尽管 ASD 者观看面孔特征区的时间少于正常组,但与正常人相似的是,他们对不同情绪面孔的扫描轨迹不同,对恐惧、愉快两种情绪面孔的眼部区域扫描少于中性情绪面孔,表现出区别性的视觉加工模式,也一定程度上对早期一些研究所得结果和预期(如 Pelphrey et al.,2002)提出了异议。Pelphrey 等人(2002)通过对 5 名自闭症成人与 5 名正常成人进行对比,发现两组对情绪面孔的扫描轨迹迥然相异,具体是,自闭症者在特征区(眼睛区与嘴巴区的合并)上所花时间较少,观看眼睛时间较少,认为自闭症者的扫描轨迹是紊乱的(disorganized),情绪识别的准确性也较低,而正常人则是有策略的(strategic)。以往研究者(如 Joseph & Tanaka,2003)认为,自闭症者更喜欢注意嘴巴而非眼睛。Klin 等人(2002)还发现,在自闭症组内,社会功能越高者,其对眼睛的注视似乎也就越多,本实验结果并未发现这一现象。之所以 Klin 等人(2002)研究得出的结果是 ASD 者观看嘴巴的时间长于眼睛,而在本实验中的自闭症幼儿却表现出与正常幼儿一样的注意分配模式,这可能是被试选择的原因,在 Klin 等人(2002)研究中所选用的自闭症者虽然存在社交情感问题,但智商较高,且言语能力完整,在包含有交谈的复杂社交场景中,这样的被试样本无疑更偏向于观看嘴巴而非眼睛(Adolphs et al.,2005;de Wit et al.,2008)。而本实验中的被试均为没有言语能力的典型自闭症幼儿,对嘴巴区域缺乏注意也可能反映了他们言语沟通能力的不足(de Wit et al.,2008;Falck-Ytter et al.,2010)。

第八章

ASD 儿童面孔识别障碍的领域
特异性与加工特定性

研究者们使用丰富的材料和多种呈现方式，从不同的角度对 ASD 个体的面孔识别特点进行了分析，不论是从认知神经基础层面还是从行为学层面，ASD 个体都存在对面孔的识别缺陷，并且这一缺陷在一定程度上影响了他们的社会交往能力。

本书第三章、第四章的研究及大多数研究表明，ASD 个体具备基本的区分物体与面孔的能力（Ashwin et al.，2007），从非面孔中区分面孔的任务对 ASD 儿童而言可能相对容易。但是并无研究证明 ASD 儿童能够区分物体与物体、面孔与面孔间的微小差别，其面孔识别障碍是否只存在于面孔与面孔的识别中需要进一步验证。另外，ASD 儿童在感知阶段对面孔这一刺激的社会属性并未进行深入加工，感知水平仅涉及对刺激物的物理属性识别，与物体识别方式相同。从第三章至第七章的研究结果显示，ASD 儿童在面孔加工方面存在一定的障碍。结合以往研究，我们认为，ASD 儿童面孔识别障碍也许存在于需要对社会刺激进行深加工的记忆阶段，而 ASD 儿童面孔识别的感知阶段并没有障碍，或并不严重。要探讨 ASD 儿童面孔识别障碍问题，还需要理清这种障碍是不是专门针对面孔这种特殊的社会刺激，是发生在对面孔这种社会刺激的感知阶段，还是在对面孔的编码记忆、加工阶段。

正如第二章第三节所述，由于需要被试对实验任务做出明确反应，故已有关于 ASD 面孔识别与加工的研究所选取的样本，基本上是智力可评估的高功能自闭症者（HFA）或阿斯伯格综合征（AS），较少低功能自闭症的研究，所得结果并不能推论 ASD 群体。由于 ASD 儿童言语理解能力、执行功能等的限制，无法让低功能 ASD 儿童完成需要言语或行动反应的实验任务，这就需要设计适合该群体的研究范式。Fantz（1964）采用的视觉配对比较任务（the visual paired comparison task，VPC）实验范式不需要实验对象做出言语或行动反应，可用于 ASD 儿童。在 VPC 任务中，首先给被试呈现一个单独的图像，紧随其后给被试呈现一对组合的图像，其中包括刚才出现的图像和一个与之同类别的另一新图像，记录被试观看两个图像的眼动指标。该范式曾用来研究发育中的灵长类动物的感知觉、婴儿的感知觉和记忆（Fantz，1964；Winters & Bussey，2005）。这为开展低功能 ASD 群体实验研究提供了可能性。

第一节　ASD 儿童面孔识别的感知特点

一、研究目的

通过与正常儿童进行比较,了解 ASD 儿童对面孔与非面孔识别时感知觉过程的眼动轨迹,验证前人对 ASD 个体面孔识别的相关研究,探讨 ASD 儿童面孔识别在感知水平上是否存在障碍。在本实验中,如果 ASD 儿童对非面孔识别与正常幼儿相同,而对面孔识别差异显著,则可认为 ASD 儿童面孔识别在感知阶段出现了障碍;如果 ASD 儿童对非面孔的识别与正常儿童也不同,那么可以认为 ASD 儿童的识别障碍不仅仅针对面孔,可能涉及更广泛的领域。

二、研究方法

(一)被试

从福建省漳州市某特殊教育幼儿园招募 20 名 ASD 儿童,其中男孩 15 名,女孩 5 名,年龄介于 3～8 岁($M=5.23,SD=1.54$)。入选标准、排除标准同第三章第一节。。

从福建省漳州市某幼儿园招募 20 名正常儿童(TD),其中男孩 14 名,女孩 6 名,年龄介于 3～8 岁($M=5.12,SD=1.39$)。入选标准、排除标准同第三章第一节。因受低功能 ASD 儿童言语和理解能力的限制,无法对其进行言语或非言语智力测验,故在本实验中不对两组被试进行智力匹配。

(二)仪器

Tobii 120 眼动仪与一台联想 Y460 电脑连接并由其控制。Tobii 眼动仪参数见第三章第一节。联想 Y460 参数如下:CPU 为 Intel Core I3 370 2.4 GHz;内存为 6GB,DDR Ⅲ 1066;操作系统为 Windows 7 Ultimate(64 bit)。

(三)实验材料

8 张中性面孔图片(F,face),男女各半,从福建省漳州市某幼儿园选取 5～7 岁儿童,由专业摄影师选取统一背景进行实地拍摄,面孔均为正面,中性情绪,目光平视。8 张非面孔图片(N,nonface),从网络上查找获得,包括篮球、地球仪等。这两种刺激在本书第四章、第七章已经使用过。

利用 Adobe Photoshop CC 14.0 图像处理软件将材料统一处理为灰白色,大小规格为 751 像素×861 像素,面孔图片无黑痣、眼睛等明显标志,去除头发耳朵等干扰因素,与球类形状相同。将相应的图片合并为组合图片,包括目标刺激和一个与之同类别的另一新图片作为干扰刺激(图 8-1、图 8-2、图 8-3 和图 8-4)。将所有图片制成实验材料导入 Tobii Studio

中进行呈现。

图 8-1　非面孔感知图片示例

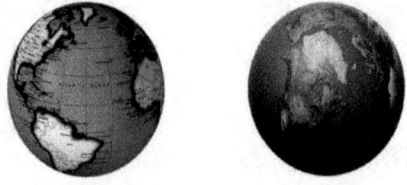

图 8-2　非面孔识别图片示例

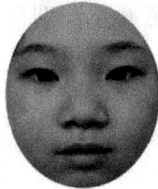

图 8-3　面孔感知图片示例

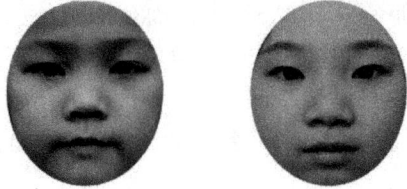

图 8-4　面孔识别图片示例

（四）实验设计

采用 2（被试类型:ASD 儿童、TD 儿童）×2（刺激类型:面孔、非面孔）×2（注视对象:目标刺激、干扰刺激）三因素混合设计;组间变量为被试类型,组内变量为刺激类型和注视对象。

（五）实验程序

实验在幼儿园独立、安静的教室进行,主试 2 名,1 名操作眼动仪,1 名辅助实验。对 ASD 儿童施测时,由于其配合度低,另增加被试家长或机构教师进行辅助。

（1）校准。

（2）在标准视角下显示刺激。首先给被试呈现一个中央有"小黄鸭"注视点的白屏,呈现时间为 0.5 s。然后给被试呈现一个面孔或非面孔刺激,呈现时间 1 s,为了消除视觉后像、短时记忆与熟悉性的影响,随后再出现 0.5 s 的白屏（有注视点）,再给被试呈现一对组合刺激,呈现时间为 3 s。组合刺激中目标刺激图片出现的位置左右平衡,面孔图片呈现的性别做随机化平衡。Tobii 120 眼动仪及其软件包会自动记录每位被试观看图片时的眼动情况。具体过程如图 8-5 所示。

（3）在开始和结束时分别呈现 2 组图片作为练习,其数据不参与结果分析。被试观看图片时,不要求其做出任何反应。

（4）整个实验用时 1 分钟左右。

（六）分析指标

同第三章第一节。

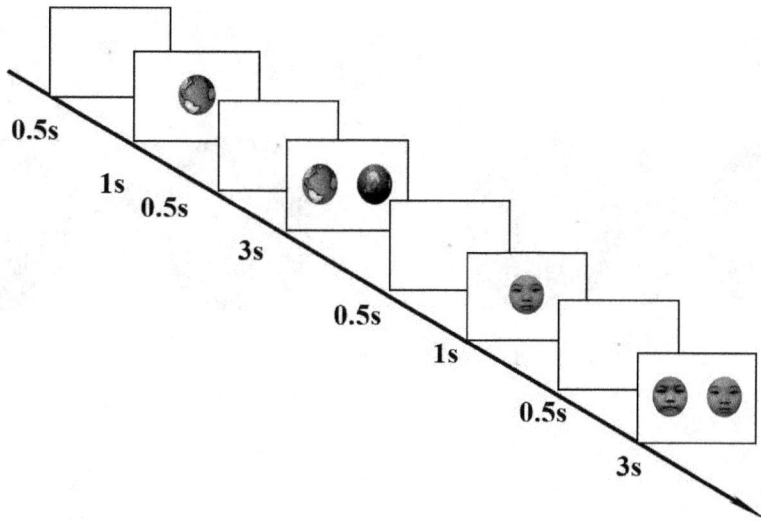

图 8-5　非面孔与面孔识别感知任务的实验程序

三、结果

(一)两组儿童识别目标刺激的整体情况

两组儿童观看组合图片的总时间(OL)不存在显著差异。观看非面孔组合图片的时间，$M_{ASD}=2\,899\text{ ms}$，$SD=126\text{ ms}$；$M_{TD}=2\,947\text{ ms}$，$SD=96\text{ ms}$；$t(38)=2.225$，$p>0.05$。观看面孔组合图片的时间，$M_{ASD}=2\,885\text{ ms}$，$SD=168\text{ ms}$；$M_{TD}=2\,942\text{ ms}$，$SD=101\text{ ms}$；$t(38)=3.718$，$p>0.05$。两组儿童观看组合图片的眼动扫描轨迹与注视热点如图 8-6、图 8-7、图 8-8 和图 8-9 所示。

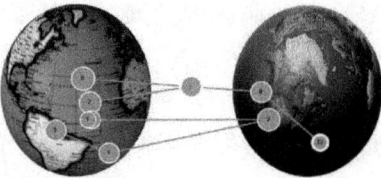
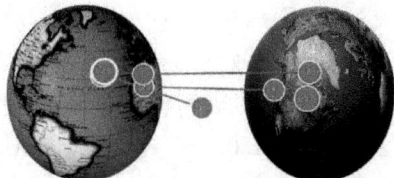
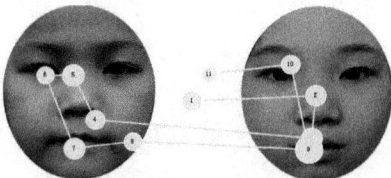
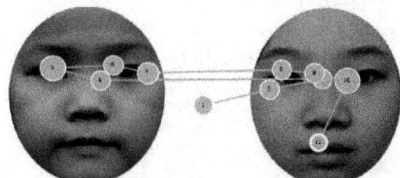

图 8-6　某 ASD 儿童识别非面孔和面孔的扫描轨迹　图 8-7　某 TD 儿童识别非面孔和面孔的扫描轨迹

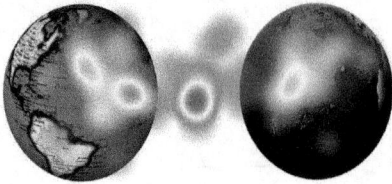 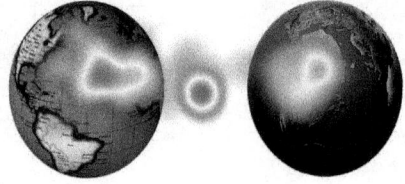

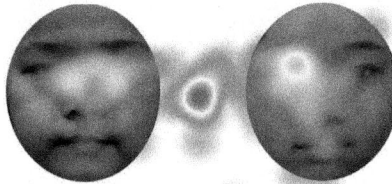 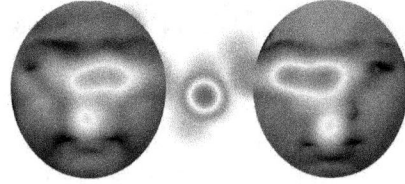

图 8-8　ASD 组儿童识别非面孔、面孔的热点　　　　图 8-9　TD 组儿童识别非面孔、面孔的热点

（二）两组儿童对目标刺激的觉察与注意情况

为了了解两组儿童觉察与关注四种刺激的情况，对四种刺激的眼动指标进行比较，结果见表 8-1 与表 8-2。

重复测量方差分析显示，在觉察刺激的时间（TFF）上，被试类型主效应显著，$F(1,38)=5.928$，$MSE=307\ 504$，$p<0.05$，$\eta^2=0.135$，即 ASD 组对刺激的觉察时间显著长于正常组。刺激类型主效应不显著，$F(1,38)=0.554$，$MSE=169\ 156$，$p>0.05$，$\eta^2=0.014$，即对面孔与非面孔的觉察时间不存在显著差异。注视对象主效应显著，$F(1,38)=9.452$，$MSE=112\ 940$，$p<0.05$，$\eta^2=0.199$，即对目标刺激的觉察时间显著少于对干扰刺激的觉察时间。刺激类型与被试类型交互作用不显著，$F(1,38)=0.310$，$p>0.05$，$\eta^2=0.014$。注视对象与被试类型交互作用不显著，$F(1,38)=0.037$，$p>0.05$，$\eta^2=0.001$。刺激类型与注视对象交互作用不显著，$F(1,38)=1.243$，$MSE=138\ 583$，$p>0.05$，$\eta^2=0.032$。刺激类型、注视对象、被试类型交互作用不显著，$F(1,38)=0.152$，$p>0.05$，$\eta^2=0.004$。

表 8-1　两组儿童对 4 种刺激的觉察、注视和观看时间

ms

		面孔目标		面孔干扰		非面孔目标		非面孔干扰	
		M	SD	M	SD	M	SD	M	SD
TFF	ASD	873	516	1 114	519	949	515	1 014	528
	TD	708	220	924	411	666	288	797	276
FD	ASD	1 054	354	865	253	982	364	1 006	379
	TD	1 257	226	1 053	293	1 234	166	1 042	233
OL	ASD	1 228	323	975	238	1 113	338	1 073	397
	TD	1 364	251	1 093	272	1 356	212	1 108	221

表 8-2　两组儿童觉察四种刺激前的注视点数与对四种刺激的注视点数

个

		面孔目标		面孔干扰		非面孔目标		非面孔干扰	
		M	SD	M	SD	M	SD	M	SD
FB	ASD	2.99	1.89	3.88	2.03	3.18	2.01	3.01	1.42
	TD	2.78	0.98	3.61	1.45	2.24	0.86	2.74	0.89
FC	ASD	2.70	0.97	2.42	1.09	2.71	0.88	2.68	1.11
	TD	3.83	1.01	3.21	1.03	3.36	0.69	2.78	0.63

　　兴趣区的注视时间（FD）被试类型主效应显著，$F(1,38)=11.163$，$MSE=103\,462$，$p<0.05$，$\eta^2=0.227$，即 ASD 组对兴趣区的注视时间显著少于正常组。刺激类型主效应不显著，$F(1,38)=0.031$，$MSE=97\,513$，$p>0.05$，$\eta^2=0.001$，即被试对面孔与非面孔的注视时间差异不显著。注视对象主效应显著，$F(1,38)=8.141$，$MSE=96\,961$，$p<0.05$，$\eta^2=0.098$，即对目标刺激的注视时间显著长于对干扰刺激的注视时间。刺激类型与被试类型交互作用不显著，$F(1,38)=0.275$，$p>0.05$，$\eta^2=0.007$。注视对象与被试类型交互作用不显著，$F(1,38)=1.374$，$p>0.05$，$\eta^2=0.035$。刺激类型与注视对象交互作用不显著，$F(1,38)=2.434$，$MSE=51\,469$，$p>0.05$，$\eta^2=0.060$，刺激类型、注视对象、被试类型交互作用不显著，$F(1,38)=1.964$，$p>0.05$，$\eta^2=0.049$。

　　观看刺激的时间（OL）方面，被试类型主效应显著，$F(1,38)=9.150$，$MSE=77\,715$，$p<0.05$，$\eta^2=0.194$，即 ASD 组观看刺激的时间显著少于正常组。刺激类型主效应不显著，$F(1,38)=0.004$，$MSE=63\,159$，$p>0.05$，$\eta^2<0.00$，即观看面孔和非面孔的时间不存在显著差异。注视对象主效应显著，$F(1,38)=15.900$，$MSE=103\,494$，$p<0.05$，$\eta^2=0.295$，即对目标刺激的观看时间显著长于对干扰刺激的观看时间。刺激类型与被试类型交互作用不显著，$F(1,38)=0.314$，$p>0.05$，$\eta^2=0.001$。注视对象与被试类型交互作用不显著，$F(1,38)=1.224$，$p>0.05$，$\eta^2=0.031$。刺激类型与注视对象交互作用不显著，$F(1,38)=$

$4.543, MSE = 87\ 231, p > 0.05, \eta^2 = 0.040$。刺激类型、注视对象、被试类型交互作用不显著，$F(1,38) = 1.043, p > 0.05, \eta^2 = 0.040$。

觉察前注视点数（FB）方面，被试类型主效应不显著，$F(1,38) = 2.229, MSE = 3.289, p > 0.05, \eta^2 = 0.055$，即两组被试觉察前的注视点数没有显著差异。刺激类型主效应显著，$F(1,38) = 15.607, MSE = 0.698, p < 0.05, \eta^2 = 0.291$，觉察面孔前的注视点数显著多于觉察非面孔前的注视点数。注视对象主效应显著，$F(1,38) = 6.610, MSE = 1.609, p < 0.05, \eta^2 = 0.148$。刺激类型与被试类型交互作用不显著，$F(1,38) = 2.082, p > 0.05, \eta^2 = 0.052$。注视对象与被试类型交互作用不显著，$F(1,38) = 0.536, p > 0.05, \eta^2 = 0.014$。刺激类型与注视对象交互作用不显著，$F(1,38) = 1.308, MSE = 3.593, p > 0.05, \eta^2 = 0.033$。刺激类型、注视对象、被试类型交互作用不显著，$F(1,38) = 0.362, p > 0.05, \eta^2 = 0.033$。

对兴趣区的注视点数（FC）重复测量方差分析显示，被试类型主效应显著，$F(1,38) = 10.228, MSE = 1.738, p < 0.05, \eta^2 = 0.212$，即 ASD 组对兴趣区的注视点数显著少于正常组。刺激类型主效应不显著，$F(1,38) = 1.527, MSE = 0.657, p > 0.05, \eta^2 = 0.039$。注视对象主效应显著，$F(1,38) = 8.988, MSE = 0.633, p < 0.05, \eta^2 = 0.191$。刺激类型与被试类型交互作用显著，$F(1,38) = 5.180, p < 0.05, \eta^2 = 0.120$，简单效应分析显示，正常儿童对面孔的注视点数显著多于 ASD 儿童对面孔的注视点数，两组儿童对非面孔的注视点差异不显著，正常儿童对面孔的注视点数显著多于对非面孔的注视点数，但 ASD 儿童对两种刺激的注视点数差异不显著。注视对象与被试类型交互作用不显著，$F(1,38) = 3.141, p > 0.05, \eta^2 = 0.076$。刺激类型与注视对象交互作用不显著，$F(1,38) = 0.336, MSE = 0.516, p > 0.05, \eta^2 = 0.010$。刺激类型、注视对象、被试类型交互作用不显著，$F(1,38) = 0.245, p > 0.05, \eta^2 = 0.006$。

四、小结

本研究结果显示，当屏幕中出现组合刺激后，无论组合刺激是面孔还是非面孔，正常儿童都能够迅速觉察并捕捉到组合刺激，且在极短时间内将首次眼跳落到目标刺激上，在觉察之后，对目标刺激还表现出持续的注视。同时我们发现，ASD 儿童也能够优先觉察出组合刺激中的目标刺激，并且对目标刺激的观看时间和注视点数均相对多于干扰刺激，即在 TFF、OL、FC 指标上的表现与正常儿童类似，FD 和 FB 指标在非面孔组合刺激识别中的微小差异不具有统计学意义。值得注意的是，本研究为了严格控制被试在实验中反映的是感知识别能力而不是记忆识别能力，呈现目标刺激的时间仅有 1 s，并且随后立即加入 0.5 s 的白屏来消除工作记忆的影响。由此可见，在感知阶段，ASD 儿童对组合刺激的识别模式基本与正常儿童相同，两组儿童都能够区分两个面孔或非面孔之间的微小差别，ASD 儿童具有在组合刺激出现后对其进行识别的感知识别能力。

第二节　ASD 儿童面孔识别的记忆特点

一、研究目的

第一节探讨了 ASD 儿童面孔识别的感知特点，发现 ASD 儿童与正常儿童一样可以识别目标刺激，只是在注意维持上有所降低。前人研究多将这些归为 ASD 儿童注意力方面的缺失或者面孔识别障碍，但是当需要儿童对目标刺激进行深入识别并做出抉择时，ASD 儿童的表现又是怎样的呢？

本研究通过给予被试记忆任务并要求其进行识别，来探讨 ASD 儿童与正常儿童在面孔识别的记忆过程中对面孔和非面孔识别的眼动特点，并进一步探讨 ASD 儿童的面孔识别在不同记忆负载上是否有所不同。

二、研究方法

（一）被试

被试的挑选标准与本章第一节实验相同。从福建省漳州市某特殊教育幼儿园和某私立幼儿园分别招募 ASD 儿童和与之年龄、性别相匹配的正常儿童。本实验有效 ASD 儿童 20 人，其中男孩 17 名，女孩 3 名，年龄 3～8 岁（$M=5.69, SD=1.44$）；正常儿童 20 人，男孩 16 名，女孩 4 名，年龄 3～8 岁（$M=5.58, SD=0.96$）。由于实验中某些被试生病或其他原因无法配合完成本实验，因此两个实验被试不完全相同，每组各有 16 名儿童（男孩 14 名，女孩 2 名）参加过本实验。两组儿童全部视力或矫正视力正常，排除其他疾病的影响。

（二）仪器

同本章第一节实验。

（三）实验材料

30 张中性面孔图片和 30 张非面孔图片，与本章第一节实验的采集方式相同，并进行相同处理。利用 AVS Video Editor v6.5.1.245 视频处理软件给图片添加相应的音频指导语："请记住这个"或"请指出看过哪一个"，并根据记忆负荷的情况将图片、音频材料合成为三个视频集合。将视频材料导入 Tobii Studio 中进行呈现。

（四）实验设计

采用 2（被试类型：ASD 儿童、TD 儿童）×2（刺激类型：面孔、非面孔）×3（记忆负荷：2个识记刺激、4 个识记刺激、6 个识记刺激）三因素混合设计；组间变量为被试类型，组内变量为刺激类型、记忆负荷。

（五）实验程序

实验在幼儿园独立、安静的教室进行，主试 3 名，1 名操作眼动仪，1 名辅助实验，1 名记录正确率。对 ASD 儿童施测时，由于其配合度低，另增加被试家长或机构教师进行辅助。

（1）校准。

（2）在标准视角下显示刺激。实验范式与本章第一节实验类似，首先给被试呈现一个中央有"小黄鸭"注视点的白屏，呈现时间为 0.5 s。其次给被试依次呈现一个面孔或非面孔刺激（记忆负荷为 2 则依次呈现 2 张），每张呈现时间 5 s，并同时有声音提示被试记住该图片。随后出现 0.5 s 的白屏注视点，然后给被试呈现一对组合刺激（包括之前呈现过的一个目标刺激和一个与之同类别的另一新图片作为干扰刺激），呈现时间为 7 s（时间足够，让被试能够进入记忆阶段），并同时提示被试指出目标图片。组合刺激中目标图片出现的位置左右平衡，面孔图片呈现的性别做随机化平衡。记录被试在这个过程中的眼动指标及正确率。具体程序如图 8-10 所示。

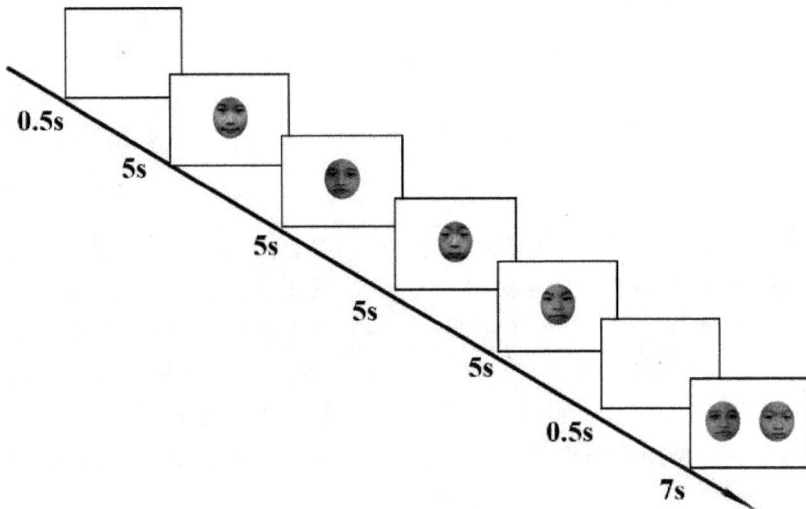

图 8-10　面孔记忆负荷为 4 时的实验程序

（3）被试观看组合图片时，要求其尽量指出组合刺激中哪一个图片是之前看到过的目标刺激。由于儿童操作鼠标或按键的能力不同，以及某些 ASD 儿童执行功能障碍，因而只能让儿童通过手指指出答案，主试记录相应的正确率，故无法精确考虑反应时，实验过程中不为被试提供反馈，正确率对与错的比例都是 50%（Weigelt et al.，2013）。在实验过程中每种记忆负荷的视频结束后会出现一个空白部分，来确保被试理解实验，继续进行实验。

（4）整个实验用时 6 分钟左右。

（六）分析指标

被试正确指出目标刺激记 1 分，回答错误或在呈现时间内无反应记 0 分，统计所有被试的正确率。以呈现组合刺激的时间 7 s 为节点单位，对视频材料进行截屏，取得被试观看组合刺激的相关数据。分析指标同本章第一节。

三、结果

（一）两组儿童识别目标刺激的整体情况

两组儿童在三种记忆负荷下观看组合图片的总时间（OL）均不存在显著差异（$p >$ 0.05）。记忆负荷为 2 时，观看非面孔组合图片的时间，$M_{ASD} = 6\ 403$ ms，$SD = 495$ ms；$M_{TD} = 6\ 668$ ms，$SD = 425$ ms；$t(38) = 2.062$；观看面孔组合图片的时间，$M_{ASD} = 6\ 083$ ms，$SD = 525$ ms；$M_{TD} = 6\ 365$ ms，$SD = 338$ ms；$t(38) = 3.139$。记忆负荷为 4 时，观看非面孔组合图片的时间，$M_{ASD} = 6\ 679$ ms，$SD = 361$ ms；$M_{TD} = 6\ 745$ ms，$SD = 232$ ms；$t(38) = 2.235$；观看面孔组合图片的时间，$M_{ASD} = 6\ 384$ ms，$SD = 581$ ms；$M_{TD} = 6\ 621$ ms，$SD = 424$ ms；$t(38) = 3.972$。记忆负荷为 6 时，观看非面孔组合图片的时间，$M_{ASD} = 6\ 458$ ms，$SD = 588$ ms；$M_{TD} = 6\ 580$ ms，$SD = 345$ ms；$t(38) = 3.745$；观看面孔组合图片的时间，$M_{ASD} = 6\ 387$ ms，$SD = 515$ ms；$M_{TD} = 6\ 561$ ms，$SD = 359$ ms；$t(38) = 2.424$。

（二）两组儿童识别目标刺激的正确率

正确率方面，两组儿童对三种记忆负荷下目标刺激的记忆情况如图 8-11 所示。

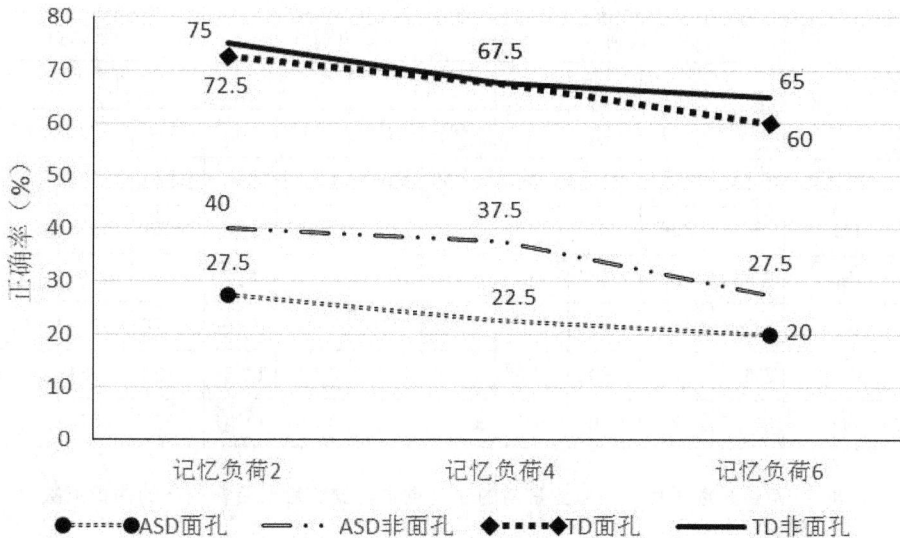

图 8-11　不同记忆负荷下两组儿童对目标刺激进行识别的正确率

重复测量方差分析显示，被试类型主效应显著，$F(1,38) = 28.182$，$MSE = 0.302$，$p < 0.05$，$\eta^2 = 0.426$，即 ASD 组的正确率显著差于正常组。刺激类型主效应显著，$F(1,38) = 4.113$，$MSE = 0.058$，$p < 0.05$，$\eta^2 = 0.098$，即对面孔识别的正确率显著差于非面孔识别。记忆负荷主效应显著，$F(2,76) = 3.465$，$MSE = 0.065$，$p < 0.05$，$\eta^2 = 0.084$，事后检验发现，记忆负荷为 6 时的正确率显著差于记忆负荷为 2 时（$p < 0.05$），记忆负荷为 4 和 6 时正确率的差异不显著（$p > 0.05$）。刺激类型与被试类型交互作用不显著，$F(1,38) = 1.722$，$p > 0.05$，$\eta^2 =$

0.043。记忆负荷与被试类型交互作用不显著，$F(2,76)=0.048$，$p>0.05$，$\eta^2=0.001$。刺激类型与记忆负荷交互作用不显著，$F(2,76)=0.016$，$MSE=0.064$，$p>0.05$，$\eta^2<0.000$。刺激类型、记忆负荷、被试类型交互作用不显著 $F(2,76)=0.039$，$p>0.05$，$\eta^2=0.008$。

（三）两组儿童对目标刺激的觉察与注意

为考察被试能否优先觉察到目标刺激，分别对两组被试整体觉察目标刺激和干扰刺激的时间（TFF）进行配对样本 t 检验。结果显示，ASD 儿童观看非面孔组合图片时，$M=-332$ ms，$SD=628$ ms；$t(19)=-2.365（p<0.05）$；观看面孔组合图片时，$M=-161$ ms，$SD=859$ ms，$t(19)=-0.838（p>0.05）$。正常儿童观看非面孔组合图片时，$M=-275$ ms，$SD=581$ ms，$t(19)=-2.119（p<0.05）$；观看面孔组合图片时，$M=-215$ ms，$SD=456$ ms，$t(19)=-2.110（p<0.05）$。可见，正常儿童能够优先觉察组合图片中的目标刺激，ASD 儿童也能够优先觉察出非面孔组合中的目标刺激，但是 ASD 儿童觉察目标面孔的速度与觉察干扰面孔的时间并没有出现显著差异。

为进一步考察两组儿童对目标刺激的觉察及加工方式，对目标刺激的相关指标进行 2（被试类型：ASD 儿童、TD 儿童）×2（刺激类型：面孔、非面孔）×3（记忆负荷：2 个识记刺激、4 个识记刺激、6 个识记刺激）三因素重复测量方差分析，结果见表 8-3 与表 8-4。

表 8-3　两组儿童对目标刺激的觉察、注视和观看时间

ms

		记忆负荷 2				记忆负荷 4				记忆负荷 6			
		面孔		非面孔		面孔		非面孔		面孔		非面孔	
		M	SD	M	SD	M	SD	M	SD	M	SD	M	SD
TFF	ASD	1 107	1 011	624	330	1 060	1 052	1 033	766	1 944	1 882	973	844
	TD	543	394	553	195	882	470	639	246	833	553	650	274
FD	ASD	1 960	982	2 007	977	1 916	1 077	2 194	892	1 726	929	2 131	765
	TD	2 647	770	2 998	785	2 873	840	2 691	769	2 520	814	3 063	761
OL	ASD	2 625	967	2 308	1 096	2 575	1 191	2 946	1 280	2 223	1 284	2 976	1 211
	TD	3 157	777	3 403	607	3 268	855	3 381	1 197	2 801	687	3 561	1 007

表 8-4　两组儿童对目标刺激觉察前的注视点数与觉察后对目标刺激的注视点数

个

		记忆负荷 2				记忆负荷 4				记忆负荷 6			
		面孔		非面孔		面孔		非面孔		面孔		非面孔	
		M	SD	M	SD	M	SD	M	SD	M	SD	M	SD
FB	ASD	3.10	2.77	2.60	1.74	3.35	2.91	3.05	2.89	6.28	6.57	2.20	1.65
	TD	2.70	1.92	2.23	0.95	3.78	2.35	2.55	1.30	3.33	2.23	1.73	0.99
FC	ASD	5.93	3.19	5.28	2.53	5.73	3.72	5.40	2.22	5.33	3.11	4.68	1.52
	TD	7.50	2.26	7.65	1.86	8.40	3.15	6.38	2.38	7.40	2.26	7.15	1.68

重复测量方差分析显示,在觉察目标刺激的时间(TFF)上,被试类型主效应显著,$F(1,38)=12.449$,$MSE=977\,142$,$p<0.05$,$\eta^2=0.247$,即ASD组对刺激的觉察时间显著长于正常组。刺激类型主效应显著,$F(1,38)=5.091$,$MSE=1\,104\,702$,$p<0.05$,$\eta^2=0.118$,即对面孔目标刺激的觉察时间显著长于对非面孔目标刺激的觉察时间。记忆负荷主效应显著,$F(2,76)=7.348$,$MSE=420\,995$,$p<0.05$,$\eta^2=0.162$,事后检验发现,记忆负荷为6时被试的觉察时间显著大于记忆负荷为2($p=0.001$)和4($p<0.05$)时,其他不显著。刺激类型与被试类型交互作用不显著,$F(1,38)=1.908$,$p>0.05$,$\eta^2=0.048$。记忆负荷与被试类型交互作用不显著,$F(2,76)=2.542$,$p>0.05$,$\eta^2=0.063$。刺激类型与记忆负荷交互作用不显著,$F(2,76)=2.273$,$MSE=521\,652.770$,$p>0.05$,$\eta^2=0.056$。刺激类型、记忆负荷、被试类型交互作用不显著,$F(2,76)=2.237$,$p>0.05$,$\eta^2=0.056$。

兴趣区注视时间(FD)被试类型主效应显著,$F(1,38)=26.208$,$MSE=1\,499\,862$,$p<0.05$,$\eta^2=0.408$,即ASD组对目标刺激的注视时间显著少于正常组。刺激类型主效应显著,$F(1,38)=4.962$,$MSE=697\,606$,$p<0.05$,$\eta^2=0.115$,即被试对面孔目标刺激的注视时间显著少于非面孔目标刺激。记忆负荷主效应不显著,$F(2,76)=0.119$,$MSE=606\,817$,$p>0.05$,$\eta^2=0.003$,即三种记忆负荷下对目标刺激的注视时间不存在显著差异。刺激类型与被试类型交互作用不显著,$F(1,38)=0.001$,$p>0.05$,$\eta^2<0.00$。记忆负荷与被试类型交互作用不显著,$F(2,76)=0.171$,$p>0.05$,$\eta^2=0.004$。刺激类型与记忆负荷交互作用不显著,$F(2,76)=1.653$,$MSE=562\,609$,$p>0.05$,$\eta^2=0.042$。刺激类型、记忆负荷、被试类型交互作用不显著,$F(1,62)=1.442$,$p>0.05$,$\eta^2=0.037$。

观看目标刺激的时间(OL)方面,被试类型主效应显著,$F(1,38)=16.449$,$MSE=1\,556\,289$,$p<0.05$,$\eta^2=0.302$,即ASD组观看目标刺激的时间显著少于正常组。刺激类型主效应显著,$F(1,38)=5.959$,$MSE=1\,036\,860$,$p<0.05$,$\eta^2=0.136$,即被试观看面孔目标刺激的时间显著少于非面孔。记忆负荷主效应不显著,$F(2,76)=0.761$,$MSE=910\,957$,$p>0.05$,$\eta^2=0.011$,即三种记忆负荷下被试对目标刺激的观看时间没有显著差异。刺激类型与被试类型交互作用不显著,$F(1,38)=0.156$,$p>0.05$,$\eta^2=0.004$。记忆负荷与被试类型交互作用不显著,$F(2,76)=0761$,$p>0.05$,$\eta^2=0.020$。刺激类型与记忆负荷交互作用显著,$F(2,76)=3.148$,$MSE=1\,025\,528$,$p<0.05$,$\eta^2=0.076$,简单效应分析显示,记忆负荷为6时,被试对面孔观看时间显著少于非面孔($p<0.05$),其他不显著。刺激类型、注视对象、被试类型交互作用不显著,$F(2,76)=0.854$,$p>0.05$,$\eta^2=0.076$。

觉察前注视点数(FB)被试类型主效应不显著,$F(1,38)=4.055$,$MSE=7.564$,$p<0.05$,$\eta^2=0.096$,即两组儿童觉察刺激前的注视点数无显著差异。刺激类型主效应显著,$F(1,38)=11.167$,$MSE=19.974$,$p<0.05$,$\eta^2=0.227$,即对面孔目标刺激的觉察点数显著多于对非面孔目标刺激的觉察点数。记忆负荷主效应不显著,$F(2,76)=1.765$,$MSE=6.355$,$p>0.05$,$\eta^2=0.044$,即三种记忆负荷下,被试对刺激的觉察前的注视点数差异不显著。刺激类型与被试类型交互作用不显著,$F(1,38)=0.415$,$p>0.05$,$\eta^2=0.011$。记忆负荷与被试类型交互作用不显著,$F(2,76)=2.457$,$p>0.05$,$\eta^2=0.061$。刺激类型与记忆负荷交互作用显著,$F(2,76)=4.934$,$MSE=6.691$,$p<0.05$,$\eta^2=0.115$。简单效应分析显示,随着记忆负荷增加,识别面孔前的注视点数逐渐增加($p<0.05$),而识别非面孔前的注视点在三种记忆负荷中没有显著差异($p>0.05$),并且在记忆负荷为6时,对面孔的觉察前注视点数显著多于非面孔（$p<0.05$）。刺激类型、记忆负荷、被试类型交互作用不显著，$F(2,76)=2.300, p>0.05, \eta^2=0.057$。

兴趣区注视点数（FC）被试类型主效应显著，$F(1,38)=17.550, MSE=14.019, p<0.05, \eta^2=0.316$，即 ASD 组对兴趣区的注视点数显著少于正常组。刺激类型主效应不显著，$F(1,38)=2.717, MSE=8.627, p>0.05, \eta^2=0.067$。记忆负荷主效应不显著，$F(2,76)=1.022, MSE=4.292, p>0.05, \eta^2=0.026$。刺激类型与被试类型交互作用不显著，$F(1,38)=0.048, p>0.05, \eta^2=0.001$。记忆负荷与被试类型交互作用不显著，$F(2,76)=0.245, p>0.05, \eta^2=0.006$。刺激类型与记忆负荷交互作用不显著，$F(2,76)=1.125, MSE=4.212, p>0.05, \eta^2=0.029$。刺激类型、记忆负荷、被试类型交互作用不显著，$F(2,76)=2.141, p>0.05, \eta^2=0.053$。

四、小结

眼动数据显示，两组儿童在屏幕中出现组合刺激需要被试进行识别的 7 s 内，两组儿童观看屏幕的时间并不存在显著差异，但是都优先觉察到了目标刺激。正常儿童能够迅速觉察并捕捉到组合刺激，并在极短时间内将首次眼跳落到目标刺激上。在觉察到目标刺激之后，正常儿童对目标刺激还表现出了持续的注视。然而，我们发现，虽然 ASD 儿童也能够在一定时间内优先觉察到目标刺激，但是他们觉察组合刺激中目标刺激的速率明显比正常儿童慢，对目标刺激的注视时间、观看时间也显著少于正常组。以往研究发现，ASD 儿童较少注视眼睛（如 Pelphrey et al.,2002），这可能是导致其比对正常儿童面孔识别的准确性和有效性有所减少的原因之一，之后的研究可以进一步验证。

另外，ASD 儿童在该实验中对面孔和非面孔识别的正确率均小于 50%，明显差于正常儿童。早在 1991 年，Gelder 等人让两组儿童进行新-旧面孔的两项迫选测试时，就发现不同视角的面孔再认任务中，自闭症儿童的成绩明显差于正常儿童。根据弱中央整合理论，ASD 儿童在面孔识别中会表现出更多的细节加工，虽然能够对各种刺激进行有效的感知和记忆，却不能够对整体和情景意义进行加工，即表现为弱的中心条理性，再加上 ASD 儿童普遍存在执行功能障碍，因而无法顺利完成指认任务，具体的原因尚需要更多的研究来证实。

第三节 记忆训练提高 ASD 儿童面孔识别能力的效果

一、研究目的

记忆和学习是分不开的，先天的记忆缺陷或早期记忆获得缺损都会影响个体的学习，这将反过来影响行为和大脑的发展过程和结果，包括个人的经验和对外部世界的应对方式。前两节实验研究分别探讨了感知和记忆两种情形下儿童的面孔识别特点，发现 ASD 儿童在面孔识别的记忆任务中有严重障碍，且记忆负荷的增加对其识别能力造成了一定的影响。临床研究已经确定面孔识别训练有助于修复面孔失认症病人的面孔识别能力（DeGutis et al.,2007),那么对 ASD 儿童而言,多次呈现或重复暴露能否促进其对面孔熟悉感的形成,从而提高其面孔识别的能力? 本节研究通过视觉呈现给予提示的方式,让 ASD 儿童对面孔识别记忆过程进行学习,探讨 ASD 儿童的面孔识别能力在不同练习程度上是否能够提高。

二、研究方法

(一)被试

为保证练习水平的基线相同,选择未参加过之前实验的被试进行本实验,挑选标准同本章第一节。从福建省漳州市某特殊教育幼儿园招募 20 名 ASD 儿童,由于 ASD 儿童的主观原因,如眼睑下垂、头部转动过多导致视线离开屏幕或无法服从实验指导等导致多张图片未被观看,最后排除 5 名 ASD 儿童,因此,本实验有效 ASD 被试 15 名,其中男孩 12 名,女孩 3 名,年龄介于 3~8 岁($M=5.15,SD=1.38$)。根据 ASD 儿童有效被试的年龄及性别,从福建省漳州市某私立幼儿园招募 15 名 3~8 岁($M=5.49,SD=0.95$)正常儿童。两组儿童在年龄、性别等方面进行匹配,全部视力或矫正视力正常,排除其他疾病的影响。

(二)仪 器

同本章第一节实验。

(三)实验材料

40 张中性面孔图片,与本章第一节实验的采集方式相同,并进行相同处理。利用 AVS Video Editor v6.5.1.245 视频处理软件给图片添加相应的音频指导语——"请记住这个"或"请指出看过哪一个",并将练习图片中的目标刺激用红圈标出,然后根据练习次数的情况将图片、音频材料合成为两个视频集合。将视频材料导入 Tobii Studio 中进行呈现。

(四)实验设计

采用 2(被试类型:ASD 儿童、TD 儿童)×2(学习次数:2 次、4 次)×2(注视对象:目标刺激、干扰刺激)三因素混合设计;组间变量为被试类型,组内变量为学习次数与注视对象。

(五)实验程序

实验在幼儿园独立、安静的教室进行,主试 3 名,1 名操作眼动仪,1 名辅助实验,1 名记录正确率。对 ASD 儿童施测时,由于其配合度低,另增加被试家长或机构教师进行辅助。

(1)校准。

(2)在标准视角下显示刺激。首先给被试呈现一个中央有"小黄鸭"注视点的白屏,呈现时间为 0.5 s。然后给被试呈现一个面孔,同时有声音提示被试记住该图片,呈现时间 5 s。随后给被试呈现一对组合刺激 1 s,然后用红色的圈将目标刺激圈出,提示被试这个是目标刺激。提示组合出现的次数随练习次数的不同而不同,组合刺激中目标图片出现的位置左右平衡,面孔图片呈现的性别做随机化平衡。记录被试在这个过程中的眼动指标及正确率。具体程序如图 8-12 所示。

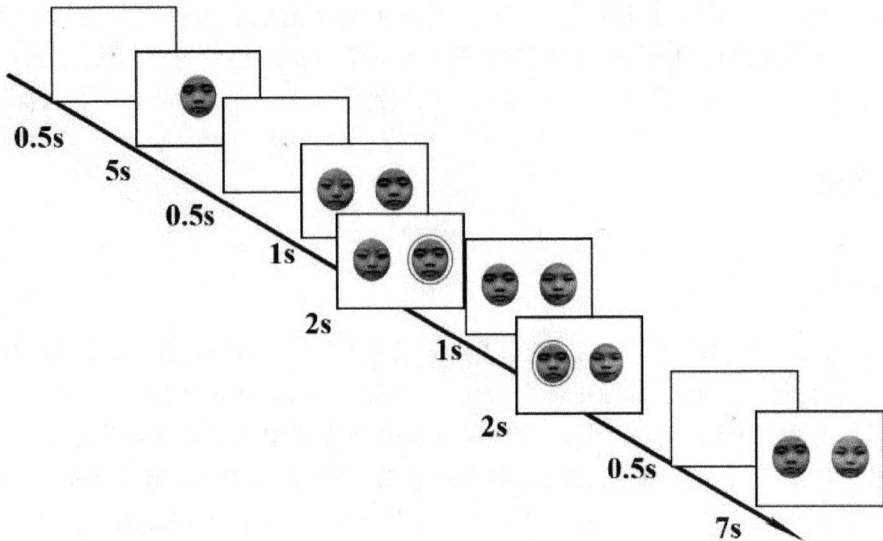

图 8-12　记忆任务训练 2 次的实验程序示例

（3）被试观看组合图片时，要求其指出组合刺激中哪一个是之前看到过的目标刺激。其他情况与本章第二节实验相同，在本实验前后增加练习环节，其数据不参与结果分析。

（4）整个实验用时 3 分钟左右。

（六）分析指标

同本章第二节实验，并在其基础上增加眼睛兴趣区。

三、结果

（一）经过训练后 ASD 儿童识别组合图片的整体情况

两组儿童练习后观看组合图片的总时间（OL）不存在显著差异。2 次练习后，观看组合图片的时间，$M_{ASD} = 5\ 928\ ms$，$SD = 851\ ms$；$M_{TD} = 6\ 674\ ms$，$SD = 361\ ms$；$t(28) = 3.654$，$p > 0.05$；4 次练习后观看组合图片的时间，$M_{ASD} = 5\ 915\ ms$，$SD = 706\ ms$；$M_{TD} = 6\ 366\ ms$，$SD = 494\ ms$；$t(28) = 2.301$，$p > 0.05$。

（二）经过训练后 ASD 儿童识别目标刺激的正确率

两组儿童在 2 次练习和 4 次练习时对目标刺激识别的正确率如图 8-13 所示。

重复测量方差分析显示，被试类型主效应显著，$F(1,28) = 28.626$，$MSE = 0.140$，$p < 0.05$，$\eta^2 = 0.506$，即 ASD 组的正确率显著差于正常组。练习次数主效应不显著，$F(1,28) < 0.00$，$MSE = 0.040$，$p > 0.05$，$\eta^2 < 0.00$。被试类型与练习次数交互作用不显著，$F(1,28) = 0.421$，$p > 0.05$，$\eta^2 = 0.015$。

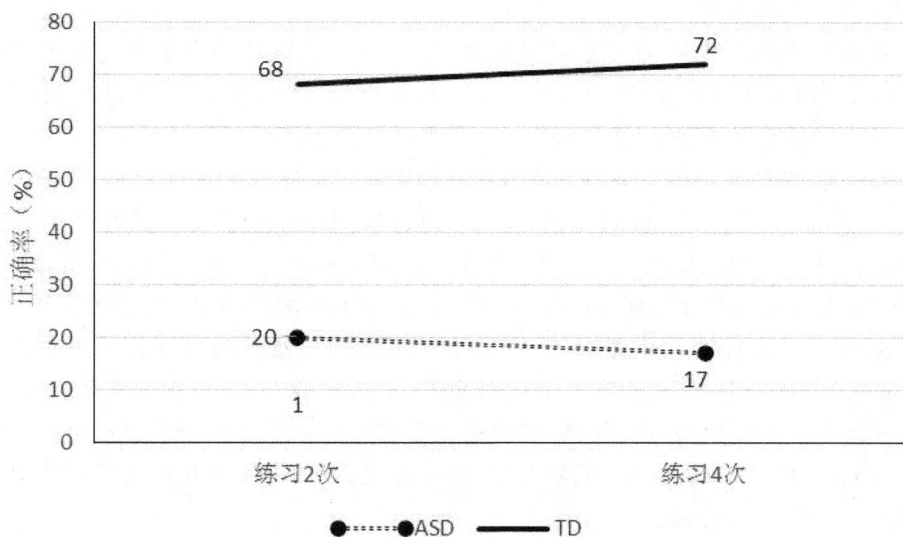

图 8-13 两组儿童 2 次练习对目标刺激识别的正确率

(三)训练后 ASD 儿童对目标刺激的觉察与注意

为了了解两组儿童觉察与关注四种刺激的情况,对四种刺激的眼动指标进行比较,结果见表 8-5 与表 8-6。

表 8-5 两组儿童对刺激的 TFF、FD、OL

ms

		2 次练习目标		2 次练习干扰		4 次练习目标		4 次练习干扰	
		M	SD	M	SD	M	SD	M	SD
TFF	ASD	2 298	1 826	2 644	2 052	1 109	682	1 634	1 031
	TD	866	771	842	648	897	645	1 237	1 172
FD	ASD	1 726	793	1 262	724	2 266	897	1 216	491
	TD	2 960	817	2 284	553	2 986	1 007	1 752	555
OL	ASD	2 275	946	1 591	897	2 943	905	1 679	327
	TD	3 334	769	2 498	522	3 600	667	2 034	659

表 8-6 两组儿童对刺激的 FB、FC

个

		2 次练习目标		2 次练习干扰		4 次练习目标		4 次练习干扰	
		M	SD	M	SD	M	SD	M	SD
FB	ASD	5.92	4.56	6.04	4.34	3.08	1.89	5.03	2.99
	TD	2.87	1.62	2.83	1.55	2.74	1.63	3.54	2.77
FC	ASD	4.01	1.90	3.92	2.11	6.02	2.81	3.38	1.09
	TD	7.25	2.28	6.42	2.17	7.59	1.80	5.18	2.11

重复测量方差分析显示,在觉察刺激的时间(TFF)上,被试类型主效应显著,$F(1,28)$ $=7.620,MSE=3\,448\,964,p<0.05,\eta^2=0.214$,即 ASD 组对刺激的觉察时间显著长于正常组。练习次数主效应不显著,$F(1,28)=3.848,MSE=1\,709\,761,p>0.05,\eta^2=0.121$,即练习次数的增加对被试的觉察时间没有明显改变。注视对象主效应显著,$F(1,28)=$ $9.446,MSE=329\,018,p<0.05,\eta^2=0.252$,即对目标刺激的觉察时间显著少于干扰刺激。练习次数与被试类型交互作用显著,$F(1,28)=6.982,p<0.05,\eta^2=0.200$,简单效应分析显示,ASD 儿童 4 次练习时对刺激的觉察时间显著少于 2 次练习时,而正常儿童 2 次练习差异不显著($p>0.05$)。2 次练习时 ASD 儿童对刺激的觉察时间显著长于正常儿童,而 4 次练习时两组儿童的差异不显著。注视对象与被试类型交互作用不显著,$F(1,28)=$ $1.183,p>0.05,\eta^2=0.041$。练习次数与注视对象交互作用不显著,$F(1,28)=0.818,MSE$ $=449\,590,p>0.05,\eta^2=0.028$。练习次数、注视对象、被试类型交互作用不显著,$F(1,28)$ $=0.031,p>0.05,\eta^2=0.001$。

兴趣区注视时间(FD)被试类型主效应显著,$F(1,28)=22.207,MSE=983\,588,p<$ $0.05,\eta^2=0.442$,即 ASD 组对兴趣区的注视时间显著少于正常组。练习次数主效应不显著,$F(1,28)=0.027,MSE=556\,373,p>0.05,\eta^2=0.001$,即两种练习情况下被试对组合刺激的注视时间没有差异。注视对象主效应显著,$F(1,28)=51.457,MSE=454\,259,p<$ $0.05,\eta^2=0.648$,即对目标刺激注视时间显著大于对干扰刺激的注视时间。练习次数与被试类型交互作用不显著,$F(1,28)=4.068,p>0.05,\eta^2=0.127$。注视对象与被试类型交互作用不显著,$F(1,28)=0.364,p>0.05,\eta^2=0.013$。练习次数与注视对象交互作用显著,$F(1,28)=11.387,MSE=255\,230,p<0.05,\eta^2=0.289$,简单效应分析显示,2 次练习中被试对目标刺激的注视时间没有显著差异,而对干扰刺激的关注时间 4 次练习时显著少于 2 次练习时($p<0.05$),2 次练习时对目标刺激的关注时间均显著长于对干扰刺激的关注时间($p<0.05$)。练习次数、注视对象、被试类型交互作用不显著,$F(1,28)=0.119,p>0.05$, $\eta^2=0.004$。

观看刺激的时间(OL)方面,被试类型主效应显著,$F(1,28)=22.004,MSE=755\,458$, $p<0.05,\eta^2=0.440$,即 ASD 组观看刺激的时间显著少于正常组。练习次数主效应不显著,$F(1,28)=0.937,MSE=621\,598,p>0.05,\eta^2=0.032$,即两种练习被试观看刺激的时间不存在显著差异。注视对象主效应显著,$F(1,28)=72.526,MSE=489\,057,p<0.05,\eta^2$ $=0.721$,即对目标刺激的观看时间显著长于对干扰刺激的观看时间。练习次数与被试类型交互作用不显著,$F(1,28)=2.750,p>0.05,\eta^2=0.089$。注视对象与被试类型交互作用不显著,$F(1,28)=0.787,p>0.05,\eta^2=0.027$。练习次数与注视对象交互作用显著, $F(1,28)=10.101,MSE=317\,929.319,p<0.05,\eta^2=0.265$,简单效应分析显示,2 次练习对目标刺激的观看时间显著少于 4 次练习对目标刺激的观看时间($p<0.05$),而对干扰刺激的观看时间 2 次练习差异不显著。无论是 2 次练习还是 4 次练习,被试对目标刺激的观看时间都长于干扰刺激。练习次数、注视对象、被试类型交互作用不显著,$F(1,28)=$ $0.133,p>0.05,\eta^2=0.005$。

觉察前注视点数(FB)被试类型主效应显著,$F(1,28)=5.866,MSE=19.866,p<$ $0.05,\eta^2=0.173$,即 ASD 组觉察前的注视点数显著多于正常组。练习次数主效应不显著,

$F(1,28)=3.411, MSE=6.584, p>0.05, \eta^2=0.109$。注视对象主效应显著,$F(1,28)=$ 4.728,$MSE=3.171, p>0.05, \eta^2=0.144$,即对目标刺激觉察前注视点数显著少于对干扰刺激觉察前的注视点数。练习次数与被试类型交互作用显著,$F(1,28)=5.090, p<0.05$, $\eta^2=0.154$,简单效应分析显示,无论是2次练习还是4次练习,ASD儿童觉察刺激前注视的点数均显著多于正常儿童($p<0.05$),ASD儿童在2次练习中觉察刺激前的注视点数显著多于4次练习($p<0.05$),而正常儿童2次练习觉察刺激前的注视点数没有显著差异。注视对象与被试类型交互作用不显著,$F(1,28)=1.008, p>0.05, \eta^2=0.035$。练习次数与注视对象交互作用不显著,$F(1,28)=3.218, MSE=4.092, p>0.05, \eta^2=0.103$。练习次数、注视对象、被试类型交互作用不显著,$F(1,28)=0.453, p>0.05, \eta^2=0.016$。

兴趣区注视点数(FC)被试类型主效应显著,$F(1,28)=15.973, MSE=9.756, p<0.05, \eta^2=0.363$,即ASD组对兴趣区的注视点数显著少于正常组。练习次数主效应不显著,$F(1,28)=0.147, MSE=4.327, p>0.05, \eta^2=0.005$。注视对象主效应显著,$F(1,28)=32.456, MSE=2.053, p<0.05, \eta^2=0.537$,即对目标刺激的注视点数显著多于对干扰刺激的注视点数。练习次数与被试类型交互作用不显著,$F(1,28)=2.416, p>0.05, \eta^2=0.079$。注视对象与被试类型交互作用不显著,$F(1,28)=0.254, p>0.05, \eta^2=0.009$。练习次数与注视对象交互作用显著,$F(1,28)=24.526, MSE=1.303, p<0.05, \eta^2=0.467$。简单效应分析显示,4次练习时被试对目标刺激的注视点数显著多于对干扰刺激的注视点数($p<0.05$),被试对目标刺激的注视点数在2次练习时大于4次练习时($p<0.05$),其他不显著。练习次数、注视对象、被试类型交互作用不显著,$F(1,28)=1.361, p>0.05, \eta^2=0.046$。

(四)训练后 ASD 儿童对眼睛区域的识别与加工

采用重复测量方差分析,进一步探讨训练是否可以提高ASD儿童对眼睛区域的关注,结果见表8-7。在觉察刺激的时间(TFF)上,被试类型主效应显著,$F(1,28)=8.181, MSE=4\,273\,704, p<0.05, \eta^2=0.226$,即ASD组对眼睛的觉察时间显著长于正常组。练习次数主效应不显著,$F(1,28)=2.224, MSE=1\,276\,849, p>0.05, \eta^2=0.074$,即练习次数的增加对被试的觉察时间没有明显改变。练习次数与被试类型交互作用显著,$F(1,28)=4.992, p<0.05, \eta^2=0.151$,简单效应分析显示,ASD儿童4次练习后对眼睛的TFF显著少于2次练习后的TFF($p<0.05$),而正常儿童2次练习差异不显著($p>0.05$)。

表 8-7　两组儿童对目标刺激眼睛兴趣区的 TFF、FD

ms

		2 次练习		4 次练习	
		M	SD	M	SD
TFF	ASD	4 339	2 278	3 252	1 694
	TD	2 160	1 445	2 377	978
FD	ASD	623	666	1 145	914
	TD	1 523	753	1 386	803

对眼睛兴趣区的注视时间(FD)方面，被试类型主效应显著，$F(1,28)=5.576$, $MSE=876\ 193$, $p<0.05$, $\eta^2=0.166$，即 ASD 组对眼睛的注视时间显著少于正常组。练习次数主效应不显著，$F(1,28)=1.507$, $MSE=369\ 753$, $p>0.05$, $\eta^2=0.136$，即两种练习情况下被试对组合刺激的注视时间没有差异。练习次数与被试类型交互作用显著，$F(1,28)=4.402$, $p<0.05$, $\eta^2=0.136$，简单效应分析显示，ASD 儿童 4 次练习后对眼睛的 FD 显著长于 2 次练习后的 FD($p<0.05$)，而正常儿童 2 次练习差异不显著($p>0.05$)。

四、小结

正确率的结果显示，正常儿童识别面孔的情况良好，但是 ASD 儿童仍然难以成功完成辨别任务，即训练未能使 ASD 儿童识别面孔的正确率有所提高，结合本章第二节实验结果，ASD 儿童较差的执行能力导致实验无法精确记录其面孔识别的能力，这也可能是导致从数据上看 ASD 儿童面孔识别正确率偏低的原因之一。然而，我们借助眼动追踪技术发现，虽然 ASD 儿童对目标的观看情况总体不如正常儿童，但是 ASD 儿童与正常儿童的观看模式基本都表现为对目标刺激的快速觉察和更多关注，而较少关注干扰刺激。通过训练，ASD 儿童对目标刺激的觉察明显快于干扰刺激，且觉察目标前的无关注视也相对较少，在本实验中表现为对目标觉察前的注视点数显著少于对干扰觉察前的注视点数。另外，ASD 儿童对目标刺激的观看时间、注视时间及注视点数也都好于干扰刺激。这说明记忆训练加强了 ASD 儿童对任务的理解，增加了他们对面孔的兴趣，对于提高其加工速度、加强加工深度方面有一定成效，他们可以使用相对较少的心理资源进行搜索任务，恰好回答了我们之前的假设，即由于面孔识别障碍影响了 ASD 儿童对面孔的记忆，从而导致其出现社会认知障碍。

第四节　ASD 儿童面孔识别的领域差异与加工过程

面孔识别是一个系列的认知过程，要识别面孔，首先需要将面孔从其他刺激中分辨出来，尔后对其进行加工编码，形成记忆。那么，ASD 儿童面孔识别的困难究竟是由于面孔感知、辨别存在困难，还是在加工编码形成记忆存在困难？对面孔识别这一过程的分阶段细化研究，对于理解 ASD 个体社交障碍的机制以及治疗与康复训练非常重要。如果 ASD 者的面孔识别障碍是因为他们存在对刺激的辨别困难，那么这种困难是针对面孔这种特殊刺激，还是存在普遍的物体辨别困难？如若他们对非面孔物体辨别也存在困难，那说明他们的面孔识别障碍仅仅是其感知识别障碍中的一种表现而已。反之，就是 ASD 者只存在对面孔的辨别困难，他们对社会刺激的感知存在特殊的障碍，这将为 ASD 脑神经科学研究提供线索。假定 ASD 者能够辨别面孔，那么，面孔识别障碍就可以确定为加工编码形成记忆阶段的障碍。最重要的是，如果 ASD 者确实存在面孔识别障碍，那么，这些障碍究竟是 ASD 其他社会认知障碍的原因，还是其他障碍问题产生的结果。假如面孔障碍是其他障碍的原因，那么训练更好的面孔识别技能将带来其他认知能力的改进。或者，面孔识别障碍可能是其他认知障碍的结果而不是原因，那么，对 ASD 儿童进行面孔识别训练不会解决其更广泛的认知障碍。

一、ASD 儿童面孔识别的领域特异性

大量实验研究表明,面孔识别和非面孔识别是相互独立的两种加工过程,与人对一般物体的心理加工相比,面孔在获得个体视觉注意方面具有特殊的优先性(Turati,Bulf & Simion,2008;江雪芳,2013),人类对面孔有着独特的感知能力(Fantz,1964;Rossion & Jacques,2008;李明芳等,2011)。在本研究中,正常儿童对面孔的注视点数显著多于非面孔,其数据支持了面孔识别特异性的观点(李明芳等,2011)。

大部分研究发现,ASD 儿童能够正常识别非社会刺激(如建筑、物体),但是他们并没有对社会刺激(如面孔)表现出同样的技能(Trepagnier et al.,2002),能够区分面孔与非面孔(Ashwin et al.,2007)。Boucher 和 Lewis(1992)要求被试对之前呈现过的面孔图片和房屋图片进行选择,结果发现,ASD 儿童很难对面孔图片进行识别,但在识别房屋图片时表现很好。之后的研究也发现,ASD 儿童比与其年龄和智商相匹配的正常儿童在面孔识别任务中表现差,但是在对"汽车"的识别任务中并未发现这样的差异(Wolf et al.,2008)。然而,本章第一节实验结果显示,在感知阶段,ASD 儿童对组合刺激的识别模式与正常儿童基本相同,两组儿童都能够区分两个面孔或非面孔之间的微小差别,ASD 儿童具有在组合刺激出现后对其进行识别的感知识别能力。以往关于面孔感知的研究也确实显示了这方面的证据,在无识别要求的面孔感知任务或有简单要求的面孔识别任务中同时呈现刺激,并没有发现 ASD 个体与正常个体的识别有显著差异(Deruelle et al.,2004;Weigelt,2012)。我们前述研究也发现 ASD 儿童对面孔构型等基本信息的感知并无受损,他们对面孔加工的早期成分与正常儿童无异。这在一定程度上对面孔加工障碍的感知、认知假说(Klinger et al.,2001)提出了质疑。

在本研究中,ASD 儿童对刺激的觉察速度低于正常儿童,对 4 种刺激的注视时间、观看时间也相对较短,说明 ASD 儿童的持续注意不如正常儿童,注意分配存在明显缺陷,这与以往研究相同(金丽,陈顺森,2011;叶家涛,陈顺森,王文强,2014),但是并不足以说明 ASD 儿童面孔识别在感知阶段就出现了障碍,只能说注意不稳定影响 ASD 儿童面孔识别的效果,这可能也是造成某些研究认为 ASD 儿童面孔识别感知阶段就出现障碍的原因之一。根据知觉功能增强理论(Mottron et al.,2006),ASD 儿童对屏幕上呈现的刺激花费较少的时间,也可能是因为他们更快地捕获了刺激所提供的信息。另外也有一些研究采用高难度的识别任务甚至有记忆要求的感知任务(Robel et al.,2004;Wolf et al.,2008;Wilson et al.,2010),发现 ASD 儿童的表现比正常儿童差,但是这些实验范式本身就带有记忆要求,对面孔感知与面孔记忆的区分不够清晰,因而不能单纯解释 ASD 儿童存在面孔感知障碍,而本研究在一定程度上对面孔感知与记忆进行了区分,是对以往研究的改进与补充。

二、ASD 儿童面孔识别障碍的加工特定性

面孔感知是对面孔细小差别的分辨能力,加上可能推动这种能力的知觉编码技能,如对面孔识别有贡献的面孔空间编码和整体加工(Dennett,McKone,Edwards & Susilo,2012;Wang,Li,Fang,Tian & Liu,2012),但对记忆不做要求。本研究的面孔记忆是指能记住并

在一定时间内保存个体面孔的能力。这种能力在很大程度上依赖面孔感知,同时还需要记忆,是在外显记忆水平上(比如新-旧区分)来区分面孔是不是之前学到的。

本研究通过控制刺激呈现时间、白屏消除工作记忆及增加记忆负荷等方式在一定程度上严格控制了面孔识别感知、记忆的区分。本章第二节简单的面孔感知实验中 ASD 儿童的表现与记忆要求实验中的表现之间有明显的分离。ASD 儿童在面孔感知识别中并没有出现明显的障碍,而这种障碍在面孔记忆识别中很明显,即出现了面孔识别障碍的加工特定性。本研究关于面孔感知与面孔记忆功能性分离的发现与之前的一些研究结果相吻合(McPartland et al.,2011;Snow et al.,2011;Weigelt et al.,2012;Ewing et al.,2013)。

尽管之前有些研究也得到面孔识别的感知阶段存在障碍的结论,但是这些研究基本采用了高难度的识别任务甚至有记忆要求的感知任务(如 Wilson et al.,2010),或者与 ASD 儿童注意力缺陷相混淆,无法明确解释感知阶段的面孔识别障碍。可见在确定面孔识别障碍的存在和其性质时,使用的材料及反应类型是一个不容忽视的重要影响因素。另外,本研究的结果还显示,随着记忆负荷的增加,ASD 儿童需要更多的时间对组合刺激进行搜索,对面孔的关注也相对减少,因此,可以认为 ASD 儿童的面孔识别障碍在高记忆负荷的情况下比低记忆负荷的任务中更严重。

以上证据已经很清晰地显示了 ASD 个体在面孔识别记忆方面的障碍,证明了 ASD 个体面孔识别记忆困难的假设,并且发现 ASD 在记忆阶段对面孔和非面孔识别都存在障碍,且随着记忆负荷的增加,ASD 儿童需要更多的时间进行搜索,对面孔的关注也相对减少。

三、记忆训练对 ASD 儿童面孔识别与加工的作用

本研究结果显示,训练次数的增加并未带来 ASD 儿童面孔识别正确率的明显提高。但是,眼动数据显示,练习次数的增加可以提高 ASD 儿童对目标面孔的注意和记忆,表现为 4 次练习时对刺激的觉察比 2 次练习时更快,在 2 次练习中觉察刺激前的注视点数显著多于 4 次练习。虽然 ASD 儿童在两次练习时对目标刺激的关注时间没有显著差异,但从数值上对比,4 次练习时对目标刺激的关注时间较 2 次时有所延长。可见眼动追踪技术在获得客观直接反应性指标上的优越性,由于被试的特殊性,某些细微的结果会被传统测量方法所掩盖。由此也提醒我们,仅仅依赖于对 ASD 视觉行为的自然观察,对 ASD 视觉加工情况的判断可能出现偏差,由此而进行的早期筛查、诊断就可能出现疏漏。

眼睛是人类最重要的感知觉通道,临床观察发现,在儿童早期 ASD 个体就不善于追寻他人目光,缺乏对他人眼睛的注视。Klin 等人(2002)认为,ASD 儿童的大脑中存在自动回避对眼部区域进行视觉搜索的生理基础(陈莲俊,2012),而 ASD 儿童更多地注视嘴巴而较少注视眼睛可能是导致其比正常儿童面孔识别的准确性和有效性有所减少的原因之一(Deruelle et al.,2004)。在本研究中,ASD 儿童对眼睛的觉察与注视时间均不如正常儿童,这与前人研究结果一致(Klin et al.,2002)。但是比较两种练习频次后的结果发现,练习提高了 ASD 儿童对眼睛区域的觉察速度,且增加了 ASD 儿童对面孔中眼睛区域的关注时间。因而,在干预训练过程中,逐渐延长 ASD 儿童与教师、家长目光接触的时间,有助于其社交能力及其他认识能力的提高。

值得注意的是,在本研究中记忆训练的不同程度对正常儿童面孔识别影响不明显。研

究者认为,面孔知觉能力具有先天固有性,刚出生 30 分钟的婴儿就表现出对面孔的强烈兴趣,他们注视面孔的时间长于非面孔刺激,而此之前他们并没有获得任何学习和经验(Morton,1991),对面孔的识别能力似乎从新生儿开始就已经发展成熟(Stein,Peelen & Sterzer,2011)。因此,对于正常儿童而言,本实验面孔识别任务显然相对简单,其正确反应呈现了天花板效应,练习次数的增加不能显著提高正常儿童的面孔识别正确率,可能只要匆匆一瞥就可以了解甚至掌握实验原理,能够较好地完成识别任务。

经验-预期理论认为,ASD 儿童存在面孔加工方面的发展障碍(Chawarska et al.,2007),本实验的结果支持了面孔专家化理论,即面孔识别能力会受到经验的影响,可以通过后期训练增加个体在面孔识别上的经验,进而提高其对面孔的识别能力(Gauthier et al.,2000)。本实验中,4 次训练后 ASD 儿童的识别成绩和正常儿童已经没有差异,这也表明 ASD 儿童具备一定的学习能力,且能接近正常的水准。目前在 ASD 教育机构中广泛采用的应用行为分析法(applied behaviour analysis,ABA)就是通过对简单指令的不断重复而对 ASD 儿童进行早期干预训练,与本实验中通过增加训练次数而提高训练成绩有相似之处,因此,本研究结果可为当前 ASD 早期干预方法提供理论支持。

总之,面孔识别与加工障碍是 ASD 个体社会性注意中最广泛和重要的障碍,具有领域的特异性,这一障碍主要表现为对面孔的记忆加工,而非感知区别阶段。

第九章

自闭症谱系障碍儿童面孔识别
与加工的障碍节点

在自闭症谱系障碍者身上表现出的林林总总的症状中,社交障碍一直被视为该谱系障碍的核心特异性症状,他们不能与他人保持目光接触,无法开展人际交互,不能理解他人情绪线索并做出反应等。大量研究表明,有些自闭症异常信号在 1 岁前就表现出来了,如不注意他人、对他人的叫唤不做朝向反应等,而 2～3 岁的自闭症幼儿在社会性定向(social orienting)、目光接触、模仿、情感反应、面孔识别等社会能力方面存在明显的受损(Dawson et al.,2005)。自闭症的这些早期社交障碍表现都包含着对来自面孔信息的注意和加工能力问题,因此,在理解自闭症患者社会认知脑功能障碍方面,面孔加工能力的削弱发挥着重要的基础作用(Dawson et al.,2005)。

第一节　自闭症幼儿面孔加工的特点

一、自闭症幼儿低效率的面孔选择性注意

本研究发现,自闭症幼儿能够区别对待面孔与非面孔,他们对面孔的觉察速度也快于对非面孔物体,如球体,其对场景中的面孔和非面孔物体的觉察速度都慢于正常人。显然,自闭症者具备觉察面孔的选择性注意,但从面孔加工的第一步起,他们就表现出了面孔选择性注意的低效率。

对面孔或人物等社会刺激的注意倾向是个体社会性注意的重要表现。Riby 和 Hancock(2009a)指出,从场景中觉察到面孔,是从面孔中获得社交信号至关重要的第一步。正常人存在着看别人和听别人的注意偏向,而 ASD 者缺失这种偏向或者偏向较弱(Klin et al.,2003;Schultz,2005)。我们发现,自闭症幼儿能够对场景中的面孔自动产生注意偏向,将大部分注意集中于面孔,其对面孔的注意反应模式与正常幼儿相似。但是,他们的面孔感知能力普遍性异常,不论是自然生活场景中的人物面孔,还是单独呈现的面孔,不论是自己的面孔还是他人的面孔,不论是熟悉的面孔还是新熟悉的面孔、陌生的面孔,不同情绪的面孔,他们自动觉察面孔的速度总是慢于正常儿童,在注视点落入面孔之前,自闭症幼儿相对于正常幼儿有更多次的无关注视,其对面孔的感知速率也因此降低。高效率地觉察到

一张面孔,对于面孔信息加工来说是至关重要的一步,因此,面孔感知能力就显得特别重要,它将个体的注意快速导向场景中的社交核心区域(Riby & Hancock,2009b)。Fletcher-Watson 等人(2009)发现,在观看包括有人物和没有人物的图片时,ASD 成人与对照组表现出相似的注意偏向。但是,相对于看没有人物的图片,ASD 成人注视有人物的图片更慢些,这表明 ASD 者对社交刺激的优先注意减少了,对面孔选择性注意的效率降低了。

二、自闭症幼儿基本正常的面孔识别能力

身份识别至少包括区分两组关系:自我与他人、熟悉与陌生。自我在社交中发挥着重要作用(Lombardo et al.,2010),一方面,儿童的自我是在早期与他人尤其是重要他人如父母的社交互动过程中发展完善的;另一方面,在参与到与他人社交的活动中,自我发挥着重要的功能。发展完整而成熟的自我是能够与他人正常交流的重要保证。如果个体能够知觉到自我,那么就会用知觉自我的模式去知觉他人的经验。然而,ASD 者不仅仅在与他人的交往方式上存在异常,他们自我的发展也同样存在异常。我们研究发现,自闭症幼儿的视觉自我识别能力较正常儿童发展迟滞,他们从 3 周岁开始能够识别视觉的自我,但自我与他人的分化不足。几乎所有与自我意识相关的任务都激活了内侧前额叶(medial prefrontal cortex,mPFC)和扣带回(崔芳,南云,罗跃嘉,2008)。然而,与正常人比较,ASD 者的 mPFC 激活不足,未表现出自我-他人的分化(Pfeife et al.,2011;Lombardo et al.,2010)。

我们研究发现,自闭症幼儿能够识别遗传性熟悉面孔(父母)。Wilson 等人(2007)研究发现,自闭症者能很准确地识别面孔,虽然准确性略低于正常人,他们识别熟悉面孔的能力并未受损,他们与对照组一样,也是利用面孔特征区信息对面孔进行识别的。我们利用眼动追踪分析系统收集个体对不同熟悉水平面孔的视觉加工信息,支持了他们的研究结果,自闭症者能区分出熟悉面孔与陌生面孔,但不易建立熟悉感。

本研究发现,自闭症幼儿对不同情绪面孔的注意偏向及注意分配模式与正常幼儿相同,能够识别基本的情绪面孔。这与以往所认为的 ASD 者情绪识别较差的观点不一致(Ashwin et al.,2006;Rump et al.,2009),但与 Tracy 等人(2011)研究的结果是一致的。他们认为,ASD 者能够准确识别情绪表情,至少能识别那些基本情绪,如愤怒、恐惧、恶心、愉快等,在识别的准确性上与正常人没有差异,在给予被试足够长的时间以做出反应情况下至少能与常人一样准确识别。ASD 者能够利用眼部区域的信息进行简单情绪的识别,却不能利用眼部信息对复杂情绪进行准确识别。因此,自闭症幼儿表情识别能力的受损可能仅仅是针对复杂情绪的识别任务,其基本表情识别能力是完整的。

三、自闭症幼儿对左侧眼睛区域注视的不足

大量研究表明,ASD 者面孔加工存在困难,表现出对面孔不感兴趣,注视面孔时间少于常人,观看面孔时的注意分配异常,看眼睛时间少而看嘴巴时间多,较多时间投在面孔的非特征区(Pelphrey et al.,2002;Klin et al.,2002),我们的研究发现支持了以往研究所认为的 ASD 者面孔注视时间较少的观点。不论是自我面孔还是他人面孔,熟悉面孔还是陌生面孔,恐惧面孔还是愉快面孔,不论是真实场景中的面孔还是单独呈现的面孔,自闭症者在面

孔上的注视时间都显著少于正常儿童，显然，自闭症幼儿面孔加工的困难是普遍存在的，不因面孔的身份、情绪类型而有所改善。同时，我们发现，自闭症幼儿对非特征区的注意与正常幼儿无异，而在面孔特征区的加工时间显著少于正常幼儿，主要表现在眼睛区域的注意投入少于正常幼儿。对左右双眼进一步分析发现，自闭症组对他人面孔左侧眼睛的注视时间均显著少于正常组，而右侧眼睛的注意则很正常。由此可见，对眼睛左侧视野(left visual field，LVF)偏向的缺失可能是该群体面孔加工最主要的缺陷。

视野偏向研究可追溯到 Wolf(1933)的实验，他向被试呈现由两张左侧面孔或两张右侧面孔组合而成的合并面孔(fused faces)，结果发现，正常人注意更多偏向于左侧视野的面孔信息。对左侧视野信息的偏向反映了与面孔加工能力相关联的大脑右半球的右侧梭状回偏侧优势(Haxby et al.，2000)，显然，ASD 者对左侧视野眼睛区域注视不足，反映了他们右脑梭状回面孔加工区(face fusiform area，FFA)激活量的减少，其后的 FFA 血氧水平依赖(blood oxygenation level dependent，BOLD)偏侧优势减弱了(Curby et al.，2010)。De Renzi，Perani，Carlesimo，Silveri 和 Fazio(1994)发现，自闭症高危人群面孔识别能力下降，未表现出对呈现于左侧视野刺激的优先识别。眼动研究也发现，当要求被试完成一项性别辨别任务时，正常组注视左侧视野的时间多于右侧视野，说明确实存在左侧视野偏向现象(Butler et al.，2005)。在这个研究中，LVF 效应仅仅根据首次眼跳位置来确定，然后再计算 LVF 和 RVF 的注视点总数，而最近几项研究通过计算个体观看 LVF 和 RVF 的时间总量，发现也存在 LVF 效应(Butler & Harvey，2006；Guo，Meints，Hall，Hall & Mills，2009)。对此一种解释是，随着个体面孔加工越来越专业化，正常人开始集中于用右脑来加工面孔。这导致个体对 LVF 面部表情信息投入越来越多的注意。这种专业化在正常儿童的发展早期就出现了。眼动研究发现，正常幼儿在 6～12 个月大时，就对 LVF 产生偏向，对面孔的 LVF 注视时间更多(Guo et al.，2009；Liu et al.，2011；Wheeler，2010)。最近研究发现，ASD 成人并未表现出 LVF 偏向(Dundas et al.，2012)，这种偏向的缺失可能反映了 ASD 者面孔加工时脑区激活的差异。但自闭症幼儿是否也存在这种 LVF 偏向的缺失却未见报道。我们的研究结果提供了自闭症幼儿缺乏左侧视野偏向的证据。而且，我们进一步确认这种偏向缺失主要表现在对左侧视野面孔的眼睛。事实上，自闭症幼儿与正常幼儿一样，都将大量注意投入到面孔的特征区，其看眼睛的时间也多于看嘴巴的。

尽管大量研究关注于自闭症面孔加工时是看眼睛更多还是看嘴巴更多，我们认为，对视野偏向的缺失可能是这种障碍更具体明确的生理反应标识。这可能说明，自闭症者观看对方眼睛区域时，由于其面孔加工专业能力发展不足，因而不能提取识别所需的信息(Dundas et al.，2012)。而对 LVF 的偏向使得面孔加工更为高效，因而，可以认为对左侧视野面孔尤其是眼睛的偏向缺失与自闭症者面孔加工缺陷有关。本研究使用的面孔刺激虽然类型多样，但也发现，对自我面孔及需要借助嘴部表现的情绪面孔如恐惧、愉快面孔，自闭症幼儿并未表现出明显的异于正常幼儿的 LVF 偏向。此外，还可以进一步分析自闭症幼儿对其他类型面孔刺激及非面孔刺激的加工情况，了解自闭症的 LVF 缺失是否具有普遍性，而如果这一假设成立，就可以确认左侧视野偏向的缺失是自闭症者面孔构型加工专业化发展中断的表征(Dundas et al.，2012)。

第二节　ASD 儿童面孔识别与加工障碍的节点分析

　　面孔是最具"社交"意义的刺激(Simmons et al.,2009),在社会交往过程中,它提供了丰富的个人信息,在引导个体构念(person construal)的形成中作用重大。在短暂的邂逅中,即便是对面孔匆匆一瞥,健康人通常就能自动注意并快速感知面孔所包含的复杂信息,如性别、年龄、种族、身份等,识别其情绪状态和社交情境,并且记住这张面孔;同时,在人际交往中,个体也通过自身面孔向交往对象传递社交信息,如自己的思想、情感与意图(Tanaka et al.,2003)。这些都能为促进和塑造社会交互作用提供非常重要的线索(Golarai et al.,2006;Quinn & Macrae,2011)。前文已述,有几个模型对正常人群面孔识别与加工及其神经基础进行了不同的解释。这些模型一致认为,面孔加工能力的发展有着先天的神经基质推动,表现在两方面:(1)面孔加工有专门化的脑区,如梭状回;(2)有专门化的加工策略从而有效地对面孔进行加工,如构形加工策略(Kanwisher,2000)。

　　众多研究都认为,许多自闭症者在生命早期就表现出社交障碍,如目光接触、联合注意、情绪反应、面孔识别等方面,这些都可视为是对面孔注意能力与面孔信息加工能力的困难(Dawson et al.,2005)。因此,可以认为,在自闭症者社会认知受损的脑功能障碍中,面孔加工障碍具有重要基础作用。神经功能障碍导致面孔加工困难可发生于几个水平上,也可以有多种解释。借鉴面孔加工层级模型理论,结合其他理论模型和假说,我们提出面孔加工阶段模型,认为面孔加工具有明显的时间阶段性,在一阶段任务完成后进入下一段,也可在某阶段任务完成过程中回到早前阶段进一步加工,如图 9-1 所示。借助这一模型,可以较好地理解自闭症儿童面孔加工障碍。

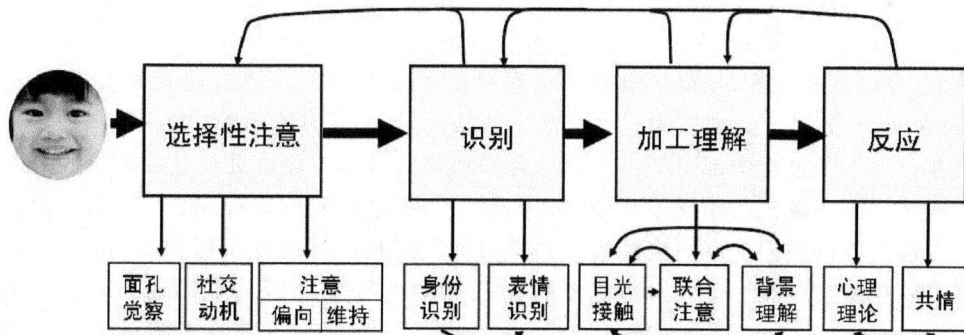

图 9-1　自闭症儿童面孔识别与加工阶段模型

一、面孔的选择性注意阶段

　　在个体识别面孔进行加工之前,有一基本的视觉注意和心理动力激活阶段,心理动力推动个体将注意维持在面孔上进行加工,因而,有意义的面孔加工始自对面孔的选择性注意阶段。

(一)面孔感知

从环境中多种物体竞争中觉察到面孔的存在显然对于面孔加工来说是至关重要的。正常发展的个体在婴儿早期就能够分辨出面孔和其他刺激的差别。Tanaka 等人(2003)的面孔加工层级模型也认为,面孔加工始于面孔感知、觉察(face perception),即能够将面孔从视觉环境其他刺激中抽取出来。因此,面孔感知、觉察能力就显得极其重要。

以往有关自闭症面孔加工的理论模型中,感知、认知假说强调了自闭症者对感知能力的重要性,他们认为自闭症的感知系统存在着普遍性困难。众多对 ASD 视觉特点的研究发现,ASD 对物体的感知、认知能力并未受损,我们前述研究结果与此一致。自闭症者与正常组一样具有较高的视觉灵敏度(E. Ashwin, C. Ashwin, Rhydderch, Howells & Baron-Cohen,2009),他们的静态对比敏感度与对照组差异并不显著(Milne, Scope, Pascalis, Buckley & Makeig,2009),但是,逐渐增强的外部干扰噪音对自闭症者视觉加工方式产生不良影响(Sanchez-Marin & Padilla-Medina,2008)。ASD 人群具有正常的形状分辨力(如正方形、矩形),能够识别非社会性刺激(如建筑、日常用品),但不能识别社会性刺激(如面孔)。我们的研究结果发现,自闭症幼儿能够区分面孔、非面孔,也能分辨不同的面孔。

(二)社 交 动 机

社交动机(social motivation)是个体参与社交活动的动力系统。从婴儿期开始,个体的大脑结构就受到这个世界的塑造,最强大的偏向动力来自个体的动机和注意(Hari & Kujala,2009),个体对所喜爱的东西具有强的动机。动机建立在"探寻"系统("seeking" system)基础上,支持着好奇心、兴趣、期望,它是个体行动的第一动力源。动机的脑神经基础包括多巴胺中脑边缘系统通道,当个体期待着被奖励时会释放多巴胺。正常发展中的儿童从出生开始就表现出对社会交往的强烈动机,积极参与社会交往,从而学会社会和交流的技能,引导他们去观看他人(Cassia, Valenza, Simion & Leo,2008)。

然而,自闭症儿童和成人并未表现出对社交刺激的注视,他们观看面孔的模式异常(Sasson et al.,2007)。这被认为是社交动机的缺失,反映了社交分享的有益价值的缺失,这种缺失在整个发展过程中都可能存在。这可以解释为什么自闭症儿童会在联合注意发展方面遇到问题。因为动机的缺乏不仅使得他们对参与分享经验的兴趣减少,而且,社交注视技能的缺失也会使得他们拥有更少的机会去学习社交技巧。社交动机假说认为,ASD 者面孔感知障碍源自社交动力的减弱,而非专司面孔感知的特定脑区功能障碍(Dawson et al.,2005；Schultz,2005)。从生命早期开始对社交动力不足,ASD 儿童在其发展关键期内不能注意面孔。因此,ASD 者无法正常发展出熟练的面孔加工能力和相关的行为模式、脑功能专业化(Behrmann et al.,2006)。根据该假说,自闭症者最初的社交动机障碍导致他们对面孔及所有其他社交刺激如人类声音、手势等注意的减少。因而,他们认为,将刺激按一定的等级暴露给 ASD 者,增加他们的兴趣,能够促进其行为和大脑专门化的发展(Sasson,2006)。

McPartland 等人(2011)最近研究发现,ASD 者对面孔加工表现出行为模式异常,即面孔加工效率降低、对倒置面孔敏感性不够、面孔识别障碍,反映出由于在童年阶段对面孔的注意减少,导致对面孔专门化加工的发展滞后。他们认为,这个因素的影响相对于婴幼儿时期的社会性驱力减少来说是次要的(Dawson et al.,2005)。我们认为,当正常个体感知到场景中的面孔,由于社交动机的驱动,他们能够自动地将注意朝向面孔;而 ASD 者虽然感知到了面孔,但其注意朝向面孔的社交动机不足,将使得他们对面孔加工效率降低,尤其是对眼睛花费的注意需要减少了(王丽娟,姚雪,罗红格,2009)。

(三)社交注意偏向

Riby 和 Hancock(2009a)指出,从场景中觉察到面孔,是从面孔中获得社交信号至关重要的第一步,因此,对面孔产生注意是面孔加工首要的基础。个体观看一张照片或图画时,眼睛通常首先关注到图片中的面孔并多次观看,正如很少有人能记住《蒙娜丽莎》身后的风景。正常发展的个体在婴儿早期就能够分辨出面孔和其他刺激的差别,对面孔产生注意偏向。实验证明,3～6 个月的婴儿就表现出观看面孔类刺激的时间长于非面孔类刺激(Fantz,1963),将面孔视作有别于环境中其他物体的"特殊"物体(special object)。即便是刚出生 30 分钟的新生儿也优先朝向于面孔刺激而不是非面孔刺激,这一结果获得了大量的研究支持。显然,刚出生 30 分钟还不足以形成有意义的学习。这些结果意味着人类出生时就天生对面孔产生注意偏向(Tanaka et al.,2003)。对社交信息如面孔的注意偏向效应从婴儿期起一直持续到成人(Bindeman et al.,2007)。

由于面孔不能捕获 ASD 者的注意,因而他们对面孔等社交线索的加工明显受损(Pelphrey et al.,2002)。相反,自闭症者并不将社交信息视作突出物,因而不能对其产生偏好注意,所以,当要求被试要完成任务不去看面孔时,正常被试依然会受到面孔分心物的干扰,而 ASD 者却能够忽略面孔,而两组对非面孔的分心物都没有表现出干扰效应(Remington,Campbell & Swettenham,2012),这说明 ASD 者并不对面孔产生注意偏向。Williams,Goldstein 和 Minshew(2005)发现,HFA 成人在即时回忆和延迟回忆任务中都存在一种选择性记忆受损,相对对照组而言,他们对面孔倒置效应不敏感。我们研究也发现,相对于对照物,自闭症幼儿与正常组一样对面孔产生了注意偏向,但他们的注意更易于被无关刺激所吸引,注意偏向效率较低。

(四)注意维持

正常人看见面孔,会将注视维持在面孔之上。一旦觉察到一张面孔,就会自动地将注意集中到面孔上(Theeuwes & van der Stigchel,2006),相对于非面孔刺激物,对面孔的加工更快,注意维持更长(Riby & Hancock,2009a;陈顺森等,2012)。

研究发现,对面孔注意维持(attention maintain)时间可能随年龄增长而变化。年龄较大的自闭症者比年龄较小的自闭症者注视面孔的时间更少(Chawarska & Shic,2009;Nakano et al.,2010)。那么是否可以推断随着年龄的增长自闭症者对面孔注意维持时间逐渐减少?虽然仍然有些争议,但大部分研究都发现,ASD 者对面孔注意维持时间比正常成人更短。这些研究对被试的言语智商和操作智商进行了匹配,虽然使用的实验材料各不相同,但结果相近。前文已有大量说明,在此不再赘述。

二、面孔的识别阶段

面孔识别阶段可区分为两个方面:面孔身份识别(recognition of facial identity)、面孔表情识别(recognition of facial expression)。在身份识别时,个体最简单的判断是该面孔是自我的还是他人的,是熟悉的他人还是陌生的他人。有了这种基本判断之后,个体决定是否继续进一步加工面孔,对社交动机起增强或减弱的作用;而情绪识别则可区分为基本情绪与复杂情绪。通常情绪的好恶也会影响个体是否继续加工面孔,也同样对社交动机起增强或减弱作用。

(一)面孔身份识别

刚出生几小时的婴儿对其母亲的面孔就表现出比陌生人面孔更多的偏向。可见,在人生早期,新生儿就能对面孔身份进行类别内辨别,即某一面孔只属于某一个人。6 岁正常儿童能够识别测试情境中的不熟悉面孔,而 12 岁时面孔识别能力已经接近成人水平。

记住陌生面孔和回忆熟悉面孔的能力是社交功能的重要方面(Wilson et al.,2007)。陌生面孔最能吸引年幼儿童的兴趣,而其更多的注意则需要投入到对熟悉面孔的加工,因为在儿童生活中最重要的形象就是养育者那张熟悉的面孔。儿童不仅需要从不认识的人群中识别出认识的人,也需要对这张面孔中获取解释社会性交流的线索,从中学会在社交情境中如何恰切地与人交往。

自我既是心理学研究的基本问题又是人格的核心。朱滢(2007)根据获得有关自我知识的脑成像研究途径,以及自我发展的不同深度,把自我区分为三个方面:作为知觉的自我、作为记忆的自我和作为思考的自我。自我面孔是个体独特的自我特征,自我面孔识别属于作为知觉的自我,是个体对自己面孔的认知,它是自我发展的基础,是自我系统的重要组成部分,是研究自我的基本途径之一。自我面孔识别能力是自我发展的重要标志(杨红升,2005)。自我面孔识别反映了人们通过自我与他人的区分识别出自我面孔的过程(Northoff et al.,2006),不能识别出自己的人在推断他人想法上也表现出困难。似乎只有孩子表现出明显的自我识别之后,他们才能表现出尴尬、使用代名词,发展出自传记忆。自我面孔识别在行为反应、种系发生和个体发展等方面都具有其特殊性(杨红升,黄希庭,2007)。行为指标方面,自我面孔识别在速度上快于识别他人面孔;种系发生方面,只有人类、黑猩猩、猩猩等高级灵长类动物能认出镜子中的自己,具有识别自己面孔的能力;个体发展方面,儿童出生后不久即能识别他人面孔,但要在 18 个月左右才能表现出自我面孔识别能力(关丽丽,齐铭铭,张庆林,杨娟,2011)。

研究发现,虽然 ASD 者对面孔的注意减少,但是他们观看熟悉面孔时的神经激活方式正常(Aylward et al.,2004;Pierce et al.,2004)。以往研究认为,正常人看陌生面孔比看熟悉面孔时有更多的注视,而 ASD 者的注视却不受面孔熟悉度的影响(Wilson et al.,2007)。然而,我们发现,自闭症幼儿与正常幼儿一样,都对熟悉面孔投入了更多的注视,且自闭症组对熟悉面孔的观看时间与正常幼儿差异并不显著。显然,自闭症幼儿与正常儿童一样,能区别对待不同熟悉度的面孔,说明他们能够识别熟悉面孔。我们的临床观察也发现,自闭症儿童能够较好地观看父母等熟悉人的面孔,随着康复治疗过程,他们也能认出治疗者。但他们对陌生面孔不论是重复暴露的还是单次出现的,都表现出注意维持的困难。

有研究认为,自闭症者的自我意识受损,视自己为他人,这可能导致其成长过程中无法形成高度组织性的自我概念(Toichi et al.,2002)。我们的研究发现,只有满3周岁之后的自闭症儿童才表现出自我面孔识别。相比正常儿童,自闭症者自我面孔识别能力明显迟滞。这说明自闭症儿童具备自我面孔识别的能力,只是在发展上更加缓慢。自闭症者具有视觉自我认知能力,说明自闭症并非没有自我,而只是在某些方面缺损或者发展迟滞(Lind & Bowler,2009a)。正常人在观看面孔图片时,自我面孔并非最快被发现的,却是最吸引自己注意的,在自我面孔的注视时间最长(Devue et al.,2009)。然而,自闭症组没有表现出正常组所具有的对自我-他人面孔的区别反应方式,表现出自我-他人分化的不足。

总之,我们认为,自闭症者与正常儿童一样,能够识别出熟悉面孔与陌生面孔,但是对自我与他人的分化过程相对延缓。

(二)面孔表情识别

在人际关系过程中,面孔提供了有关他人情绪状态的丰富信息(Gross,2004)。准确识别情绪能力是情商的一个重要成分(王妍,罗跃嘉,2005),反映儿童的发展水平和情绪知觉图式的概化水平(Gross,2004)。这些图式促进了儿童对他人情绪状态识别,并做出适当的反应,这一定程度上能够反映儿童社会能力的发展状况,关系到个体社会交往、沟通的成败(Hoehl et al.,2008)。Green 等人(2003)发现,常人更关注负性情绪面孔的特征区。从神经生物学的进化论来看,这反映了人们对威胁性情境(社交)中的高度警觉(Williams et al.,2005)。研究表明,当直视最具负性情绪面孔信息的眼睛时,杏仁核得到激活(Adolphs et al.,2005)。

大量的研究认为,自闭症者在情绪识别任务中表现差于正常人。在儿童和成年的自闭症患者身上都表现出面部表情再认和标记方面的困难(Pelphrey et al.,2002)。自闭症者不仅在基本情感的识别测验中准确性降低(Ashwin et al.,2006;Wright et al.,2008),在如骄傲、尴尬、焦虑等复杂情感的再认测验中准确性也降低(Golan,Baron-Cohen & Hill,2006)。成年自闭症患者在被要求从一段视频中区分出复杂情感和情绪状态的任务中表现较差(Golan et al.,2006)。但也有研究表明,自闭症儿童与同龄的正常儿童在情绪识别测验中有相同的表现(Castelli,2005)。这种矛盾的结论可能是由于研究方式和问题表述不同引起的。我们采用幼儿视觉注意习惯化-去习惯化范式,发现自闭症组与正常组一样能识别基本情绪,他们对不同情绪也采用区别性反应方式,说明他们对基本情绪的识别没有明显受损。

(三)面孔身份识别与表情识别的关系

面孔识别功能模型(HFPM)认为,面孔身份识别的信息加工与情感表达的信息加工是相互独立的(Bruce & Young,1986),也有研究者认为这两部分是相互影响的(Haxby et al.,2000,2002)。ERP 研究结果表明,面孔身份信息的加工快于面部表情信息的加工。然而,这并不能说明面孔身份识别与面部表情识别的先后顺序问题。加工面孔身份信息还是加工面部表情信息的选择是通过启动不同的神经模式来完成的(汪亚珉,傅小兰,2005)。最近的研究表明,在加工过程中可能存在一种附属方式,以这种方式,情感表达加工要受到面孔身份的影响,但对面孔身份的识别不受情感表达的影响(Krebs et al.,2011)。

针对自闭症儿童面孔识别和情感表达过程关系的研究还很少。Hefter 等人（2005）以成年自闭症个体为被试，探究了面孔身份识别与情感表达的关系。被试被要求区分出名人的面孔和非名人的面孔，并利用面孔线索和非面孔线索来推知其情感。研究发现，对面孔表情的感知与对非面孔表情的感知是相关的，但被试在面孔识别测验中的表现与面孔情感识别是不相关的，这也在一定程度上反映出面孔身份识别过程与情感表达过程是相互独立的。但是该研究中只有成年被试并且没有对照组。Robel 等人（2004）发现自闭症儿童不能区分中性表情的不同面孔。但是当面孔表情和面孔身份一起改变的时候，可以再认出面孔。这些结果支持这样一种观点：情感表达的变化能促进面孔识别过程。新近一项行为研究让 24 名 9～15 岁高功能自闭症儿童完成一项面孔特征分类任务，结果发现，正常组表现出面孔识别和情感表达的不对称加工模式，他们认为，这种不对称相互影响的方式，在整个童年和青少年阶段都没有发生质的变化；而自闭症儿童身上没有表现出干扰效应，面孔身份识别过程与情感表达过程是相互独立的（Krebs et al.，2011）。这一结果也不支持 Haxby 等人（2000）提出的面孔加工神经模型，该模型认为对面部不变因素的加工和对面部可变因素的加工是相互影响的，面部可变因素的加工和不变因素的加工之间的关系可通过不同神经系统之间的联结进行调整，自闭症个体之间的加工方式也不同。Krebs 等人（2011）认为，自闭症组的情绪加工没有受到面孔身份改变的影响，这表明自闭症儿童对面孔身份的识别加工不会影响到对面孔表情的加工。这可能是因为没有构形或较少的整体性面部加工策略（Deruelle et al.，2008；Joseph & Tanaka，2003；Teunisse & de Gelder，2003）。我们的研究发现，自闭症组对不同情绪面孔的嘴巴区域的注视与正常组没有差异，而眼睛区域注视显著减少，这说明他们回避从眼睛区域获得信息，更多地从面孔的嘴巴区域获得信息（Joseph & Tanaka，2003；Klin et al.，2002）。因为面部身份的信息更多的是由眼部提供的，避开眼部区域而注视嘴部区域，这样就避免了身份信息对面部表情加工的影响，因而，自闭症儿童的情感表达加工与面部身份加工没有相互影响（Krebs et al.，2011）。

三、面孔信息的理解与加工阶段

正如面孔层级加工模型所认为的，面孔觉察、表情识别、身份识别是面孔加工的基础能力（如 Tanaka et al.，2003），从日常生活中的实用语义出发，面孔加工还要求个体超越面孔表面信息，努力理解面孔所传递的背后隐藏的信息。因此，面孔加工的理解阶段主要关注对人际动态的面孔加工，也就是人们在日常生活中如何加工和理解面孔的线索，了解他人的意图和情绪。对面孔线索的理解加工和反应能力是个体完全参与更为广阔的社交环境中所需要的基本技能（Tanaka et al.，2003），主要包括目光接触、联合注意、背景理解三种技能。

（一）目光接触

注视和目光接触（eye contact）是社交活动进行和言语获得的重要线索。作为一种非言语交流的方式，目光接触是社交沟通必需的前提技能，它对社交活动产生一些微妙而强有力的影响（Tanaka et al.，2003）。对于成人而言，目光接触可用于对听众进行信息强调，调节轮流谈话，传递亲密感及执行社交控制。群体生活要求个体有理解群体里其他个体提供的信息的特殊认知能力,而眼睛注视作为社会互动的重要成分,对其正确的知觉有着重要的适应功能,其信息量大大超过了其他的非言语的身体信号,也在某些方面上超过了言语表达。因而,正常发展的个体更偏好眼睛睁开的面孔(Batki,Baron-Cohen,Wheelwright,Connelan & Ahluwalia,2000),特别是有目光直视的面孔(Farroni et al.,2002),它具有提供信息、维持活动、表达亲密、社会控制、服务任务五个方面重要的心理学功能(林志成,2005)。

6 个月大的婴儿对注视着他的面孔的注意时间会比对那些看其他方向的面孔长 2～3 倍。对于幼儿,目光接触是他们与母亲进行前言语沟通的早期形式,尤其是在分享情感状态时更为重要。能否主动保持目光接触直接影响到注意力集中和交流能力的发展,由于许多重要的信息是通过非语言的形式传达的,没有目光接触,将会失去这些重要的信息(Kylliainenb & Hietanen,2006)。

尽管大部分儿童很早就能进行目光接触,但自闭症儿童却表现出明显困难。研究显示,90%学龄期自闭症儿童的父母反映自闭症者在婴幼儿期就经常回避社交情境下的目光接触。Spezio 等人(2007a)研究发现,高功能自闭症者不能利用眼睛区域的信息,而更多依赖嘴巴区域的信息。在应用行为分析(ABA)自闭症康复训练中,也时常借助食物来强化自闭症儿童的目光接触。也有研究认为,自闭症儿童用于凝视他人的时间量上与正常人并没有明显差异,但是他们的目光接触性质不同。Dawson 等人(1990)发现,在无结构游戏中,年幼自闭症儿童与其母亲目光接触次数和对照组一样。然而,与其他儿童不同的是,他们很少有伴随着恰当面孔表情的交互性凝视。这表明,自闭症儿童无法使用目光接触与他人进行有效的情感或情绪交流(Tanaka et al.,2003)。

(二)联合注意

联合注意(joint attention)是指个体追随他人的注意,最后两人同时注意同一物体的过程。联合注意是个体平行考虑自己视觉信息和其他人的视觉信息的能力,这种能力可确保婴儿在社交中协调自己与其他人的注意,是社会参照和社会学习的基本能力(Striano,Reid & Hoel,2006)。追随另一个个体的面孔或者眼睛方向的能力是联合注意技能发展中最早的一个元素。Butterworth 和 Jarrett(1991)指出,婴儿联合注意能力在三个阶段内得到发展:生态阶段、几何阶段和象征阶段。第一阶段,婴儿在 6 个月时,倾向于注意在他视野内并且是他认为有趣的东西,不管照料者在注意什么;第二阶段,即 12 个月时,婴儿开始追踪照料者的注视,看照料者所注意的物体。但这个阶段,婴儿只会对视野内物体表现出注视的追随。第三阶段又叫敏感阶段,即 18 个月时,婴儿能够转向四周,注意到照料者注意的东西,即使婴儿第一次注视的东西在他视野之外,他也可以注意到。

然而,很多研究结果都表明,自闭症儿童表现出联合注意的明显缺陷。不仅他们表现出较低的联合注意技能,而且他们在后面的发展中也表现出延迟(Wetherby,Watt,Morgan & Shumway,2007)。即便他们表现出联合注意的行为,他们行动从性质上也是不同的,与社交沟通没有联系,没有情感表现,意味着这种行动不带任何情绪色彩。而且,自闭症儿童的这种联合行为大多数是类似于借由手势来使他人做事类型的行为,他们借助目光凝视寻求他人帮助去获得特定的物体或达成某种目标,如自闭症儿童会用眼睛看着照顾者和一台电脑,希望获得对方的帮助去把电脑打开。这类联合注意行为在 ASD 儿童中很常见,是为了获得帮助的目的,而非社交的目的(Tanaka et al.,2003)。有关自闭症者联合注意的研究,可参考 Dawson 等人（2004）的综述。

（三）背景理解

理解社交背景线索（facial cues in a social context）是面孔加工的重要技能，这种更高级的社会认知能力不仅要求能够识别面孔表情，而且能理解对方表现该表情的社交背景。

毋庸置疑，自闭症者无法识别社交背景下的面孔情绪。向 ASD 儿童呈现描绘感情色彩丰富的（affect-laden）不同场景中的儿童，如一个小孩正在吃冰激凌、一个小孩抓着一个破损的玩具，图片中儿童面孔模糊不清，要求被试判断适合于情境的面孔表情。另外，让被试完成一项视觉任务，要求被试匹配视角不同、物体相同的图片。研究发现，与对照组相比，ASD 组完成背景-情感匹配任务的成绩显著差于视觉任务（Fein，Lucci，Braverman & Waterhouse，1992）。这表明，这些儿童对现实世界中的情绪情境可能存在体验困难。

四、面孔加工的反应阶段

完整的面孔加工还需包括一个产出阶段，即个体在理解面孔线索之后对面孔信息的应用。准确理解面孔表情，从而可以与他人进行社会交往。通过对面孔所表现交流信息的理解，能够快速推论对方的心理状态，并据此调整行动。这一阶段有两个重要成分：心理理论、共情。

（一）心理理论

心理理论（ToM）是指儿童理解别人心理状态（如信念、愿望、情绪等）并以此作为理解和预测别人行为途径的能力（焦青，曾筝，2005）。从面孔表情读懂他人心理状态的能力在社会交往和人际交流中发挥着极其重要的作用，它可以帮助我们展开谈话并进行适时调整（Back et al.，2007）。比如，如果看不出对方不感兴趣，就可能执意谈论一个不受欢迎的话题。

一些研究者认为，无法从他人面孔读懂心理状态的能力可能是 ASD 者社交困难的核心所在。大量有关 ASD 成人、儿童心理状态识别研究都支持这种观点。研究发现，ASD 者能够识别基本情绪如愉快、悲伤、愤怒，但在识别更复杂的情绪状态如阴谋、钦佩、感兴趣等存在困难。他们认为，能够理解眼睛传递出来的信息尤其对识别心理状态而非基本情绪而言至关重要。而且，研究表明，当只呈现给 ASD 者眼睛区域时，他们对心理状态的理解困难是最明显的（Baron-Cohen，Wheelwright，Hill，Raste & Plumb，2001）。研究发现，在仅呈现眼睛区域时，ASD 儿童识别心理状态的得分低于正常发展儿童的得分（Baron-Cohen et al.，2001）。Baron-Cohen 认为，这些结果强调了自闭症者特定的困难是对眼睛区域信息的加工困难，这一观点获得了其他研究的支持。正如前文撰述，大量研究发现自闭症者不善于通过眼睛区域信息的加工来识别面孔（Joseph & Tanaka，2003），对眼睛注视减少，而对嘴巴区域注视较多（Klin et al.，2002）。面孔加工策略的异常可能导致自闭症者未能发展出通过面孔尤其是眼睛来判断他人心理状态的专门能力。

（二）共情

共情（empathy）是对他人处境的一种情感反应，是对他人情绪及精神状态的理解及对其行为的推测，即"设身处地""感同身受"（魏薇，静进，2010），也就是说，共情是个体在观察他人情感状态时的一种情绪反应（Blair，2005）。由于面部的情绪表情具有特定沟通功能，它们将特定的情绪传递给观察者（Blair，2005）。共情也就可以理解为观察者对他人面孔或声音所表现的情绪进行"翻译"。识别他人情绪包括面孔表情的能力是社交的基础。共情的过程包括了情感和认知的加工，并由此对他人情绪表现出理解或共同体验，它开始于对他人快速变化的情感及时感知和快速提取（Clark，Winkielman & McIntosh，2008）。对情绪的加工对共情及其他社交情感功能都具有重要意义。由于镜像神经元（mirror neurons system，MNS）的作用，正常个体在理解了他人面孔情绪时会自发地产生共情。然而，由于自闭症者先天对他人情感表达感知能力和反应能力障碍，这种缺陷导致其社会交互中严重的困难，因而在与共情相关的加工中存在缺陷，包括情绪感染（emotional contagion）、相互主观性（intersubjectivity）、对情绪表达的快速而自发的模仿（Stel，van den Heuvel & Smeets，2008）。

参考文献

陈莲俊.(2012).自闭症谱系障碍儿童对眼睛注视线索的注意实验研究.华东师范大学博士学位论文.

陈顺森，白学军，沈德立，等.(2011).7～10岁自闭症谱系障碍儿童对情绪面孔的觉察与加工.心理发展与教育，27:449-457.

陈顺森，白学军，沈德立，等.(2012).背景性质对7～10岁自闭症儿童面孔搜索与加工的作用.心理科学，35.

陈顺森，白学军，张日昇.(2011).自闭症谱系障碍的流行病学、症状与干预.心理科学进展，19(1)：60-72.

陈文雄.(2013).孤独症70年：从Kanner到DSM-Ⅴ.临床儿科杂志，31(11)：1001-1004.

崔芳，南云，罗跃嘉.(2008).共情的认知神经研究回顾.心理科学进展，16(2)：250.

邓赐平，刘明(2005).解读自闭症的"心理理论缺损假设"：认知模块观的视角.华东师范大学学报(教育科学版)，23(4):53-58.

杜亚松.(2013).孤独症谱系障碍的早期筛查和干预进展.中国儿童保健杂志，21(6)：561-564.

杜英春，吕勇.(2005).面孔加工特异性的事件相关电位研究.心理与行为研究，3(4)：268-274.

冯淑瑜，张继永，朱明芬，等.(2003).儿童孤独症213例病例分析.中国儿童保健杂志，11(2):85.

关丽丽，齐铭铭，张庆林，等.(2011).自我面孔识别的脑机制.心理科学进展，19:1313-1318.

季红光，郭迪，陶素碟.(1995).婴幼儿视觉注意习惯化和恢复观察方法的建立.中国行为医学科学，4(3)：129-132.

焦青，曾筝.(2005).自闭症儿童心理理论能力中的情绪理解.中国特殊教育，3:58-62.

焦青.(2001).10例孤独症儿童心理推理能力的测试分析.中国心理卫生杂志，1:60-62.

金丽，陈顺森.(2011).自闭症儿童面孔加工的异常：来自眼动的证据.漳州师范学院学报(自然科学版)，4:128-132.

金宇.(2008).孤独症谱系障碍儿童社会认知缺陷的神经心理机制及早期筛查工具的研究.中南大学博士学位论文.

金宇，静进，邹小兵，等.(2003).3～7岁孤独症儿童心理推测能力的实验研究.中国行为医学科学，3:268-270.

柯晓燕.(2014).孤独症谱系障碍临床解析.中国实用儿科杂志，29(7):481-484.

李明芳，张烨，贾磊，等.(2011).面孔识别特异性本质的 ERP 研究.心理发展与教育，27(5):459-467.

李咏梅，静进，邹小兵，等.(2009).孤独症幼儿对面部情绪表情认知特征的初步研究.中国循证儿科杂志，4(1):23-28.

林志成.(2005).眼睛注视:独特的还是不独特的？心理科学进展，13(4):398-405.

罗维武，林立，陈榕，等.(2000).福建省儿童孤独症流行病学调查.上海精神病医学杂志，12(1):3.

陶国泰.(1997).孤独症的诊断和早期发现与早期干预.中国实用儿科杂志，12(6):364-365.

田宏杰，王福兴，徐菲菲，等.(2010).场景知觉中物体加工的背景效应.心理科学进展，18:878-886.

汪亚珉，傅小兰.(2005).面部表情识别与面孔身份识别的独立加工与交互作用机制.心理科学进展，13(4):497-516.

王垒，张岚，李黎.(1994).婴儿识别面部表情的能力及其发展模式.心理学报,26(2):169-175.

王立新，彭聃龄.(2003).自闭症认知缺陷的神经机制研究进展.中国特殊教育，3:76-80.

王丽娟，姚雪，罗红格.(2009).自闭症儿童面孔识别障碍的理论研究.中国特殊教育，11:30-34.

王伟平，苏彦捷.(2006).孤独症儿童基于眼睛注视的社会性注意.中国特殊教育，6:12-17.

王馨，杨文翰，金宇，等.(2011).广州市幼儿园儿童孤独症谱系障碍患病率和相关因素.中国心理卫生杂志,25(6):401-408.

王妍，罗跃嘉.(2005).大学生面孔表情材料的标准化及其评定.中国临床心理学杂志，13:396-398.

魏薇，静进.(2010).孤独症谱系障碍的共情功能研究进展.中国儿童保健杂志，18:776-778.

徐光兴.(2007).自闭症的性别差异及其与认知神经功能障碍的关系.心理科学，30:425-427.

徐岩，张亚旭，周晓林.(2003).面孔加工的认知神经科学研究:回顾与展望.心理科学进展，11(1):35-43.

严淑琼.(2008).自闭症儿童面部表情加工的实验研究.华东师范大学硕士学位论文.

杨红升，黄希庭.(2007).自我信息加工的独特性:来自人名识别研究的证据.心理科学，30:1127-1129.

杨红升.(2005).自我面孔识别的独特性.心理科学，28:1517-1519.

杨洁敏，袁加锦，李红.(2009).情绪预期影响人类对恐惧面孔的敏感性——来自电生理的证据.中国科学(C辑):生命科学，39:995-1004.

杨利芹，汪凯，朱春燕.(2009).自闭症谱系障碍患者自我面孔识别的研究现状.安徽医科大学学报，46：815-817.

杨曙光，胡月璋，韩允.(2007).儿童孤独症的流行病学调查分析.实用儿科临床杂志，22：1872-1873.

叶家涛，陈顺森，王文强.(2014).自闭症谱系障碍者的感觉特点及诊断价值分析.牡丹江师范学院学报(哲学社会科学版)，1：131-133.

张静，陈巍，丁峻.(2008).自闭症谱系障碍的"碎镜假说"述评.中国特殊教育，11：26-30.

周念丽，方俊明.(2004).自闭症幼儿的视觉性自我认知实验研究.心理科学，27：1414-1417.

朱滢.(2007).文化与自我.北京：北京师范大学出版社.

邹小兵，李咏梅，陈凯云，等.(2005).孤独症和 Asperger 综合征儿童的心理理论对照实验研究.中国神经精神疾病杂志，6：426-429.

邹小兵，邓红珠.(2013).儿童孤独症谱系障碍：美国精神疾病诊断分类手册(第5版)"孤独症谱系障碍诊断标准"解读.中国实用儿科杂志，28(8)：561-563.

Adamson, L., Bakeman, R., Deckner, D.& Romski, M.(2009).Joint engagement and the emergence of language in children with autism and down syndrome.Journal of Autism and Developmental Disorders，39(1)：84-96.

Adolphs, R., Sears, L.& Piven, J.(2001).Abnormal processing of social information from faces in autism.Journal of Cognitive Neuroscience，13：232-240.

Althoff, R.R.& Cohen, N.J.(1999).Eye-movement-based memory effect：A reprocessing effect in face perception.Journal of Experimental Psychology：Learning, Memory and Cognition，25：997-1010.

American Psychiatric Association.(2013).Diagnostic and Statistical Manual of Mental Disorders.5th ed.Washington DC：American Psychiatric Publishing.

Ashwin, C., Baron-Cohen, S., Wheelwright, S., O'Riordan, M.& Bullmore, E.T.(2007).Differential activation of the amygdala and the 'social brain' during fearful face processing in Asperger Syndrome.Neuropsychologia，45：2-14.

Ashwin, C., Chapman, E., Colle, L.& Baron-Cohen, S.(2006).Impaired recognition of negative basic emotions in autism：A test of the amygdala theory.Social Neuroscience，1：349-363.

Ashwin, C., Wheelwright, S.& Baron-Cohen, S.(2005).Laterality biases to chimeric faces in Asperger syndrome：What is "Right" about faces-processing? Journal of Autism and Developmental Disorders，35(2)：183-196.

Ashwin, E., Ashwin, C., Rhydderch, D., Howells, J.& Baron-Cohen, S.(2009).Eagle-eyed visual acuity：An experimental investigation of enhanced perception in autism.Biological Psychiatry，65：17-21.

Asperger, H.(1944).Dieautistischen Psychopathen im Kindesalter.In：Frith U. Autism and Asperger Syndrome Archiv für Psychiatrie und Nervenkrankheiten. Cambridge, UK：Cambridge University Press.

Back, E., Ropar, D.& Mitchell, P.(2007).Do the eyes have it? Inferring mental states from animated faces in autism.Child Development，78(2):397-411.

Bailey，A.，LeCouteur，A.，Gottesman，I.，Bolton，P.，Simonoff，E.& Yuzda，E.，et al.(1995).Autism as a strongly genetic disorder: Evidence from a British twin study. Psychological Medicine，25(1):63-77.

Baird，G.，Simonoff，E.，Pickles，A.，Chandler，S.，Loucas，T.& Meldrum，D. et al.(2006).Prevalence of disorders of the autism spectrum in a population cohort of children in South Thames: the Special Needs and Autism Project (SNAP).Lancet，368:210-215.

Bar-Haim，Y.，Shulman，C.，Lamy，D.& Reuveni，A.(2006).Attention to eyes and mouth in high-functioning children with autism.Journal of Autism and Developmental Disorders，36(1):131-137.

Baron-Cohen，S.(2001).Theory of mind and autism: A review.International Review of research in Mental Retardation，23:169-184.

Baron-Cohen，S.(2003).The essential difference: The truth about the male and female brain.New York: Basic Books.

Baron-Cohen，S.& Belmonte，M.K.(2005).Autism: a window onto the development of the social and the analytic brain.Annual Reviews Neuroscience，28:109-126.

Baron-Cohen，S.，Scott，F.J.，Allison，C.，Williams，J.，Bolton，P.，Matthews，F. E.，et al.(2009).Prevalence of autism-spectrum conditions: UK school-based population study.The British Journal of Psychiatry，194:500-509.

Baron-Cohen，S.，Wheelwright，S.，Hill，J.，Raste，Y.& Plumb，I.(2001).The "Reading the Mind in the Eyes" Test revised version: A study with normal adults, and adults with Asperger syndrome or high-functioning autism.Journal of Child Psychology and Psychiatry，42:241-251.

Batki，A.，Baron-Cohen，S.，Wheelwright，S.，Connellan，J.& Ahluwalia，J.(2000). Is there an innate gaze module? Evidence from human neonates.Infant Behavior and Development，23:223-229.

Begeer，S.，Koot，H.M.，Rieffe，C.，Terwogt，M.M.& Stegge，H.(2008).Emotional competence in children with autism: Diagnostic criteria and empirical evidence.Developmental Review，28:342-369.

Behrmann，M.，Avidan，G.，Leonard，G.L.，Kimchi，R.，Luna，B.，Humphreys，K.，et al.(2006).Configural processing in autism and its relation to face processing.Neuropsychologia，44:110-129.

Birmingham，E.，Bischof，W.F.& Kingstone，A.(2008).Social attention and real world scenes: The roles of action, competition and social content.Quarterly Journal of Experimental Psychology，61:986-998.

Blair，R.J.R.(2005).Responding to the emotions of others: Dissociating forms of empathy through the study of typical and psychiatric populations.Consciousness and Cognition，14 (4) ，698-718.

Blair, R., Frith, U., Smith, N., Abell., F.& Cipolotti, L.(2002).Fractionation of visual memory: Agency detection and its impairment in autism.Neuropsychologia, 40:108-118.

Bonner, L.& Burton, A.M.(2004).7-11-year-old children show an advantage for matching and recognizing the internal features of familiar faces Evidence against a developmental shift.Quarterly Journal of Experimental Psychology, 57A: 1019-1029.

Boraston, Z.& Blakemore S.J.(2007).The application of eye-tracking technology in the study of autism.The Journal of Physiology, 581:893-898.

Boraston, Z.L., Corden, B., Miles, L.K., Skuse, D.H.& Blakemore, S.J.(2008). Brief report: Perception of genuine and posed smiles by individuals with autism.Journal of Autism and Developmental Disorders, 38(3):574-580.

Bornstein, M.H.& Arterberry, M.E.(2003).Recognition, categorization, and apperception of the facial expression of smiling by 5-month-old infants.Developmental Science, 6:585-599.

Boucher, J.D.& Ekman, P.(1975).Facial areas and emotional information.Journal of Communication, 25:21-29.

Boucher, J.& Lewis, V.(1992).Unfamiliar face recognition in relatively able autistic children.Journal of Child Psychology and Psychiatry and Allied Disciplines, 33:843-859.

Boyd, B.A.,Odom, S.L., Humphreys, B.P.& Sam, A.M.(2010).Infants and toddlers with autism spectrum disorder: early identification and early intervention.Journal of Early Intervention, 32 (2): 75-98.

Brédart, S.,Delchambre, M.& Laureys, S.(2006).One's own face is hard to ignore. The Quarterly Journal of Experimental Psychology, 59:46-52.

Brenner, L.A., Turner, K.C.& Müller, R.A.(2007).Eye movement and visual search: Are there elementary abnormalities in autism.Journal of Autism and Developmental Disorders, 37:1289-1309.

Brune, C.W., Kim S.J., Salt J., Leventhal, B.L., Lord, C.& Cook Jr, E.H.(2006). 5-TTLPR Genotype-Specific Phenotype in Children and Adolescents with Autism.American Journal of Psychiatry,163:2148-2156.

Bruce, V.& Young, A.(1986).Understanding face recognition.British Journal of Psychology, 77:300-327.

Bryson, S.E., Clark, B.S.& Smith, I.M.(1988).First report of a Canadian epidemiological study of autistic syndromes.The Journal of Child Psychology and Psychiatry, 29: 433-445.

Bushnell, I.W.R., Sai, F.& Mullin, J.T.(1989).Neonatal recognition of the mother's face.British Journal of Developmental Psychology, 7:3-15.

Butler, S.& Harvey, M.(2006).Perceptual biases in chimeric face processing: Eye-movement patterns cannot explain it all.Brain Research, 1124:96-99.

Butterworth, G.E.& Jarrett, N.L.M.(1991).What minds have in common is space:

Spatial mechanisms serving joint visual attention in infancy.British Journal of Developmental Psychology，9：55-72.

Calder，A.J.& Young，A.W.(2005).Understanding the recognition of facial identity and facial expression.Nature Reviews Neuroscience，6(8)：641-651.

Calvo，M.G.& Nummenmaa，L.(2008).Detection of emotional faces：Salient physical features guide effective visual search.Journal of Experimental Psychology：General 137：471-494.

Carey，S.& Diamond，R.(1994).Are faces perceived as configurations more by adults than by children? Visual Cognition,1(2)：253-274.

Cassia，V.M.,Valenza，E.，Simion，F.& Leo，I.(2008).Congruency as a nonspecific perceptual property contributing to newborns' face preference.Child Development，79(4)：807-820.

Castelhano，M.S.& Henderson，J.M.(2008).The influence of color and structure on perception of scene gist.Journal of Experimental Psychology：Human Perception and Performance,34：660-675.

Castelli，F.(2005).Understanding emotions from standardized facial expressions in autism and normal development.Autism，9(4)：428-449.

Chawarska，K.& Shic，F.(2009).Looking but not seeing：Atypical visual scanning and recognition of faces in 2 and 4-year-old children with autism spectrum disorder.Journal of Autism and Developmental Disorders，39(12)：1663-1672.

Chawarska，K.& Volkmar，F.(2007).Impairments in monkey and human face recognition in 2-year-old toddlers with autism spectrum disorder and developmental delay.Developmental Science，10(2)：266-279.

Chawarska，K.，Macari，S.& Shic，F.(2013).Decreased spontaneous attention to social scenes in 6-month-old infants later diagnosed with autism spectrum disorders.Biological Psychiatry，74(3)：195-203.

Christiansz，J.A.，Gray，K.M.，Taffe，J.& Tonge，B.J.(2016).Autism spectrum disorder in the DSM-5：diagnostic sensitivity and specificity in early childhood.Journal of Autism & Developmental Disorders，46(6)：2054-2063.

Clark，T.F.,Winkielman，P.& McIntosh，D.N.(2008).Autism and the extraction of emotion from briefly presented facial expressions：stumbling at the first step of empathy.Emotion，8：803-809.

Curby，K.，Willenbockel，V.，Tanaka，J.& Schultz，R.(2010).Face processing in autism：Insights from the perceptual expertise framework.In：Gauthier，I.，Tarr，M.& Bub，D.Perceptual expertise：Bridging brain and behavior.New York：Oxford University Press.

Dalton，K.M.,Nacewicz，B.M.，Johnstone，T.，Schaefer，H.S.，Gernsbacher，M.A.，Goldsmith，H.H.，et al.(2005).Gaze fixation and the neural circuitry of face processing in autism.Nature Neuroscience，8：519-526.

Davenport，J. L.（2007）.Consistency effects between objects in scenes. Memory & Cognition，35：393-401.

Davenport，J.L.& Potter，M.C.（2004）.Scene consistency in objects and background perception.Psychology Science，15：559-564.

Davies，S.，Bishop，D.，Manstead，A.S.R.& Tantam，D.（1994）.Face perception in children with autism and Asperger syndrome.Journal of Child Psychiatry and Psychology，35：1033-1057.

Dawson，G.& McKissick，F.C.（1984）.Self-Recognition in Autistic Children.Journal of Autism and Developmental Disorders，14：383-394.

Dawson，G.，Carver，L.，Meltzoff，A.，Panagiotides，H.，McPartland，J.& Webb，S.（2002）.Neural correlates of face and object recognition in young children with autism spectrum disorder，developmental delay，and typical development.Child Development，73：700-717.

Dawson，G.，Hill，D.，Galpert，L.，Spencer，A.& Watson，L.（1990）.Affective exchanges between young autistic children and their mothers.Journal of Abnormal Child Psychology，18：335-345.

Dawson，G.，Munson，J.，Estes，A.，Osterling，J.，McPartland，J.，Toth，K.，et al.（2002）.Neurocognitive function and joint attention ability in young children with autism spectrum disorder.Child Development，73：345-358.

Dawson，G.，Osterling，J.，Meltzoff，A.& Kuhl，P.（2000）.Case study of the development of an infant with autism from birth to two years of age.Journal of Applied Developmental Psychology，21：299-313.

Dawson，G.，Webb，S.J.& McPartland，J.（2005）.Understanding the Nature of Face Processing Impairment in Autism：Insights From Behavioral and Electrophysiological Studies.Developmental Neuropsychology，27（3）：403-424.

Dawson，G.，Webb，S.，Carver，L.，Panagiotides，H.& McPartland，J.（2004）.Young children with autism show atypical brain responses to fearful versus neutral facial expressions.Developmental Science，7：340-359.

Dawson，G.，Bernier，R.& Ring，R.H.（2012）.Social attention：a possible early indicator of efficacy in autism clinical trials.Journal of Neurodevelopmental Disorders，4（1）：1.

DeGraef，P.（2005）.Semantic effects on object selection in real-world scene perception. In：G.Underwood.Cognitive processes in eye guidance.Oxford：Oxford University Press.

DeRenzi，E.，Perani，D.，Carlesimo，G.A.，Silveri，M.C.& Fazio，F.（1994）.Prosopagnosia can be associated with damage confined to the right hemisphere- an MRI and PET study and a review of literature.Neuropsychologia，32：893-902.

de Wit，T.C.J.，Falck-Ytter，T.& von Hofsten，C.（2008）.Young children with autism spectrum disorder look differently at positive versus negative emotional faces. Research in Autism Spectrum Disorders，2（4）：651-659.

DeGutis，J.M.，Bentin，S.，Robertson，L.C.& D'Esposito，M.（2007）.Functional plasticity in ventral temporal cortex following cognitive rehabilitation of a congenital pros-opagnosia.Journal of Cognitive Neuroscience，19：1790-1802.

Dennett，H.W.，McKone，E.，Edwards，M.& Susilo，T.(2012).Face aftereffects predict individual differences in face recognition ability.Psychological science，23(11)：1279-1287.

Deruelle，C.，Rondan，C.，Gepner，B.& Tardif，C.(2004).Spatial frequency and face processing in children with autism and Asperger syndrome.Journal of Autism and Develop-mental Disorders，34：199-210.

Devue，C.，Van der Stigchel，S.，Brédart，S.& Theeuwes，J.(2009).You do not find your own face faster；you just look at it longer.Cognition，111：114-122.

di Giorgio，E.，Turati，C.，Altoe，G.& Simion，F.(2012).Face detection in complex visual displays：An eye-tracking study with 3- and 6-month-old infants and adults.Journal of Experimental Child Psychology，113(1)：66-77.

Dundas，E.M.，Best，C.A.，Minshew，N.J.& Strauss，M.S.(2012).A lack of left vis-ual field bias when individuals with autism process faces.Journal of Autism and Develop-mental Disorder，42.

Eagle，R.S.(2003).Accessing and assessing intelligence in individuals with lower functioning autism.Journal on Developmental Disabilities，9(2)：45-53.

Eisenberg，L.& Kanner，L.(2010).Childhood schizophrenia：symposium，1955：6. early infantile autism，1943-55.American Journal of Orthopsychiatry，26(3)：556-566.

Elsabbagh，M.，Gliga，T.，Pickles，A.，Hudry，K.，Charman，T.，Johnson，M.H.，et al.(2013).The development of face orienting mechanisms in infants at-risk for autism. Behavioural Brain Research，251：147-154.

Ewing，L.，Pellicano，E.& Rhodes，G.(2013).Reevaluating the selectivity of face-pro-cessing difficulties in children and adolescents with autism.Journal of Experimental Child Psychology，115(2)：342-355.

Faja，S.，Webb，S.J.，Merkle，K.，Aylward，E.& Dawson，G.(2009).Brief report：face configuration accuracy and processing speed among adults with high-functioning au-tism spectrum disorders.Journal of Autism and Developmental Disorders，39：532-538.

Falck-Ytter，T.，Fernell，E.，Gillberg，C.& von Hofsten，C.(2010).Face scanning distinguishes social from communication impairments in autism.Developmental Science，13(6)：864-865.

Fantz，R.L.(1963).Pattern vision in newborn infants.Science，140：296-297.

Fantz，R.L.(1964).Visual experience in infants：Decreased attention to familiar pat-terns relative to novel ones.Science，146：668-670.

Farran，E.，Branson，A.& King，B.(2011).Visual search for basic emotional expres-sions in autism：impaired processing of anger，fear and sadness，but a typical happy face advantage.Research in Autism Spectrum Disorders，5：455-462.

Farroni，T.，Csibra，G.，Simion，F.& Johnson，M.H.(2002).Eye contact detection in humans from birth.Proceedings of the National Academy of Science USA，99：9602-9605.

Farroni，T.，Massaccesi，S.，Menon，E.& Johnson，M.H.(2007).Direct gaze modulates face recognition in young infants.Cognition，102(3)：396-404.

Fein，D.，Lucci，D.，Braverman，M.& Waterhouse，L.(1992).Comprehension of affect in context in children with pervasive developmental disorders.Journal of Child Psychology and Psychiatry，33：1157-1167.

Fletcher-Watson，S.，Leekam，S.R.，Benson，V.，Frank，M.C.& Findlay，J.M.(2009).Eye-movements reveal attention to social information in autism spectrum disorder.Neuropsychologia，47(1)：248-257.

Fox，E.，Russo，R.，Bowles，R.J.& Dutton，K.(2001).Do threatening stimuli draw or hold visual attention in sub-clinical anxiety? Journal of Experimental Psychology：General，130：681-700.

Frazier，T.W.，Klingemier，E.W.，Beukemann，M.，Speer，L.，Markowitz，L.& Parikh，S.，et al.(2016).Development of an objective autism risk index using remote eye tracking.Journal of the American Academy of Child & Adolescent Psychiatry，55(4)：301-309.

Frischen，A.，Eastwood，J.D.& Smilek，D.(2008).Visual search for faces with emotional expressions.Psychological Bulletin，134：662-676.

Frith，U.& Happe，F.(1994).Autism beyond " theory of mind".Cognition，50：115-132.

Gaigg，S.B.& Bowler，D.M.(2008).Free recall and forgetting of emotionally arousing words in autism spectrum disorder.Neuropsychologia，46：2336-2343.

Gallup，G.G.Jr.(1998).Self-awareness and the evolution of social intelligence.Behavioural Processes，42：239-247.

Gauthier，I.，Skudlarski，P.，Gore，J.C.& Anderson，A.W.(2000).Expertise for cars and birds recruits brain areas involved in face recognition.Nature neuroscience，3(2)：191-197.

Gelder，B.D.，Vroomen，J.& Van der Heide，L.(1991).Face recognition and lip-reading in autism.European Journal of Cognitive Psychology，3(1)：69-86.

Gepner，B.，(2004).Autism，movement and facial processing.American Journal of Psychiatry，161：1719.

Geschwind，D.H.(2009).Advances in Autism.Annual Review of Medicine，60：367-380.

Ghaziuddin，M.(2010).Should the DSM-V drop asperger syndrome? Journal of Autism & Developmental Disorders，40(9)：1146.

Gliga，T.& Dehaene-Lambertz，G.(2006).Structural encoding of body and face in human infants and adults.Journal of Cognitive Neuroscience，17(8)：1328-1340.

Golan，O.，Baron-Cohen，S.& Hill，J.(2006).The Cambridge Mindreading (CAM) Face-Voice Battery：testing complex emotion recognition in adults with and without Asperger Syndrome.Journal of Autism and Developmental Disorders，36(2):169-183.

Golarai，G，Grill-Spector，K& Reiss，A.L.(2006).Autism and the development of face processing.Clinical Neuroscience Research，6(3):145-60.

Gopnik，A.& Meltzoff，A.N.(1994).Minds，bodies，and persons：Young children's understanding of the self and others as reflected in imitation and theory of mind research. In：Parker，S.T.，Mitchell，R.W.，Boccia，M.L.Self-awareness in animals and humans： Developmental perspectives.Cambridge：Cambridge University Press.

Green，M.J.，Williams，L.M.& Davidson，D.(2003).In the face of danger：Specific viewing strategies for facial expressions of threat? Cognition and Emotion，17:779-786.

Grice D.E.& Buxbaum J.D.(2006).The genetics of autism spectrum disorders.Neuro- Molecular Medicine，8 (4) ：451-460.

Gross，T.F.(2004).The perception of four basic emotions in human and nonhuman faces by children with autism and other developmental disabilities.Journal of Abnormal Child Psychology，32:469-480.

Grossman，T.&Farroni，T.(2009).Decoding social signals in the infant brain：A look at eye gaze perception.In：M. De Haan & Gunnar M.R.Handbook of developmental social neuroscience.New York：Guilford Press.

Gunji，A.，Inagaki，M.，Inoue，Y.，Takeshima，Y.& Kaga，M.(2009).Event-related potentials of self-face recognition in children with pervasive developmental disorders.Brain Development，31(2):139-147.

Guo，K.,Meints，K.，Hall，C.，Hall，S.& Mills，D.(2009).Left gaze bias in hu- mans，rhesus monkeys and domestic dogs.Animal Cognition，12:409-418.

Hadjikhani，N.，Joseph，R.M.，Snyder，J.，Chabris，C.F.，Clark，J.& Steele，S.，et al.(2004).Activation of the fusiform gyrus when individuals with autism spectrum disorder view faces.Neuroimage，22(3):1141-1150.

Hadjikhani，N.，Joseph，R.M.，Snyder，J.& Tager-Flusberg，H.(2007).Abnormal activation of the social brain during face perception in autism.Human Brain Mapping，28 (5):441-449.

Harris N.S.，Courchesne E.，Townsend J.，Carper R.A.& Lord C.(1999).Neuroan- atomic contributions to slowed orienting of attention in children with autism. Cognitive brain research，8:61-71.

Hauck，M.，Fein，D.，Maltby，N.，Waterhouse，L.& Feinstein，C.(1998).Memory for faces in children with autism.Child Neuropsychology，4:187-198.

Haxby，J.V.，Hoffman，E.A.& Gobbini，M.I.(2000).The distributed human neural system for face perception.Trends in Cognitive Sciences，4:223-233.

Heerey，E.A.，Keltner，D.& Capps，L.M.(2003).Making sense of self-conscious e- motion：Linking theory of mind and emotion in children with autism.Emotion，3:394-400.

Hefter，R.L.，Manoach，D.S.& Barton，J.J.(2005).Perception of facial expression and facial identity in subjects with social developmental disorders. Neurology，65 (10)：

1620-1625.

Heisz, J.J.& Shore, D.I.(2008).More efficient scanning for familiar faces.Journal of Vision, 8(1):9:1-10.

Hill, E.L.(2004) .Executive dysfunction in autism.Trends in Cognitive Sciences, 8 (1):26-32.

Hill, E.L., Berthoz, S.& Frith, U.(2004).Brief report: Cognitive processing of own emotions in individuals with autistic spectrum disorder and in their relatives.Journal of Autism and Developmental Disorders, 34:229-235.

Hoehl, S., Wiese, L.& Striano, T.(2008).Young infants' neural processing of objects is affected by eye gaze direction and emotion expression.PloS One,3(6):1-6.

Honda, H., Shimizu, Y.& Rutter, M.(2005).No effect of MMR withdrawal on the incidence of autism: a total population study.Journal of Child Psychology and Psychiatry, 46:572-579.

Howard, M.A.,Cowell, P.E., Boucher, J., Broks, P., Mayes, A., Farrant, A, et al. (2000).Convergent neuroanatomical and behavioural evidence of an amygdala hypothesis of autism.Neuroreport, 11:2931-2935.

Huerta, M., Bishop, S.L., Duncan, A.,Hus, V.& Lord, C.(2012).Application of DSM-5 criteria for autism spectrum disorder to three samples of children with DSM-Ⅳ diagnoses of pervasive developmental disorders.American Journal of Psychiatry, 169(10): 1056.

International Molecular Genetic Study of Autism Consortium (2001).Agenome wide screen for autism: Strong evidence for linkage to chromosomes 2q, 7q and 16p.American Journal of Human Genetics,69:493-507.

Jaffee, J., Beebe, B.,Feldstein, S., Crown, C.L.& Jasnow, M.D.(2001).Rhythms of dialogue in infancy: Coordinated timing in development.Monographs of the Society for Research in Child Development, 66(2):1-132.

Jemel, B., Mottron, L.& Dawson, M.(2006).Impaired face processing in autism: Fact or artifact? Journal of Autism and Developmental Disorders, 36(1):91-106.

Johnson, M. H. (2001). Functional brain development in humans. Nature Reviews: Neuroscience, 2:475-483.

Johnston, R.A.& Edmonds, A.J.(2009).Familiar and unfamiliar face recognition: A review.Memory, 17(5):577-596.

Jolliffe, T.& Baron-Cohen, S.(1999).A test of central coherence theory : linguistic processing in high-functioning adults with autism or Asperger syndrome: is local coherence impaired? Cognition, 71: 149-185.

Johnson, M. H. (2001). Functional brain development in humans. Nature Reviews: Neuroscience, 2:475-483.

Joseph, R.M.& Tager-Flusberg, H.(2004).The relationship of theory of mind and executive functions to symptom type and severity in children with autism.Development and

Psychopathology,16:137-155.

Joseph, R.M.& Tanaka, J.(2003).Holistic and part-based face recognition in children with autism.Journal of Child Psychology and Psychiatry, 44(4):529-542.

Joseph, R.M.,Ehrman, K., McNally, R.& Keehn, B.(2008).Affective response to eye contact and face recognition ability in children with ASD.Journal of the International Neuropsychological Society, 14:947-955.

Kampe, K.K., Frith, C.D., Dolan, R.J.& Frith, U.(2001).Reward value of attractiveness and gaze.Nature, 413(6856):589.

Kanner, L.(1943).Autistic disturbances of affective contact.Nervous Child, 2:217-250.

Kanwisher, N.(2000).Domain specificity in face perception.Nature Neuroscience, 3:759-763.

Kasari, C., Sigman, M., Mundy, P.& Yirmiya, N.(1990).Affective sharing in the context of joint attention interactions of normal, autistic, and mentally retarded children. Journal of Autism & Developmental Disorders, 20:87-100.

Keenan, J.P., Wheeler, M.A., Gallup, G.G., Jr.& Pascual-Leone, A.(2000).Self-recognition and the right prefrontal cortex.Trends in Cognition Science, 4(9):338-344.

Kemner, C.& van Engeland, H.(2006).ERPs and eye movements reflect atypical visual perception in pervasive developmental disorder.Journal of Autism and Developmental Disorders, 36:45-54.

Kikuchi, Y.,Senju, A., Tojo, Y., Osanai, H.& Hasegawa, T.(2009).Faces do not capture special attention in children with autism spectrum disorder: a change blindness study.Child Development, 80:1421-1433.

Klin, A., Jones, W., Schultz, R.& Volkmar, F.(2003).The enactive mind, or from actions to cognition: lessons from autism.Philosophical Transactions of the Royal Society B: Biological Sciences, 358:345-360.

Klin, A., Jones, W., Schultz, R., Volkmar, F.& Cohen, D.(2002).Visual fixation patterns during viewing of naturalistic social situations as predictors of social competence in individuals with autism.Archives of General Psychiatry, 59(9):809-816.

Klin, A., Lin, D.J., Gorrindo, P., Ramsay, G.& Jones, W.(2009).Two-year-olds with autism orient to non-social contingencies rather than biological motion.Nature, 459:257-263.

Klin, A., Sparrow, S.S., de Bildt, A., Cicchetti, D.V., Cohen, D.J.& Volkmar, F. R.(1999).A normed study of face recognition in autism and related disorders.Journal of Autism and Developmental Disorders, 29:499-508.

Klinger, L.& Dawson, G.(2001).Prototype formation in children with autism and Down syndrome.Development and Psychopathology, 13:111-124.

Krebs, J. F., Biswas, A., Pascalis, O., Kamp-Becker, I., Remschmidt, H. & Schwarzer, G.(2011).Face processing in children with autism spectrum disorder: independent or interactive processing of facial identity and facial expression? Journal of Autism and Developmental Disorders,41:796-804.

Kulage, K.M., Smaldone, A.M.& Cohn, E.G.(2014).How will dsm-5 affect autism diagnosis? a systematic literature review and meta-analysis.Journal of Autism & Developmental Disorders, 44(8):1918-1932.

Kylliäinen, A.& Hietanen, J.K.(2006).Skin conductance responses to another person's gaze in children with autism.Journal of Autism and Developmental Disorders, 36 (4):517-525.

Langdell, T.(1978).Recognition of faces: An approach to the study of autism.Journal of Child Psychology and Psychiatry, 19:255-268.

Lee, A.& Hobson, P.R.(2006).Drawing self and others: How do children with autism differ from those with learning difficulties.British Journal of Developmental Psychology, 24:547-65.

Leppänen, J.M., Hietanen, J.K.& Koskinen, K.(2008).Differential early ERPs to fearful versus neutral facial expressions: a response to the salience of the eyes? Biological Psychology, 78:150-158.

Lewis, M.(2003).The development of self-consciousness.In: J.Roessler & N.Eilan.Agency and Self-Awareness.Oxford: Oxford University Press.

Lewis, M.B.& Edmunds, A.J.(2005).Searching for faces in scrambled scenes.Visual Cognition, 12:1309-1336.

Lin, J.D., Lin, L.P.& Wu, J.L.(2009).administrative prevalence of autism spectrum disorders based on national disability registers in Taiwan.Research in Autism Spectrum Disorders, 3:269-274.

Lind, S.E.& Bowler, D.M.(2009a).Delayed self-recognition in children with autism spectrum disorder.Journal of Autism and Developmental Disorders, 39:643-650.

Liu, S.,Quinn, P.C., Wheeler, A., Xiao, N., Ge, L.& Lee, K.(2011).Similarity and difference in the processing of same- and other-race faces as revealed by eye tracking in 4-to 9-month-olds.Journal of Experimental Child Psychology, 108:180-189.

Lombardo, M.V., Chakrabarti, B., Bullmore, E.T., Sadek, S.A., Pasco, G., Wheelwright, S.J., et al.(2010).Atypical neural self-representation in autism.Brain, 133: 611-624.

Lopez, B.,Donnelly, N., HASDwin, J.A.& Leekam, S.R.(2004).Face processing in high-functioning adolescents with autism: Evidence for weak central coherence. Visual Cognition, 11(6):673-688.

Ma, Y.& Han, S.(2010).Why we respond faster to the self than to others? an implicit positive association theory of self-advantage during implicit face recognition.Journal of Experimental Psychology: Human Perception and Performance, 36:619-633.

Mandell, D.S., Wiggins, L.D., Carpenter, L.A., Daniels, J.,DiGuiseppi, C., Durkin, M.S., et al.(2009).Racial/ethnic disparities in the identification of children with autism spectrum disorders.American Journal of Public Health, 99:493-498.

Matson, J. L., Belva, B. C., Horovitz, M., Kozlowski, A. M. & Bamburg, J. W. (2012).Comparing symptoms of autism spectrum disorders in a developmentally disabled adult population using the current DSM-Ⅳ-TR, diagnostic criteria and the proposed DSM-5, diagnostic criteria.Journal of Developmental and Physical Disabilities, 24(4):403-414.

McPartland, J., Dawson, G., Webb, S.J., Panagiotides, H.& Carver, L.J.(2004). Event-related brain potentials reveal anomalies in temporal processing of faces in autism spectrum disorder.Journal of Child Psychology and Psychiatry, 45(7):1235-1245.

McPartland, J.C., Webb, S.J., Keehn, B.& Dawson, G.(2011).Patterns of visual attention to faces and objects in autism spectrum disorder.Journal of Autism and Developmental Disorders, 41(2):148-157.

Merin, N., Young, G.S., Ozonoff, S.& Rogers, S.J.(2007).Visual fixation patterns during reciprocal social interaction distinguish a subgroup of 6-month-old infants at-risk for autism from comparison infants.Journal of Autism and Developmental Disorders, 37: 108-121.

Milne, E., Scope, A.,Pascalis, O., Buckley, D.& Makeig, S.(2009).Independent component analysis reveals atypical electroencephalgographic activity during visual perception in individuals with autism.Biological Psychiatry, 65(1):22-30.

Mitchell, P.& O'Keefe, K.(2008).Brief report: do individuals with autism spectrum disorder think they know their own minds? Journal of Autism and Developmental Disorders, 38:1591-1597.

Moore, D.J.(2010).The social cognition and attentional preferences of autistic adults. Doctoral, Sheffield Hallam University.

Morton, J.& Johnson, M.(1991).CONSPEC and CONLERN: A two-process theory of infant face recognition.Psychological Review, 98:164-181.

Mottron, L., Dawson, M., Soulieres, I., Hubert, B.& Burack, J.(2005).Enhanced perceptual functioning in autism: An update and eight principles of autistic perception. Journal of Autism and Developmental Disorders, 36(1):27-43.

Mundy, P.& Newell, L.C.(2007).Attention, joint attention and social cognition.Current Directions in Psychological Science, 16(5):269-274.

Nakano, T., Tanaka, K., Endo, Y., Yamane, Y., Yamamoto, T., Nakano, Y., et al.(2010).Atypical gaze patterns in children and adults with autism spectrum disorders dissociated from developmental changes in gaze behaviour. Proceedings. Biological Sciences/ The Royal Society, 277:2935-2943.

Neumann, D.,Spezio, M.L., Piven, J.& Adolphs, R.(2006).Looking you in the mouth: abnormal gaze in autism resulting from impaired top-down modulation of visual attention.Social Cognitive and Affective Neuroscience, 1:194-202.

New, J.,Cosmides, L.& Tooby, J.(2007).Category-specific attention for animals reflects ancestral priorities, not expertise. Proceedings of the National Academy of Sciences，104：16598-16603.

Newschaffer，C.J.，Croen，L.A.，Daniels，J.，Giarelli E.，Grether J.K.，Levy S.E.，et al.（2007）. The epidemiology of autism spectrum disorders. Annual Review of Public Health，28：235-258.

Nielsen，M.& Dissanayake，C.（2004）.Pretend play，mirror self-recognition and imitation：A longitudinal investigation through the second year.Infant Behavior and Development，27：342-365.

Northoff，G.，Heinzel，A.，de Greck，M.，Bermpohl，F.，Dobrowolny，H.& Panksepp，J.（2006）.Self-referential processing in our brain-a meta-analysis of imaging studies on the self.Neuroimage，31(1)：440-457.

Oberman，L.M.& Ramachandran V.S.（2007）.The simulating social mind：The role of the mirror neuron system and simulation in the social and communicative deficits of Autism Spectrum Disorders.Psychological Bulletin，133(2)：310-327.

O'Donnell，C.& Bruce，V.（2001）.Familiarisation with faces selectively enhances sensitivity to changes made to the eyes.Perception，30：755-754.

O'Toole，A.J.，Edelman，S.& Bülthoff，H.H.（1998）.Stimulus-specific effects in face recognition over changes in viewpoint.Vision Research，38：2351-2363.

Ornitz，E.M.& Ritvo E.R.（1968）.Perceptual inconstancy in early infantile autism. The syndrome of early infant autism and its variants including certain cases of childhood schizophrenia.Archives of General Psychiatry，18：76-98.

Osterling，J.& Dawson，G.（1994）.Early recognition of children with autism：A study of first birthday home videotapes.Journal of Autism and Developmental Disorders，24：247-257.

Ozonoff，S.，Pennington，B.F.& Rogers，S.J.（1990）.Are there emotional perception deficits in young autistic children? Journal of Child Psychology and Psychiatry，31：343-361.

Palermo，R.& Rhodesa，G.（2003）.Change detection in the flicker paradigm：Do faces have an advantage? Visual Cognition，10：683-713.

Pellicano，E.（2007）.Links Between Theory of Mind and Executive Function in Young Children With Autism：Clues to Developmental Primacy.Developmental Psychology，43：974-990.

Pelphrey，K.A.，Sasson，N.J.，Reznick，J.S.，Paul，G.，Goldman，B.D.& Piven，J.（2002）.Visual scanning of faces in autism.Journal of Autism and Developmental Disorders，32(4)：249-261.

Pfeife，J.H.，Merchant，，J.S.，Colich，N.L.，Rudie，J.D.& Dapretto，M.（2011，May）.Self-other differentiation in cortical midline structures is atypical in children and adolescents with high-functioning ASD.Paper presented at the International Meeting for Autism Research，Manchester，UK.

Pickle，A.，Bolton，P.，Macdonald，H.，Bailey，A.，Le Couteur，A.，Sim，C.H.，et al.（1995）.Latent-class analysis of recurrence risks for complex phenotypes with selection and measurement error: a twin and family history study of autism.American Journal of Human Genetics, 57:717-726.

Pierce, K.& Redcay, E.(2008).Fusiform function in children with an autism spectrum disorder is a matter of "who".Biological Psychiatry, 64:552-560.

Pierce, K.,Haist, F., Sedaghat, F.& Courchesne, E.(2004).The brain response to personally familiar faces in autism: findings of fusiform activity and beyond.Brain, 127: 2703-2716.

Quinn, K.A.& Macrae, C.N.(2011).The face and person perception: Insights from social cognition.British Journal of Psychology, 102:849-867.

Reddy, V., Williams, E., Costantini, C.& Lan, B.(2010).Engaging with the self: Mirror behaviour in autism, Down syndrome and typical development.Autism,14(5):531-546.

Remington, A., Campbell, R.& Swettenham, J.(2012).Attentional status of faces for people with autism spectrum disorder.Autism, 16:59-73.

Riby, D.M.& Hancock, P.J.B.(2008).Viewing it differently: Social scene perception in Williams syndrome and autism.Neuropsychologia, 46(11):2855-2860.

Riby, D.M.& Hancock, P.J.B.(2009a).Looking at movies and cartoons: Eye-tracking evidence from Williams syndrome and autism.Journal of Intellectual Disability Research, 53:169-181.

Riby, D.M.& Hancock, P.J.B.(2009b).Do faces capture the attention of individuals with Williams syndrome or autism? Evidence from tracking eye movements.Journal of Autism and Developmental Disorders, 39(3):421-431.

Riby, D.M., Doherty-Sneddon, G.& Bruce, V.(2009).The eyes or the mouth? Feature salience and unfamiliar face processing in Williams syndrome and autism. Quarterly Journal of Experimental Psychology, 62(1):189-203.

Ro, T.,Friggel, A.& Lavie, N.(2007).Attentional biases for faces and body parts. Visual Cognition, 15:322-348.

Robel, L.,Ennouri, K., Piana, H., Vaivre-Douret, L., Perier, A., Flament, M.F., et al.(2004).Discrimination of face identities and expressions in children with autism: Same or different? European Child & Adolescent Psychiatry, 13(4):227-233.

Rossion, B.& Jacques, C.(2008).Does physical interstimulus variance account for early electrophysiological face sensitive responses in the human brain? Ten lessons on the N170.Neuroimage, 39(4):1959-1979.

Rossion, B., Schiltz, C.& Crommelinck, M.(2003).The functionally defined right occipital and fusiform "face areas" discriminate novel from visually familiar faces.Neuroimage, 19:877-883.

Rump, K.M., Giovannelli, J.L.,Minshew, N.J.& Strauss, M.S.(2009).The development of emotion recognition in individuals with autism.Child Development, 80:1434-1447.

Rutherford, M.D.& Towns, A.M.(2008).Scan path differences and similarities during emotion perception in those with and without autism spectrum disorders.Journal of Autism and Developmental Disorders，38：1371-1381.

Rutherford，M.D.，Clements，K.A.& Sekuler，A.B.(2007).Differences in discrimination of eye and mouth displacement in autism spectrum disorders.Vision Research，47：2099-2110.

Rutter，M.(2005).Aetiology of autism：findings and questions.Journal of Intellectual Disability Research，49：231-238.

Rutter，M.& Schopler，E.(1992).Classification of pervasive developmental disorders：some concepts and practical considerations.Journal of Autism and Developmental Disorders，22(4)：459-482.

Sanchez-Marin，F.J.& Padilla-Medina，J.A.(2008).A psychophysical test of the visual pathway of children with autism.Journal of Autism and Developmental Disorders，38：1270-1277.

Santos，A.，Rondan C.，Rosset，D.B.，Da Fonseca，D.& Deruelle，C.(2008).Mr.Grimace or Ms.Smile：Does categorization affect perceptual processing in autism? Psychological Science，19：70-76.

Sasson，N.J.(2006).The development of face processing in autism.Journal of Autism and Developmental Disorders，36 (3)：381-394.

Sasson，N.，Tsuchiya，N.，Hurley，R.，Couture，S.M.，Penn，D.L.，Adolphs，R.，et al.(2007).Orienting to social stimuli differentiates social cognitive impairment in autism and schizophrenia.Neuropsychologia，45：2580-2588.

Schoenbaum，G.，Setlow，B.，Saddoris，M.P.& Gallagher，M.(2003).Encoding predicted outcome and acquired value in orbitofrontal cortex during cue sampling depends upon input from basolateral amygdala.Neuron，39：731-733.

Schultz，R.T.(2005).Developmental deficits in social perception in autism：The role of the amygdala and fusiform face area.International Journal of Developmental Neuroscience，23(2-3)：125-141.

Schultz，R.T.，Gauthier，I.，Klin，A.，Fulbright，R.K.，Anderson，A.W.，Volkmar，F.，et al.(2000).Abnormal ventral temporal cortical activity during face discrimination among individuals with autism and Asperger syndrome.Archives of General Psychiatry，57：331-340.

Senju，A.& Csibra，G.(2008).Gaze following in human infants depends on communicative signals.Current Biology，18(9)：668-671.

Senju，A.& Johnson，M.H.(2009).Atypical eye contact in autism：Models，mechanisms and development.Neuroscience & Biobehavioral Reviews，33：1204-1214.

Shepherd，S.V.(2010).Following gaze：Gaze-following behavior as a window into social cognition.Frontiers in Integrative Neuroscience，4：5.

Shelley-Tremblay，J.& Mack，A.(1999).Metacontrast masking and attention.Psychological Science，10：508-515.

Sigman, M.D., Kasari, C., Kwon, J.& Yirmiya, N.(1992).Responses to the negative emotions of others by autistic, mentally retarded and normal children.Child Development, 63:796-807.

Simion, F., Regolin, L, .& Bulf, H.(2008).A predisposition for biological motion in the newborn baby.Proceedings of the National Academy of Sciences of the United States of America, 105:809-813.

Simmons, D.R., Robertson, A.E.,McKay, L.S., Phil McAleer, E.T.& Pollick., F.E. (2009).Vision in autism spectrum disorders.Vision Research, 49:2705-2739.

Snow, J.,Ingeholm, J.E., Levy, I.F., Caravella, R.A., Case, L.K., Wallace, G.L., et al.(2011).Impaired visual scanning and memory for faces in high-functioning autism spectrum disorders: it's not just the eyes.Journal of the international Neuropsychological Society, 17(06):1021-1029.

Speer, L.L., Cook, A.E., McMahon, W.M.& Clark, E.(2007).Face processing in children with autism: Effects of stimulus contents and type.Autism, 11:265-277.

Spezio, M.L., Adolphs, R., Hurley, R.S.E.& Piven, J.(2007a).Abnormal use of facial information in high-functioning autism.Journal of Autism and Developmental Disorders, 37:929-939.

Spezio, M.L., Adolphs, R., Hurley, R.S.E.& Piven, J.(2007b).Analysis of face gaze in autism using "Bubbles".Neuropsychologia, 45:144-151.

Stacey, P.C., Walker, S.& Underwood, J.D.M.(2005).Face processing and familiarity: Evidence from eye-movement data.British Journal of Psychology, 96:407-422.

Stel, M., van den Heuvel, C.& Smeets, R.(2008).Facial feedback mechanisms in autistic spectrum disorders.Journal of Autism and Developmental Disorders, 38:1250-1258.

Stein, T., Peelen, M.V.& Sterzer, P.(2011).Adults' awareness of faces follows newborns' looking preferences.PLoS One, 6(12):e29361.

Sterling, L., Dawson, G., Webb, S.,Murias, M., Munson, J., Panagiotides, H., et al.(2008).The role of face familiarity in eye tracking of faces by individuals with autism spectrum disorders.Journal of Autism and Developmental Disorders, 38:1666-1675.

Strathearn, L.(2009).The elusive etiology of autism: nature and nurture? Frontiers in Behavioral Neuroscience, 3(6): 1-3.

Striano, T., Reid, V.& Hoel, S.(2006).Neural mechanisms of joint attention in infancy.European Journal of Neuroscience, 23:2819-2823.

Sugiura, M.,Sassa, Y., Jeong, H., Wakusawa, K., Horie, K., Sato, S., et al.(2011).Self-face recognition in social context.Human Brain Mapping,5:1-11.

Sun, X.& Allison, C.(2010).A review of the prevalence of Autism Spectrum Disorder in Asia.Research in Autism spectrum Disorders, 4:156-167.

Swettenham, J., Baron-Cohen, S., Charman, T., Cox, A., Baird, G., Drew, A., et al.(1998).The frequency and distribution of spontaneous attention shifts between social and non-social stimuli in autistic, typically developing and nonautistic developmentally delayed infants.Journal of Child Psychology and Psychiatry and Allied Disciplines，39(5)：747-753.

Tanaka，J.W.& Farah，M.J.(1993).Parts and wholes in face recognition.Quarterly Journal of Experimental Psychology，46A：225-245.

Tanaka，J.，Lincoln，S.& Hegg，L.(2003).A framework for the study and treatment of face processing deficits in autism.In：Leder H.，Swartzer G. The Development of Face Processing.Berlin：Hogrefe Publishers,101-119.

Teunisse，J.P.& de Gelder，B.(2003).Face processing in adolescents with autistic disorder：The inversion and composite effects.Brain and Cognition，52：285-294.

Theeuwes，J.& van der Stigchel，S.(2006).Faces capture attention：Evidence from inhibition of return.Visual Cognition，13：657-665.

Toichi，M.，Kamio，Y.，Oksda，T.，Sakihama，M.，Youngstrom，E.A.，Findling，R.L.，et al.(2002).A lack of self-consciousness in autism.The American Journal of Psychiatry，159：1422-1424.

Tracy，J.L.& Robins，R.W.(2008).The automaticity of emotion recognition.Emotion，8：81-95.

Tracy，J.L.，Robins，R.W.，Schriber，R.A.& Solomon，M.(2011).Is emotion recognition impaired in individuals with autism spectrum disorders? Journal of Autism and Developmental Disorders，41：102-109.

Trepagnier，C.，Sebrechts，M.M.& Peterson，R.(2002).Atypical face gaze in autism. Cyberpsychology & Behavior，5(3)：213-217.

Turati，C.，Bulf，H.& Simion，F.(2008).Newborns' face recognition over changes in viewpoint.Cognition，106(3)：1300-1321.

Uddin，L.Q.(2011).The self in autism：An emerging view from neuroimaging.Neurocase，17(3)：201-208.

Uddin，L.Q.，Davies，M.S.，Scott，A.A.，Zaidel，E.，Bookheimer，S.Y.，Iacoboni，M.，et al.(2008).Neural basis of self and other representation in autism：An FMRI study of self-face recognition. PLoS One,3(10)：e3526.

Underwood，G.& Foulsham，T.(2006).Visual saliency and semantic incongruency influence eye movements when inspecting pictures.The Quarterly Journal of Experimental Psychology，59：1931-1949.

Van der Geest，J.N.，Kemner，C.，Camfferman，G.，Verbaten，M.N.& van Engeland，H.(2002b).Looking at images with human figures：Comparison between autistic and normal children.Journal of Autism and Developmental Disorders，32：69-75.

Van der Geest，J.N.，Kemner，C.，Verbaten，M.N.& van Engelund，H.(2002a). Gaze behavior of children with pervasive developmental disorder toward human faces：A fixation time study.Journal of Child Psychology and Psychiatry，43：669-778.

Victoria，S.& Hamilton，A.F.D.C.(2008).Unbroken mirrors：challenging a theory of autism.Trends in Cognitive Sciences, 12 (6)：225-229.

Walker-Smith，G.J.，Gale，A.G.& Findlay，J.M.(1977).Eye movement strategies involved in face perception.Perception 6:313-326.

Wang, R., Li, J., Fang, H., Tian, M.& Liu, J.(2012).Individual differences in holistic processing predict face recognition ability.Psychological Science, 23(2):169-177.

Webb, S.J., Jones, E.,Merkle, K., Murias, M., Greenson, J., Richards, T., et al. (2010).Response to familiar faces, newly familiar faces, and novel faces as assessed by ERPs is intact in adults with autism spectrum disorders.International Journal of Psychophysiology, 77(2):106-117.

Webb, S.J., (2008).Impairments in Social Memory in Autism? Evidence from Behaviour andNeuroimaging.In: Boucher, J., Bowler, D.M. Memory in Autism. Cambridge, UK:Cambridge University Press.

Weeks, S.J.& Hobson, R.P.(1987).The salience of facial expression for autistic children.Journal of Child Psychology and Psychiatry, 28:137-151.

Weinger, P.M.& Depue, R.A.(2011).Remediation of deficits in recognition of facial emotions in children with autism spectrum disorders.Child & Family Behavior Therapy, 33:20-31.

Weigelt, S., Koldewyn, K.& Kanwisher, N.(2012).Face identity recognition in autism spectrum disorders: A review of behavioral studies. Neuroscience & Biobehavioral Reviews, 36(3):1060-1084.

Weigelt, S., Koldewyn, K.& Kanwisher, N.(2013).Face Recognition Deficits in Autism Spectrum Disorders Are Both Domain Specific and Process Specific.PloS One, 8(9): e74541.

Werner, E., Dawson, G.,Osterling, J.& Dinno, N.(2000).Brief Report: Recognition of autism spectrum disorder before one year of age: A retrospective study based on home video tapes.Journal of Autism & Developmental Disorders, 30:157-162.

Wetherby, A.M., Watt, N., Morgan, L.& Shumway, S.(2007).Social communication profiles of children with autism spectrum disorders late in the second year of life.Journal of Autism and Developmental Disorders, 37:960-975.

Wheeler, A.(2010).The emergence of a left visual field bias in infants' processing of dynamic faces.Master of Arts, University of Toronto.

Williams J.H.G., Whitenb A., Suddendorf T.& Perrett, D.I.(2001) .Imitation,mirror neurons and autism.Neuroscience and Biobehavioral Reviews, 25:287-295.

Williams, D.L., Goldstein, G.& Minshew, N.J.(2005).Impaired memory for faces and social scenes in autism: Clinical implications of the memory disorder.Archives of Clinical Neuropsychology, 20:1-15.

Williams, D.M, Happé, F.& Jarrold, C.(2008).Intact inner speech in children with autism spectrum disorders: evidence from a short-term memory task.Journal of Child Psychology and Psychiatry, 48:51-58.

Williams, D.M.& Happé, F.(2009a).What did I say? versus What did I think? Attributing false beliefs to self amongst children with and without autism.Journal of Autism and Developmental Disorders，39：865-873.

Williams，D.M.& Happé，F.(2009b).Pre-conceptual aspects of self-awareness in autism spectrum disorder：the case of action-monitoring.Journal of Autism and Developmental Disorders，39：251-259.

Williams，D.M.& Happé，F.(2010).Representing intentions in self and others：studies of autism and typical development.Developmental Science，13：307-319.

Williams，M.A.，Moss，S.A.，Bradshaw，J.L.& Mattingley，J.B.(2005).Look at me，I'm smiling：Visual search for threatening and nonthreatening facial expressions.Visual Cognition，12：29-50.

Wilson，C.E.，Brock，J.& Palermo，R.(2010).Attention to social stimuli and facial identity recognition skills in autism spectrum disorder.Journal of Intellectual Disability Research，54：1104-1115.

Wilson，R.，Pascalis，O.& Blades，M.(2007).Familiar face recognition in children with autism.Journal of Autism and Developmental Disorders.37(2)：314-320.

Wing，L.，Yeates，S.R.，Brierley，L.M.& Gould，J.(1976).The prevalence of early childhood autism：comparison of administrative and epidemiological studies.Psychological Medicine，6：89-100.

Wing，L.(1981).Language，social，and cognitive impairments in autism and severe mental retardation.Journal of Autism & Developmental Disorders，11(1)：31-44.

Winters，B.D.&Bussey，T.J.(2005).Glutamate receptors in perirhinal cortex mediate encoding，retrieval，and consolidation of object recognition memory.The Journal of Neuroscience，25(17)：4243-4251.

Wolf，J.M.，Tanaka，J.W.，Klaiman，C.，Cockburn，J.，Herlihy，L.，Brown，C.，et al.(2008).Specific impairment of face-processing abilities in children with autism spectrum disorder using the Let's Face It! skills battery.Autism Research，1(6)：329-340.

Wolff，W.(1933).The experimental study of forms of expression.Character & Personality，2：168-176.

Wong，V.C.N.& Hui，S.L.H.(2008).Epidemiological study of autism spectrum disorder in China.Journal of Child Neurology，23：67-72.

Yovel，G.& Kanwisher，N.(2004).Face perception：Domain specific，not process specific.Neuron，44：889-898.

Zablotsky，B.，Black，L.I.，Maenner，M.J.，Schieve，L.A.& Blumberg，S.J.(2015).Estimated Prevalence of Autism and Other Developmental Disabilities Following Questionnaire Changes in the 2014 National Health Interview Survey.National Health Statistics Reports，87：1-21.

Zeifman，D.，Delaney，S.& Blass，E.M.(1996).Sweet taste，looking，and calm in 2- and 4-week old infants：The eyes have it.Developmental Psychology，32(6)：1090-1099.

后 记

缘自一份心灵的感召力,我日渐走进自闭症世界!

在走进心理学领域之前,我从未听说过"自闭症"或者"孤独症"这个词。初次听到这个词是在硕士研究生期间,导师张日昇教授希望有弟子能应用箱庭疗法为自闭症儿童提供心理治疗,后来,我同年级一位同学勇敢地从事这个课题的研究。每次看到她接待完自闭症儿童时的样子,我心里就默默地告诉自己:以后千万不去接待自闭症儿童的案例!然而,正如张老师时常说的,这种默念成了一种感召力。2007年4月,一个自闭症谱系障碍(ASD)的孩子走进了我的箱庭世界。一年多的时间里,我仅仅凭着为来访者创造一个"自由、受保护空间"的理念,陪伴他创作箱庭的心灵世界,而获得的却是他在各方面的长足进步。十年过去了,我的这位来访者也已经顺利完成了初中学业。因为有了这个"成功"的接待,2008年我又奉命接待了另外两位症状更为严重的自闭症儿童,2009年则同时接待10位不同程度的ASD儿童,并且都获得了不同程度的积极发展。但为什么会有这样的效果?为何箱庭疗法能帮助ASD儿童?张老师从箱庭疗法的视角给了我许多指导,感恩张老师的指点!但我内心里对于ASD儿童的世界依然不知其所以然。

2009年9月,我获得天津师范大学发展与教育心理学博士研究生学习机会。初见恩师白学军教授时,就迫不及待地倾诉自闭症心理干预中所遇的困惑。白老师温和而坚定地建议我将心理干预建立在科学研究基础上。在白老师的指导下,我一步步走进了自闭症科学研究的领域,并聚焦于自闭症谱系障碍儿童的社会认知特点,从社会性注意入手,紧紧围绕自闭症儿童面孔偏向注意与加工开展研究。

马克思说,人的本质就是社会关系的总和。常人知觉周遭世界时,常优先注意社会信息,面孔是最具社会意义的刺激。因此,在知觉一个场景时常人会偏向注意场景中的人类面孔,优先注意面孔中的眼睛、嘴巴。从以往文献中我们获知,ASD儿童对此常常表现出不同寻常的注意偏向、注意分配方式。然而,当时中国大陆对ASD儿童社会性注意的实证研究相当匮乏。正因为如此,在恩师白学军教授的坚定支持下,我将ASD儿童社会认知的研究确定为博士学位论文的选题方向。白老师是国内眼动研究的"大咖",基于ASD儿童的特殊性,我也顺理成章地运用眼动追踪技术来开展研究。首先关注的是ASD儿童对场景中面孔的偏向注意与加工,而后进一步探讨ASD儿童对陌生面孔、熟悉面孔、自我面孔、情绪面孔的偏向注意与加工,在大量眼动研究的实证数据支持下,我也尝试性地提出了ASD儿童面孔加工阶段模型,力求为理解ASD的世界提供一种可能性。

拙著是在博士学位论文基础上整理扩充而成的。首先要感谢我的博士生导师中国心理学会理事长、教育部人文社会科学重点研究基地天津师范大学心理与行为研究院院长白学军教授。白老师承担着非常繁重的科研、教学、管理任务,却一直非常关心我在ASD领域的研究进展。不论是在他身边求学的日子，还是毕业后借助各种方式，每每向白老师请教之时，都能得到白老师高屋建瓴的指导，我也都有一种醍醐灌顶的领悟。在拙著付梓之际，白老师又在百忙中为拙著作序，字里行间是恩师对弟子的殷殷勉励与满满期待。

感谢天津师范大学博士生导师闫国利教授、阴国恩教授对我开展 ASD 面孔加工研究提出了富有建设性的意见。非常感谢北京师范大学博士生导师陈英和教授、北京大学博士生导师苏彦捷教授、南开大学博士生导师乐国安教授、清华大学博士生导师李虹教授、首都师范大学博士生导师方平教授！他们在我博士学位论文答辩时对我所开展的 ASD 面孔加工研究给予的鼓励和建议，成为我此后坚定从事 ASD 社会认知研究的强大动力源。我出身文科，对眼动追踪技术较陌生，所幸有师兄杨海波博士、师姐李馨博士、魏玲博士、臧传丽博士、崔磊博士等人的鼎力支持和帮助，研究中每每遇到困难时总是能获得非常耐心、专业的指导和解答，且时常能获得新的研究启发。侯友博士、孟红霞博士、郑玉玮博士、田静博士等同学也时时关心我的 ASD 研究，与他们的讨论分享也开拓了思考的方向，获益良多。

在闽南师范大学已经 26 年了，从当年的青年学子成长为已逾不惑的中年教师，我的各方面成长、发展都离不开这方热土上的领导、同仁以及学生们所给予的支持与厚爱。心理学学科带头人张灵聪教授富有远见卓识地指出，应该探索生物性反应指标作为临床诊断的重要依据，这启发了我运用眼动仪、生理多导仪等先进仪器探索 ASD 社会认知特点。这些年来时常就此与张老师交流，都能获得切切实实的指导，真是身边的良师益友。我的团队赵广平博士、林国耀博士、黄亮博士以及我们指导的研究生们，都是我开展这一领域研究的重要执行力量，没有他们的投入，自闭症谱系障碍研究就难以为继。因为时常利用假期开展实验，非常感激潘玲娜高级实验师牺牲许多假期休息的日子，为我研究的顺利开展提供坚实的支持。因为有曾天德教授、沐守宽教授、余益兵副教授、周秋红副教授、杨海波副教授等人的支持，自闭症诊治与教育始终被确定为我校心理学学科建设重要方向之一，感恩学科团队的信任和支持！

从攻读博士学位开始，我指导的研究生们与我一起，沉浸在自闭症谱系障碍社会注意尤其是面孔偏向注意与加工方面的研究中，行走在理解自闭症社会认知的路途上，其间的艰辛自不待言。而期间面对那么多且年年增加的自闭症儿童，我深切感受到自闭症家长沉重而无助的心理状态，顿然感觉自己作为一名心理学工作者肩负责任的重大。获得博士学位后，我回到闽南师范大学，由于精力有限，我只好搁置先前关注的考试焦虑研究领域，将精力集中于箱庭疗法、ASD 社会认知两个领域的研究。从 2007 年至今，十年时间里，我和我的研究生们运用箱庭疗法对 60 多名 ASD 儿童进行心理干预，为 ASD 儿童的家长提供专业的心理援助。同时，继续从不同方面探讨 ASD 儿童的社会认知特点。我指导的白丽同学所开展研究的主要内容也纳入了本书，即第八章。研究生们荡漾着青春活力，他们对自闭症研究的投入令我动容，感谢他们一路的陪伴！

能在 ASD 这个研究领域坚持十年，离不开厦门天康自闭症学校赵义开校长与陈新老师、泉州太阳雨儿童培训学校林丽萍主任、泉州北斗星自闭症儿童培训中心陈美蓉主任、漳州福乐幼儿园刘泉州主任与许丽淑老师、漳州大地启能康复中心吴秀华主任、漳州马鞍山幼儿园包华芳园长等人的无私援助和支持！离不开来自这些学校、培训中心、幼儿园的儿童及家长支持和配合！每次接触到 ASD 儿童，心里就更坚定地要求自己做好 ASD 基础研究，为他们获得早期诊断和康复训练提供更有意义的研究结果。

　　家永远是我最坚定的支持力量源。不论是攻读博士期间还是毕业后的科研、社会服务工作,我的太太苏小菊女士总是尽其所能承担着家庭的方方面面,为我撑起一大片自由时空。因时常接待自闭症儿童,对大儿子疏桐的陪伴时间也就受到了挤压,而他还时不时愿意与我一起接待自闭症儿童做箱庭,奉献他的爱心,小小年纪,这已经是很不容易的了。

　　因为一份心灵感召力,我在自闭症领域行走了十年;还因为这份感召力,我将继续前行。

　　感谢闽南师范大学学术专著出版基金的资助!

　　感谢厦门大学出版社眭蔚编辑为拙著出版所做出的巨大贡献!

陈顺森　于闽南师范大学

2017 年 8 月 2 日